全媒时代的
创意突围

国际营销公司创意掌门人数字营销洞见

张殿元　黄小川 编著

中国出版集团　东方出版中心

图书在版编目（CIP）数据

全媒时代的创意突围：国际营销公司创意掌门人数
字营销洞见 / 张殿元，黄小川编著 . --上海：东方出
版中心，2024. 12. --ISBN 978-7-5473-2631-2

Ⅰ. F713.365.2

中国国家版本馆 CIP 数据核字第 2025VN3571 号

全媒时代的创意突围——国际营销公司创意掌门人数字营销洞见

编　　著　张殿元　黄小川
责任编辑　王　婷
装帧设计　钟　颖

出 版 人　陈义望
出版发行　东方出版中心
地　　址　上海市仙霞路345号
邮政编码　200336
电　　话　021-62417400
印 刷 者　上海万卷印刷股份有限公司

开　　本　710mm×1000mm　1/16
印　　张　19.5
字　　数　300千字
版　　次　2024年12月第1版
印　　次　2024年12月第1次印刷
定　　价　85.00元

序言一
智能时代广告创意人的价值坚守

张国华　国际广告协会全球副主席、中国广告协会会长

"一千个人眼中有一千个哈姆雷特",关于优秀广告的评价标准同样也不例外。然而,在众说纷纭、莫衷一是的优秀广告品质和评价标准中,伟大的创意作为一则优秀广告的必备品质却是不容置喙的。一直以来,广告行业中都流传着"无创意,不广告"的口号。这既是对广告创意之于广告重要性的一种精炼而准确的概括,也吸引着许多怀揣广告理想、喜欢自我挑战的有志青年投身于广告行业,并将构思出巧妙且卓有成效的广告创意作为贯穿其整个职业生涯的价值追求。

毫无疑问,在传统媒体时代向全媒体时代的演进过程中,广告业经历了深刻的变革,广告人也面临着全新的挑战。相较传统大众媒体时代单一、集中的传播模式,全媒体时代的信息传播呈现明显的碎片化特征。在信息爆炸的媒介环境中,消费者的注意力变得愈加稀缺,如何在海量的信息中让品牌的广告信息脱颖而出,吸引消费者注意,赢得消费者共鸣,直接决定着广告活动的成败与否。新媒体环境孕育出许多拥有庞大粉丝基础和影响力的自媒体,他们深谙用户心理和互联网的游戏规则,更懂得如何将自身流量变现。这些自媒体账号面向品牌和企业承接推广需求,直接分流了一部分广告公司的业务,与专业广告公司和职业广告人形成了明显的竞争关系。此外,近一两年人工智能技术发展迅猛,对广告业的渗透同样广泛而深入。人工智能技术当下已经渗入数字广告的用户洞察(数字样本)、内容创作(AIGC)、媒介投放(智能投放)、效果评估与监控的各个环节,更高的内容产出效率、更低的创作成本以及更精准的营销投放,成为AI赋能广告业的最直接表现。在未来,广告人是否也会被人工智能取代,成为人机关系讨论在广告行业的一种具象化表现。

回归广告创意本身为广告人如何应对上述挑战提供了答案。广告不仅仅是传递品牌信息，更是一种与消费者建立连接和情感共鸣的方式。创意是广告的灵魂，是连接起品牌和消费者心灵的桥梁。一个成功的广告创意，能够在短时间内抓住消费者的眼球，传递品牌信息，甚至能够在消费者心中留下难以磨灭的印象。消费者可以反感一则平庸的广告，却无法抗拒一则有创意的广告。在各种营销信息的轮番轰炸中，广告创意始终是捕获消费者注意力的利器。面对自媒体账号对广告公司业务的冲击和竞争，专业服务是职业广告人保持竞争优势的核心所在。精准的消费者洞察、巧妙的广告创意、高效率的广告执行，这些都是职业广告人能够为企业和品牌提供的核心价值所在。在这些核心价值中，广告创意凝结了消费者洞察，是广告执行的对象，更是取得切实广告效果的重要前提。

面对来自人工智能的挑战，广告创意也是广告人生存和发展的根本。目前，数字广告业正在经历一场智能技术驱动的行业革命，精准、高效、智能的广告营销图景已经成为现实。虽然人工智能在理性逻辑方面具有无与伦比的优势，但伟大广告创意的诞生往往是建立在深入洞察人性基础上的智慧与灵感的瞬间迸发，人工智能并不具备这种灵性和创造力。同时，情感表达和人文关怀是人区别于机器的核心优势所在，无法被算法所模拟。这决定了广告创意人面对人工智能的挑战时，始终有可以立于不败之地的法宝。AIGC的输出质量在一定程度上取决于"提问"的能力，这种能力与思辨水平和创意想象密切相关，人类经历了资源、资本、信息和知识为主的时代之后，如今已经进入智能时代，如果说智能时代之后是智慧时代，那么质疑、批判、创意和想象一定是智能时代向智慧时代过渡的重要纽带。可以说人工智能非但没有抹杀创意，反而会激发创意并引领智能时代向更高维度的智慧时代过渡。当被问及广告创意人未来的命运时，本书访谈的16位创意领袖均表达了类似的观点——人工智能技术给广告行业带来了新的机会，它可以取代人类完成文案撰写、投放数据收集等一些机械性工作，成为广告人的强大辅助，但永远无法取代真正的广告创意人。

需要指出的是，书中有访谈对象认为广告业的黄金时代已经过去，他们这一观点不应该被任何读者解读为广告行业的衰退。2023年，我国的广告业务收入高达1.3万亿元，广告市场规模占全球比重进一步增加，稳居世界第二。除了自身保持快速增长外，作为国民经济发展的"晴雨表"和"助推器"，广告业在促进国民经济发展中也持续稳定地发挥着积极的推动作用。总体来看，我国广告行业的发展日趋规范化，广告运作的专业化水平不断提升。随着我国市场经济的发展不断深化，企业或品牌对营销传播的理解也在不断深入，广告公司在逐渐褪去神秘的光环。在竞争日趋激烈的市场环境下，企业或品牌对专业广告公司的要求和期许也相应地提高，许多传统的大广告公司被迫走出舒适区，参与到激烈的广告市场竞争中来。目前广告界存在一个十分有意思的行业现象，许多传统4A广告公司的高级创意人有不少选择独立创办自己的创意热店。这或许验证了一个判断——这是一个属于广告创意人的黄金时代。在这个时代，只有那些能凭借巧妙而卓有成效的广告创意持续为品牌创造价值的广告创意人才能突围出来，生存下去，因为创意才是这个时代广告创意人唯一的生存法则。

　　本书是复旦大学新闻学院张殿元教授主持编著的大中华区数字营销领袖思想录系列的第二部。该系列的第一部——《全媒时代的品牌智造——超4A大咖数字营销思想录》于2021年出版时，我曾为其作序言《站在营销时代转折点的创意人》。如今，该系列的第二部即将付梓，张教授再次邀请我为其作序，诚为感谢！

　　全书采用图文并茂的写作方式，融专业性、思想性和故事性于一体，给我留下深刻的印象。在内容上，本书继承了前作写作风格，著者团队通过与16位国际营销公司创意领袖的对话，揭晓了许多我们耳熟能详的广告作品背后的创意思路及其执行过程。阅读此书的读者不仅能够获悉这些成功案例背后的故事，也可以知晓这些广告创意精英日常如何培养创意思维，以及他们对于广告创意构思、与品牌正确的相处方式、人工智能对广告业的影响以及未来广告人命运的独到见解。值得一提的是，相较前作，本书在对话对象的选取上更具多样性，16位创意领袖中既有奥美、电通、天联（BBDO）、达彼思（Bates）、麦肯（McCann）、百比赫（BBH）、汉威士（Havas）等传统的全球知名4A广告公司的创意领袖，也有佛海佛瑞、W+K、Anomaly等新兴创意热店的创意舵手，还包括了泰国YELL公司的首席执行官兼创始人Dissara Udomdej，称之为一场盛大的数字营销思想盛宴也毫不为过。

　　该系列著作被命名为"思想录"，所谓"思"是内省，考虑的是内涵问题，所谓"想"是外求，考虑的是外延问题，两者都是"心"字底，强调的是用心思想，这恰恰和广告创意人的创意工作密切相关。这16位创意领袖都是当下活跃在广告界的最杰出的一批广告创意人，他们对广告行业的敏锐洞察，对广告创意的真知灼见，源自他们用广告创意为品牌创造价值的一线实战经验和思考，是实战经验和营销智慧的思想结晶。对于广告从业者或未来计划从事广告行业的人而言，这16位创意领袖的营销思想都是一笔思想财富，具备不可估量的精神价值和启发意义。作为本书的读者，无论你是广告行业的从业者、企业营销人员、新晋企业家还是广告营销领域的学者，抑或是未来计划投身于广告行业的大学生，相信都能够通过阅读本书获益匪浅！

2024年9月

序言二
跟随创意领袖的脚步

莫康孙　MATCH·马马也创意热店创始人

在瞬息万变的全媒时代，创意如同破晓的曙光，引领着营销领域的革新与突围。《全媒时代的创意突围》作为大中华区数字营销领袖思想录系列的第二部，不仅是一部汇聚了众多创意大师智慧的思想宝库，而且是一部引领我们探索创意巅峰的指南针。书中集结了十数位当代最具代表性的创意巨匠与实战广告精英，他们以敏锐的洞察力捕捉生活的细微之处，将其熔铸成一篇篇充满智慧与灵感的创意篇章，生动展现了创意与时代的深刻联结，引领我们深入探索全媒时代下创意的无限可能。

从伟门智威前亚太区首席创意官劳双恩的"将点滴生活集结成创意"中，我们学会了如何在平凡中发现不平凡，用生活的琐碎编织成创意的锦绣。汉威士创意集团中国区首席执行官兼首席创意官孙二黑则在"在技术迭代中'玩广告'"，展现了技术变革下广告创意的无限活力与可能。

阳狮传播上海和百比赫中国首席创意官方丽燕以"不断超越自己的创意极限"为题，鼓励我们勇于挑战自我，突破创意的边界。而奥美上海集团执行创意总监朱海良的"创意人有两颗心，不甘心和不死心"，则是对每一位创意工作者内心世界的深刻剖析，激励我们永不言弃，持续追求。

电通中国首席创意官陈民辕的"把握世界的脉动，做时代的'弄潮儿'"，让我们明白创意与时代紧密相连，唯有紧跟时代步伐，方能引领潮流。麦肯中国首席创意官马寅波的"永远与众不同"，则是对创意个性化、差异化的有力诠释。

从音乐人到生活家，天联广告公司大中华区首席创意官曾德龙以"做最会讲故事的广告人"自居，展现了广告与故事之间的不解之缘。达彼思中国首席创意官、总经理路童的"永不熄灭的热情之火，为梦想努力的创意人"，则是对创意热情与梦想的赞歌。

佛海佛瑞上海联合创始人、董事总经理、执行创意总监黄峰的"纯粹的创意人，真实的广告人"，让我们看到了创意与广告之间既独立又统一的双重身份。而 W+K 上海创意总监杨韵作为"创意界的'文化混血儿'，广告业的女性力量"，则以其独特的视角和敏锐的洞察力，为广告界带来了新的活力与视角。

Jones Knowles Ritchie（JKR）执行创意总监梁景闻以"广告界的狂人，创意界的'笨蛋'"自诩，其背后的坚持与执着令人动容。Anomaly 创始人、执行创意总监周锦祥的"创意的'坚守者'，价值的'拓荒者'"，则是对创意价值深度挖掘与探索的生动写照。

YELL 广告公司创始人 Dissara Udomdej 在"向内挖掘创意，向外传播创见"中，分享了创意的挖掘与传播之道。上海奥美集团前执行创意总监余子筠的"把尊严还给广告人"，则是对广告人职业尊严与价值的深情呼唤。

安瑞索思前首席创意官、金牌文案陶为民的"离艺术不远，离时代更近！广告界的'理想主义者'"，将广告创意提升至艺术与时代的高度，让我们深刻感受到广告创意的魅力与力量。TOPic & Loong 创始人兼首席创意官龙杰琦最终带我们回归本质，呼吁要与客户"一起创造被长久铭记的创意"，既眼望星空，又脚踏大地。

在这里，你将遇见那些坚守创意初心的守望者，他们不畏艰难，勇于拓荒，以非凡的想象力开辟出一片片创意的新天地。你将目睹那些被视为狂人、笨蛋的创意先锋，他们敢于挑战常规，颠覆传统，用独树一帜的思维模式诠释着创意的无限可能。你还将感受到那些跨界融合的文化混血儿，他们游走于不同文化之间，汲取多元养分，孕育出别具一格的创意果实。

书中的每一篇文章都是独一无二的，展现了创意人的炽热激情与不懈追求，更彰显了广告人那份深沉的专业素养与高贵尊严，让你感受到那份来自创意深处的震撼与力量。每一篇文章都是一场创意盛宴和心灵洗礼，让读者学会如何在不甘与坚持中玩转广告，如何在全媒浪潮中勇立潮头。这些创意掌门人以他们的智慧与勇气，为我们指明了前行的方向，让我们深刻体会到：广告创意，既是一场艺术的修行，更是一次与时代脉搏同频共振的壮丽征程。

《全媒时代的创意突围》不仅拉近了我们与艺术的距离，而且让我们紧贴时代脉搏，让我们一同跟随这些创意领袖的脚步，继续探索全媒时代下的创意新境界！

2024 年 10 月

序言三
找几个故事，走进明天

金定海　上海师范大学影视传媒学院教授、博士生导师

看了16个专访，眼前浮现的是近二、三十年营销界的潮起潮落、云卷云舒。掩卷而思，有两句话想说。

一句话是"用昨天的观点看今天，够乱"！

现在太多的玩法，是过去营销界从未玩过的！别的不说，数字技术的到来，产生了林林总总、五花八门的新词，这些就可让你琢磨一阵子了。另外，现在的营销公司，很多专业职位，在过去也是从未听说过的。用我的话说，产业发生了巨大转型，生活发生了深刻变化，这世界为此重构了经营逻辑和管理规程！

人的存在并非全知全能。在力有不逮之处，技术以其研发的智慧创造新价值，驱使人类分化与进化。在潜力可及之处，技术以利益的诱惑激发潜能，使人强大，亦使人渺小。

数字技术的赋能，导致传播裂变加剧。传播按钮无处不在，随时能够引爆舆论。曾经熟悉的沟通路径，在这一变革之下，变得既错综复杂，又异常简单。在这复杂与简单的交织中，世界如同一幅被打乱的拼图，需要重新拼接；人际关系恰如失去音准的琴弦，有待于重新调校。数字特权与数字平权之间的天平，在不断的失衡与再平衡中摇摆，勉强地寻求一种动态的和谐。

在数字营销时代，广告呈现出了前所未有的敏感性和活跃度，这主要得益于技术的加持和商业的响应。从PGC、UGC到AIGC的快速演进，体现了内容生产主体和方式的多样化。与此同时，虚拟人、元宇宙、AI数字人等新兴概念的出现，更是为广告行业带来了颠覆性的变革。因此，如何保持对新技术的敏感、对新趋势的洞察，至关重要！

另一句话是"用明天的观点看今天，还不够乱"！

"还不够乱",意味着还会更乱。所谓乱,其实是对今天有序形态的重塑。乱序往往是变革的起点,很大程度上激发创造力与适应力。在明天的视域里,今天的问题或许是成长的必经之路,今天的失败或许会成为明天成功的基石。明天让我们明白,此刻的混沌只是暂时的表象,未来的清晰正逐渐在时间的逻辑中聚集。所以,今天并不是变的终点,而是明天的起点。

那么,站在明天看今天又将会如何呢?今天正在老去,明天正在新生。明天真正的力量是解构的力量,是改变今天的力量。这种力量并非只是简单的推陈出新、锦上添花,更是一种对当下的深度颠覆与重新定义。

面对明天,主体丰富性不一样,答案就会天差地别。即便有答案,本质上也就是一种想象性的预判而已。当然,明天不会白茫茫一片,明天还是有迹可循的!在历史的拐弯处,总有几块石头,标示出了河流的方向。

从数字营销的角度看,本书的价值就如同那些标示出河流方向的石头,提供了有关明天"有迹可寻"的历史文本。

尽管这16位专家,来自不同地域、不同专业,服务于不同品牌、不同市场,但是他们却"用不同的力量,创造不同",拒绝"文化探索的表面化",追求的是"对生活的高度敏感"和"创意的稳定输出、长期输出",努力"挖掘触动人性的细微事物"。他们相信"纯洁,真不知道什么时候会救你一命";未来虽然没有答案,但他们仍然要做一个创意的坚守者、价值的拓荒者、广告界的理想主义者……

可以体会,在本书的字里行间,在娓娓道来的叙事中,分明透着一种机缘与善念的融合、洞察与情怀的坚持。在数字技术的背后,他们在用他们的人性智慧和文化精神,为这个行业注入灵魂。他们讲述的故事,都有一个共同的价值内涵,那就是他们在寻找那份触动心灵的共鸣,让故事成为连接社会情感的桥梁。

2024 年 12 月

目
录

CONTENTS

Chapter 1

将点滴生活集结成创意

——伟门智威（Wunderman Thompson）前亚太区首席创意官劳双恩

劳双恩是一位广告业领袖和创意专家，拥有超过25年的行业经验。他目前是WPP集团的Team Helix成员，担任伟门智威广告公司亚太区的首席创意官，并同时担任HSBC的创意负责人。

他的广告生涯始于香港奥美，接着在香港灵狮和香港灵智等公司任职。1996年又转战内地市场，担任智威汤逊上海创意总监，并逐步执掌整个中国区乃至北亚区的创意管理工作。

劳双恩以其在广告行业中的创意和创新领导能力备受推崇，曾为众多知名品牌开发了许多备受赞誉的广告活动。例如，他负责的"999皮炎平"系列广告片于2002年在纽约的"金球奖"上荣获大奖，以及他参与创作的耐克"随时"系列广告片于2004年成为中国内地第一支被收入*SHOTS*的作品。多年来，劳双恩的作品在戛纳创意节、One Show、D&AD、CLIO、LIA、Spikes Asia、ADFEST、龙玺等各大广告节上屡获殊荣。他本人也经常受邀担任评委，展现其在行业中的卓越地位。

耐克"随时"系列广告片——"送花篇""公交篇"镜头

　　该广告由八个单元组成,分别为:迟到篇、修车摊篇、公交篇、食堂篇、地球仪篇、爆米花篇、送花篇和电工篇。该系列的广告画风是:没有明星,取材日常,刻画的全是生活场景中的运动行为。喜感无厘头的人物行为配上身边真实的生活场景,没有大牌、特效的狂轰滥炸,仅仅靠创意情节,把"日常"中的"运动"表现出来,从而进一步传达了耐克"运动,随时随地"的品牌理念。[1]

<hr>

1.《这支 Nike 广告 15 年后再刷屏,背后导演更是超神!》,https://www.digitaling.com/articles/342432.html,2020 年 9 月 17 日。

广告不是"命中注定"，而是点滴经验的"积沙成塔"

劳双恩的发展契机可以追溯到他对创作的热爱和对文字的执着追求，尽管他在大学主修地理和经济学，与广告似乎没有太多关系，但他突发对文字创作的浓厚兴趣。在学习地理和经济学的同时，他接触了话剧，并尝试撰写剧本。在毕业前夕，他思考着自己的兴趣所在以及未来的职业选择，对文字、故事和创作作品的热爱推动着他寻找与此相关的工作机会。

广告行业并不是劳双恩的第一份工作。他最初计划成为一名中学教师，因为在他看来，作为一名香港教师，工资相对稳定。然而，两年后，他觉得自己已经进入了一个瓶颈期，想要寻求更多的发展机会。他决定从事广告工作，因为广告行业需要大量持续的热情的投入。

劳双恩最初进入奥美广告公司也是一个意外。当时的香港广告行业并不是一个很大的行业，尤其是国际广告公司，如所谓的4A公司，香港只有20多家。劳双恩向多家公司投递了求职信，其中包括李奥贝纳公司，在被其他公司拒绝后，奥美成了他退而求其次的选择。他带着自己的作品见到了奥美的执行创意总监，虽然对方认为他的作品不怎么样，但对他的中文字体印象深刻，这说明他在文字方面下过功夫。这种意外的机会让劳双恩进入了奥美广告公司。

对生活的高度敏感是广告创作取之不尽的源泉

劳双恩的个人兴趣非常广泛，这对他的广告创作起到了积极的影响。他的广告项目涉及不同年龄层、性别、喜好和生活阶段的人群，以及玩具、化妆品、纸尿裤和高科技等不同产品。由于他对不同领域的人们的生活、喜好和潮流有浓厚的兴趣，并能与各种人交流，能够更好地把握不同人群的需求和喜好，对人性有更深入的了解，这对他的创意思维和项目执行都带来了很大的帮助。

"在这一方面，我觉得最重要的是看你自己的兴趣，看你的接触范围，然后看你能不能够打通这种思路。"当被问到有关专业背景的问题时，劳双恩如是说。劳双恩认为，进入广告行业并不一定需要具备经济学的基础。他指出，在广告行业工作的人来自各种专业，不仅仅是经济学专业。更重要的是个人是否具备通才的能力，是否能够将创意应用于不同人群中。因此，无论专业背景如何，最重要的是个人的兴趣、接触范围以及是否能够在创意过程中发现与众不同的东西。

他在广告创作中的成功部分得益于他的敏感度和能力，他能够挖掘出触动目标人群的细微事物。他强调在创意过程中寻找那些能够感动目标人群的小细节。这种敏感度和创意的深入挖掘能力是他在广告创作中取得成功的关键。

国内外广告创作思路大有不同，须做到具体问题具体分析

香港的广告基本上承袭了西方的广告思路，因此在创作思路上与西方广告比较一致。然而，在内地，广告创作的思路有所不同。一部分广告人受到西方广告的影响，例如，在大学学习广告的人会借鉴西方广告书籍和品牌策略案例等资源，所以他们的思路与西方广告比较相似。但也有一些广告人没有受到西方广告的影响，他们拥有自己独特的思路。

这些人可能直接受到"宣传工作"的影响，尤其是从乡村宣传中学到的一些思维方式和策略。这种广告思路的特点是简单明了，使用简洁的符号、口号等方式让受众能够轻易理解和记住。这种广告被称为"洗脑广告"，通过反复喊出简单的口号和符号来引起受众的共鸣，并激发他们的行动。

与此同时，内地也存在一种"第一提及"（top of mind）的广告策略。这种策略的目标是让受众记住品牌名称，而不一定关心品牌背后的含义和价值。这种广告不注重与消费者建立长期关系，而是希望受众记住品牌名称，并在购买时回忆起该品牌。这种策略在一些三、四线城市相对成功，但缺乏品牌内涵和长远发展规划的品牌往往会逐渐消失。

改革开放后，内地的广告行业发展已经有40多年了。在早期，一些品牌通过大量叫喊式的广告迅速走红，但由于缺乏品牌底蕴和内涵，这些品牌逐渐消失了。然而，与之相对的是一些西方老品牌，如大众汽车、宝马、奔驰、LV、Gucci等，

它们成功地建立了品牌形象并持续存在。建立品牌需要时间和长期努力。

劳双恩认为，在内地可以进行很多品牌推广活动，特别是通过与电商平台和直播达人的合作。然而，关键问题是这些品牌能否持续存在并在市场上保持竞争力。在内地，许多品牌通过与电商平台和直播达人的合作进行品牌推广活动，取得了很好的销售成绩。例如，李佳琦等直播达人在直播中宣传某些品牌，能够让这些品牌在一天之内销售火爆，甚至无需其他广告投放。然而，这种快速的销售增长是否能够持续是一个关键问题。

一些中国品牌在市场上火爆销售了一个夏天后很快消失。这是因为这些品牌缺乏品牌的长期积累和内涵，只追求眼前的销售和资金支持，而忽视了与消费者建立深层次关系的重要性。相比之下，一些注重品牌建设的中国品牌，如李宁，能够清楚地知道自己的品牌定位。

建立品牌是一个漫长而持续的过程。不仅需要品牌的外在形象和宣传手段，还需要内在的品牌故事、价值观和用户体验等要素。成功的品牌能够与消费者建立情感共鸣，并在市场上持续存在和发展。因此，品牌推广活动只是品牌建设的一部分，持续投入和战略规划才能确保品牌的长期竞争力。

体验内地的挑战和冒险，为新鲜事物而疯狂

劳双恩在1996年决定从香港来到内地。他做出这个决定的原因有以下几点。

首先，劳双恩在广告领域有着丰富的经验，并在香港经营着广告公司。然而，作为香港人，尽管他在香港生活了几十年，但他接触其他文化的机会仍然有限。因此，他渴望到内地发展，体验新的挑战和冒险。

其次，当时香港的广告公司大多数都是国际公司，一些公司在上海、北京等城市设有分支机构。劳双恩多次前往上海协助撰写提案和竞标工作，与内地进行频繁的交流。他意识到自己需要提供支持和合作，因此有必要积极参与内地市场。

再次，劳双恩多次访问上海，体验了这座城市的魅力和乐趣。因此，劳双恩渴望通过从事广告工作获得新的体验、变化和新鲜感。

最后，劳双恩感受到中国广告行业正在逐步发展壮大。他观察到中国经济正快速增长，企业对广告和营销的投资也在增加。这种趋势为广告领域带来了新的机遇和可能性，劳双恩渴望成为中国广告行业的参与者，为其发展做出贡献。

劳双恩团队所获殊荣

劳双恩先生担任智威汤逊亚太区创意委员会主席多年，他领导的智威汤逊，拿到了中国内地第一个克里奥金奖，做出了中国内地第一支被收入 *SHOTS* 的作品，也是中国内地第一家登上香港4A广告创意总分榜首的广告公司。不仅如此，在2011年6月22日，劳双恩的创意团队凭借为新秀丽箱包制作的平面广告《天堂与地狱》，为内地捧回了第一座戛纳广告节全场大奖，他也成为首位担任戛纳广告节户外广告类评委主席的华人。[1]

中国广告须进行本土化改革，不能照搬照抄

在内地，劳双恩遇到了一些挫折和难以突破的问题。当时在内地，真正能够投资建立品牌的主要是一些国际品牌。因此，他们与许多国际客户合作，如联合利华、

1.《文案在前，时代在后》，https://www.digitaling.com/articles/193717.html，2019年8月5日。

柯达、摩托罗拉、诺基亚、耐克等国际品牌。然而，与这些品牌合作时也遇到了问题。

当他刚到内地的时候，需要与当地团队密切合作，经常听取他们的意见和分析，尊重他们的建议。他还经常参与市场调研，倾听消费者的意见，包括对于他们的创意和品牌的看法。此外，他还努力像本地人一样生活，努力贴近生活，了解消费者，这需要花费一年、两年甚至三年的时间。

在那段时间，一些国内企业也开始意识到它们需要建立自己的品牌，也希望保护自己的品牌形象。劳双恩回忆起当时他们在做凤凰自行车的广告时，品牌方告诉他，那时候"三大件"中就包括自行车。凤凰自行车有一个独特之处，那就是它的铃声，一听就知道是凤凰自行车。于是，他们构思了一个故事：一个迷路的孩子在农村里玩耍，夜晚越来越恐怖、越来越冷、越来越黑，然后他睡着了。突然，他听到一个铃声，看到树林中有些光芒，原来是父亲骑着凤凰自行车来找他。因为与人们的生活更贴近，这个广告情节的设计使得本来在内地已经很有名气的品牌成功与客户建立了更密切的关系。劳双恩认为这样的努力是非常值得的。

劳双恩和他的团队在这一过程中帮助了一些已经在内地拥有良好声誉的品牌，建立了更紧密的合作关系。虽然在刚开始的时候面临了一些困难，但通过与本地团队的合作、市场调研和贴近生活的努力，他们逐渐了解了消费者的需求和心态，从而更好地创作出符合消费者期待的广告作品。这些努力让劳双恩在中国的广告行业中成为参与者和见证者，虽然他当初并没有想到这个行业会发展得如此迅猛。

客户要求"千人千面"，对广告人的"修正和灵活"提出更高要求

在过去，国际客户通常更加注重广告创作过程中的每一个步骤，他们认为正确的流程能够确保他们获得正确和好的结果。然而，正确并不一定意味着最精彩，因为创意往往需要一种自由的氛围才能产生。

如今，两种类型的客户都受到数字世界的影响，无论是冲动式的创作还是系统化的创作，都受到这个时代的引导。很多事情可能在社交媒体上引发了热议，你就

必须要有相应的反应能力。这对于系统化的方式来说是一种挑战，因为有些事情可能要求你在还没有完全理解之前就作出反应。冲动式的方式可能在应对这种情况时更为契合，但也增加了错误的可能性，这也是一种挑战。

因此，在如今这个竞争激烈的营销广告生态中，要同时做到正确和精彩的作品变得越来越困难。我们需要做到"修正和灵活"，即在一些方面保持固定的东西，同时也需要具备灵活性。这对我们的能力提出了很高的要求。

创意与长期稳定性，品牌营销成功的关键

现如今品牌倾向于事先确定代言人，并将其视为成功营销的关键。劳双恩在谈到自己的从业经历时说："现在客户找我们沟通的时候会说：'我们已经跟这个人谈了，你们就用他来做广告策划。'"

劳双恩认识到创意的重要性可能会被忽视。他认为，找到合适的代言人是有优势的，因为品牌可以借助代言人的名声作为品牌的跳板，但代言人背后隐藏的价值观和深层价值取向可能会给品牌带来潜在的危机。

劳双恩进一步讨论了长期稳定性的重要性。他提到了一些品牌能够与代言人保持稳定关系的案例，并指出年轻品牌通常只注重眼前的短期成绩。他说："可能现在某一些品牌，因为它年纪很轻，看不到以后会怎么样，它只知道'今天要怎样，明天要怎样'，但它就看不到长远会怎么样，它只看今天的。"

劳双恩还以耐克作为例子，强调了长期关系的价值。他说，在学生时代，勒布朗·詹姆斯（LeBron James）可能已经跟耐克一起绑定，不是因为他成名了才跟他有合作关系的。他指出，这种长期的合作关系能够让品牌在运动员遇到困难时，表现出稳定的支持，从而增强品牌形象。

代言人的选择和短期成绩的追求是当前品牌营销中的趋势，但创意的重要性和长期稳定性也不可忽视。品牌需要综合考虑代言人的影响力、品牌相关性和长期关系，以实现持续的品牌发展。正如劳双恩所说，"细水长流"是关键，只追求眼前的短期成绩无法预测品牌的长远发展。

勒布朗·詹姆斯拍摄的耐克球鞋广告

2003年NBA选秀前夕，来自俄亥俄州阿克伦地区的"天选之子"詹姆斯几乎锁定了当年的状元头衔，以耐克、锐步与阿迪达斯为代表的公司参与了竞标，竭尽全力希望这个潜力无穷的年轻人可以成为自己旗下的运动员。为了签下詹姆斯，耐克的数百名员工花费了几个月的时间共同打造了一份策划方案。为了给詹姆斯留下最好的印象，耐克甚至还搞清楚了詹姆斯最爱的麦片品牌，如果詹姆斯需要休息一下享用零食，耐克就会拿出他最爱的Fruity Pebbles麦片。相关人员表示，他们不会错过任何一个细节，任何他们推测詹姆斯可能会想到的事物，都要有人去确保詹姆斯得以使用或体验这些东西。[1]

创意聚沙成塔，点滴发自内心

"原创性只是对自己作品的尊重，意思是说你不能抄袭。真的，原创这个事情对我来说，我不知道其他广告人是怎么样看待原创的，但我觉得就是真的不要抄袭，因为人家也是很辛苦想出来的。"当被问到有关原创性的问题时，劳双恩如是

1.《15年前，耐克是如何签下詹姆斯的？》，https://zhuanlan.zhihu.com/p/37770408，2018年6月6日。

说。他认为作为一个创意人，将别人辛苦想出的成品拿去用是一件对不起自己的事。然而，所谓原创也并非为满足虚荣心而生，这便是他对于为何需要原创所作出的解释。

但比起原创性，更重要的则是必须在符合市场化的原则上创作。"这个是我们自己掏心掏肺想出来的东西，我就对得起自己。同时，因为我们是做商业广告的，我不是艺术家，我不是画一幅画出来表达我心里面想什么，我画一幅画出来是帮广告主说出想说的话，对吧？所以最重要的是满足广告主对市场的诉求。至于我画的是不是使我满意，让别人夸我的创作多美丽、多漂亮、多感动人心，不是这个，这个真的不重要，最重要的是卖东西，但是我要尊重我自己，而不是拿人家的东西。"

关于如何创造有创意、富有原创性的广告，劳双恩认为生活观察是非常重要的一点。看电影、自己的幻想都可以成为创意发想的碎片，聚沙成塔后便能应用与拼贴。"就像海绵吸水一样。我从小就会胡思乱想。我们创意发想过程里有一个收集碎片的功能，就是把生活的碎片收集起来，但你可能是不自觉地收集，然后你不自觉地就应用了，不自觉地就把它拼贴了。这好像没有道理，但实际上都有道理。"他这么形容道。

劳双恩收集"创意碎片"的方法之一——旅游

总体来说，对于创意和商业性，他都更看重细水长流而非单纯的销售成绩，却也能理解当今的大环境和刚起步的企业。劳双恩说："互联网不仅仅影响了我们这个行业，也影响了很多其他行业，年轻的品牌是不能没有短期的成绩的，如果没有短期成绩可能就已经不存在了。"

什么样的设计才算是真正有创意的设计？劳双恩认为，真正有创意的作品能够带给人影响和冲击力，甚至让人开始思考作品的创造过程。"通常评奖都是先圈出来一些作品使其入围，然后再慢慢去挑最好的。圈出来的作品，肯定是对你有影响的，对你产生了一定的冲击力，这个冲击力可能是感情上面觉得这个故事讲得很动人，就会想'这个是怎么做出来的'，这个想法我从来没有过，好的作品首先要有冲击力。如果纯粹为了吸人眼球，跟要达成的广告目标没关系，那就算做得再精美、再震撼也没用。最后就是原创性，从来没有人这样讲过，从来没有见过，就应该给予最高荣誉。"

一路走来看遍风景，路途颠簸却不畏缩

在广告从业的路途上，是否做出过客户不满意的作品？当客户不满意时又该如何调适自己的心态？面对这样的问题，劳双恩说："有很多很多。有一些客户是非常欣赏你为他掏心掏肺做事的，有一些客户却觉得他自己想做的就是最对的，我们怎么说，他都不认同。"

一路走来，劳双恩的事业中自然也存在一些让他十分喜爱，且能唤起自身难忘经历的作品，例如安踏和耐克等运动品牌的推广。"因为我自己很喜欢运动，相对来说，也大概了解运动员的心态，所以我感觉自己会比较信手拈来，客户也会欣赏。因为安踏也算是国内少数比较注重自己品牌建设的一个客户，耐克就更不用说了。"当提到凤凰牌自行车的推广时，他更是无比怀念："就好像我小时候回到家乡的那种感觉，就是坐在我舅舅的自行车背后那种。"

对于在创作上如何转变不同思路，劳双恩也分享了自己的经验。他认为最重要的就是了解每一种媒体的特性。比如，制作一个户外广告，那就必须了解广告投放的地点、人流量等，制作人必须了解经过该地点、看到广告的人的心态是什么？他们的注意力有多强？他们会对什么信息有兴趣？他也曾做过不少的广播广告，当你只能听时，是充满想象空间的，如何吸引人、让人有感觉，都是一门学问。他认为，相对来说，影视广告比较好的地方，是它能够运用声音、画面、富有情感的故事去打动人，是一个比较丰富的媒体。现在所谓的影视实际上也是社交媒体里面的一些内容，所以在这上面能够运用的工具相对比较多，但同时挑战性也会很大，因为对手也有同样的武器、同样的工具，怎么样让人家觉得你的广告更值得去关注？

劳双恩提及的凤凰牌自行车广告

"凤凰"牌自行车诞生于20世纪50年代。成立后的上海自行车三厂，在《解放日报》《文汇报》上刊登了征求品牌商标的广告启事。最后"凤凰"商标被批准采用，因为凤凰是民间吉祥之物，深受人民喜欢，而且飞翔轻快，"凤凰"就此诞生。当时的凤凰牌自行车广告写道："一种新颖美观骑行轻快灵活的普通车，适宜城市和农村代步之用，并能适量带物"，"采用静电喷涂，红外线自动烘干新工艺。漆膜光泽，耐腐蚀性强"。[1]

现在品牌做广告时，大多会创造出易于传播的标语口号（slogan），对此，在被问及是否会考虑文案的传播度时，劳双恩是这么回答的："不会，除非你是凭所谓的文案来行销的。比方说，《中国时报》上的一些最佳文案，实际上那句话更重要的是代表了那个品牌的倡导，或者是价值观，或者是愿景，那已经超越了所谓的传播度。比方说，耐克的'尽管去做'（Just do it），当你一说'Just do it'的时候，如果你是运动员，你的心脏会'扑通扑通'跳，是那种激情要来了的感觉。再比方说，奇巧巧克力（Kit Kat chocolate）的广告语'休息一下，吃个奇巧巧克力'（Have a break, have a Kit Kat）之所以被广泛传播是因为它给你一个偷懒的理由，就是你要休息的时候来一块巧克力，它已经不是一个纯粹的记不记得住，更多的是它背后的意思。这些都是长年累月的品牌建设做出来的，而不是纯粹的洗脑广告，

1.《凤凰、永久、飞鸽，几张早期国产自行车的广告，让我梦回八十年代》，https://www.sohu.com/a/542467411_200419，2022年4月29日。

耐克经典广告语 "Just do it"

这句耐克历史上最成功的广告语来自一个即将被处刑的死刑犯。1976年，一个35岁名叫 Gary Gilmore 的美国人因谋杀被判监禁，出狱后重蹈覆辙，再次杀害两名受害者，被判处死刑。执行枪决前，执行者照惯例问他有什么遗言，他只说："Let's do it." 耐克广告代理公司威登肯尼迪广告公司灵光一闪，于是耐克这句经典广告语 "Just do it" 由此诞生。[1]

'找工作和老板谈'或者'怕上火喝王老吉'，只是基本功能性的诉求，当然有一些品牌广告主会说我们不要做得那么深入，我们只是一个功能性饮料，那它就只能是一个停留在功能层面的品牌。"

　　当提及自己为何想要做广告时，劳双恩风趣地回答："实际上，那个时候我有一个所谓的虚荣心，因为做广告有一个好玩的地方，就是它永远走在世界的前沿、潮流的前沿。比方说，现在在经常说的 ChatGPT，那我们马上就要去学习，之前比较热门的，比方说元宇宙，我们又要去学。还有你们说的那些 KOL，哪一个 KOL 现在最流行？在香港谁最流行？在台湾谁最流行？马上要掌握这些信息。我这个人什么

1.《Just do it ！一句死刑犯的遗言将 Nike 带出 80 年代的至暗时刻》，https://zhuanlan.zhihu.com/p/104472324，2020年1月31日。

都想玩一下，比如说填词，就是人家送一个音乐，然后把主旋律弹奏出来，听了之后就填词。我现在做广告，就是既要做平面、做影视、做广播、做社交，有时候也要想策略，就是比较多样化，不然的话会闷。"

心态必须创新，发掘并展望机遇

现在，区域广告行业的创作模式逐渐趋同，例如，泰国广告倾向于拿弱势群体做文章，中国广告则倾向于找网红或者明星。劳双恩认为，打破现状并非必须，因为如果别人做了你却不做，就没有市场了；但也并非只能跟随潮流，使用一成不变的方式进行创作。他认为广告人的水平其实差不多，没有人特别好，也没有人特别差，世界上真的做得比较出彩的一些品牌，懂得挑自己觉得好的创意，而不是人家做什么就要什么，一个好的、精彩的广告作品，荣誉应该归买单的客户，而不是创意人。"我们好的作品都是因为客户，因为他们知道，原来大家都这么做，那我们不这么做，我们要做别的。"

近年来，许多传统的4A广告公司都向数字广告转型。劳双恩十分乐见这个趋势，认为广告的基本盘没变，只是渠道变了。在数字时代，广告人与沟通对象的沟通情景变了，所以沟通的方法也要改变。现在广告的市场细分得很厉害，有一些公司专门做电商，有一些公司专门做社交媒体，这样能够让大家把自己的专长才干发挥得淋漓尽致，把最好的提供给客户。

同时，他也表达了自己对现在入行的年轻人的心疼和不舍。当然，在不同的时代，有不同的累法，他自己的时代更多在于如何思考、创意，现在的年轻人则是体力上的劳累。但他始终认为，若能保持自己的热爱、热情，就是没问题的。"我以前也是这样子的，我坐车回家时没有放下工作，在洗澡的时候也不会放下工作，但是当我能想出好创意的时候，什么都值了。所以我对年轻人的建议是，你真的要喜欢这个行业，不然的话，你会觉得自己没有出路。有很多其他工作比做广告可能赚的钱更多，都是那么辛苦，为何不做那个，而要做广告呢？你要知道广告给到你什么。"

文化探索流于表面，中国广告何去何从

中国广告业探索文化底蕴是否不够深入，流于表面？对于这个问题，劳双恩是这样回答的：“有时候，我们只是用了一个符号，比方说，很多人喜欢用中国结来做一些设计，那中国结背后隐藏着一个什么样的文化底蕴？中国结是一种祝福，那为什么祝福在每一年都那么重要？因为中国人相信天命，每一年是怎么样的很难说，所以在年初的时候要有这样的一个祝福，希望给一个不确定的人生带来一点确定的祝福。我的意思是说，那些设计的元素，比如书法、山水画等，它们与人的生活、人的信仰有关系，这样做更能够引起人家的共鸣。比如，春节贴春联，一家人希望来年能够更好，而一年365天有很多的不确定性，而一家人围在一起写春联，在那个时候就是确定的幸福，那你就要把这种感觉说出来。”他认为，在运用文化时，应该更深入地了解文化背后所蕴含的人文感情和给人们带来的幸福感，而非单纯使用。

（采访者：萧卉妤、郑智元、李蕴璇、陈煌琳、牛睿孜）

Chapter 2

在技术迭代中"玩广告"

——汉威士创意集团中国区首席执行官兼首席创意官孙二黑

孙二黑（Ben Sun），上海人，现任汉威士（HAVAS）创意集团中国区首席执行官兼首席创意官。他是首位入选国际4A全球创意理事会和亚太创意理事会的中国本土广告人。他为汉威士赢得其中国史上第一座戛纳金狮奖，同时带领公司成为中国本土化及年轻化进程最领先的国际4A公司。他聚焦于中国本土品牌的国际化战略及传播，助力华为、青岛啤酒等多个中国本土品牌开展国际化品牌建设。在国内外广告赛事的评委席上也经常能看到他的身影。他是上海国际广

告节、上海国际大学生广告节、中国4A创意奖、龙玺创意奖的评审主席，也是纽约国际广告节、伦敦国际广告节华文创意、迪拜Dubai Lynx广告节、新加坡Spikes Asia亚太广告节、One Show China的评委。在业界，他是行业协会China 4A的现任理事长兼秘书长，同时被评为上海国际广告节2019年度创意人以及广告门2020年度人物。

见到孙二黑时，他穿着浅蓝色的宽松卫衣、黑色的休闲裤，脚上是一双白色运动鞋，低调而休闲的风格让人难以联想到他在业界的地位。在接下来的一个半小时的对谈里，孙二黑为我们讲述了他进入行业的初心，并和我们分享了有关创意和数字营销的精彩洞见。他的回答时而会出人意料，这种不按套路出牌的风格和思维，在他对于广告创意的认知和实践里一以贯之。

"广告，一样很好玩的东西"

1997年一个烦闷的下午，刚进入大学的孙二黑一如往常地走进学校多媒体图书馆的影音室打发时间。不巧，这一天馆里空荡荡的，国外影音视频带基本上都被早早地借光，只剩下一张VCD。没有其他选择，孙二黑把这张最后的"弃儿"插入光碟播放器。

"我对广告产生了另外一种认知，真的是机缘巧合。"他没有想到的是，这张戛纳广告节合集VCD，将会从此颠覆他对广告的认知，甚至改变他的人生轨迹。

《第44届戛纳国际广告节获奖作品集》

戛纳广告节合集VCD是孙二黑重新认识广告的起点。中国广告业在经历了1990年代头几年的高速发展之后，至1990年代中期，开始进入平稳发展阶段。"戛纳"也成了中国广告界的热门话题。早在1954年举办的第一届广告节上，仅有80幅作品及200名代表参赛。到第44届广告节终于竖起了一座真正的里程碑，荟萃了来自60多个国家的广告佳作，共有4 500幅影视广告作品、近7 000幅报刊和招贴广告作品参赛，约6 000名代表参加了此次盛会[1]。

---

1. 黄国楗. 世界广告人的庆典——谈《第44届戛纳国际广告节获奖作品集》[J]. 美术之友，1998（04）：44-46.

因为高考失利，孙二黑被调剂到广告专业。他坦言，刚入学的那段日子，他可以说是完全找不到北，失去了明确的人生目标，上专业课也提不起劲来。

那是1990年代末的中国，在文化业态的发展上和国外有半年到一年的"信息差"。孙二黑这样的大学生很少有手机，联系都靠固定电话。他喜欢做的是泡在学校延吉中路上新建的多媒体图书馆，通过那些国外的影音带，穿梭到另一个时空的流行文化里。

重新回到那张第43届戛纳金奖获奖作品合集VCD。当"创意力"被一个接一个地放映在孙二黑眼前时，他受到的冲击是巨大的。"是全英文的东西，字幕也翻译得乱七八糟的，不过因为好的想法是不需要语言的，天马行空的创意对我产生了特别大的冲击。"一共45分钟的影音光碟，他循环了一遍又一遍，从下午看到晚上，直到九点闭馆被管理员请出去。

他仍然记得第一次看到其中一个麦当劳广告时自己既惊讶又困惑的心情。

孙二黑当时不敢相信这是广告，他平时在电视上看到的广告还停留在叫卖式、说明书式的形态，即广告中的主角往往采用夸张的配音、语调和动作去宣传和推销商品，而这些获奖的作品就像来自另一个维度的世界。在麦当劳的广告中，"它没有秀出鸡块或者可乐"，却用看似简单但意想不到的创意让他对这个品牌产生了强烈的好感。

现在，他重新评价当时令他印象深刻的麦当劳广告，认为它作为一个品牌传播的广告至今都是非常优秀的。首先，广告只用了15秒的时间就抓住了观众的注意力；其次，用了小婴儿这个元素，观感"一点都不尴尬"，并且执行得很到位，完整地表达了品牌想要传递的信息。仔细去考量作品，会发现它并不只是一个"笑与不笑"的简单粗暴的想法，而是一个非常难以想到的创意，会使得观众的好感度上升。

"我看到这个广告之后觉得很好玩，广告是一件很好玩的东西，我至今都是这么认为的。"从广告系毕业后，孙二黑便进入广告行业，进入上海本土广告公司工作，后来用自己的优秀作品敲开了国际4A广告公司的大门。2016年，他拿到戛纳金狮奖，成为中国最年轻的国际4A公司首席创意官及总经理。而这一切就源于那张戛纳国际广告节获奖作品集的VCD。

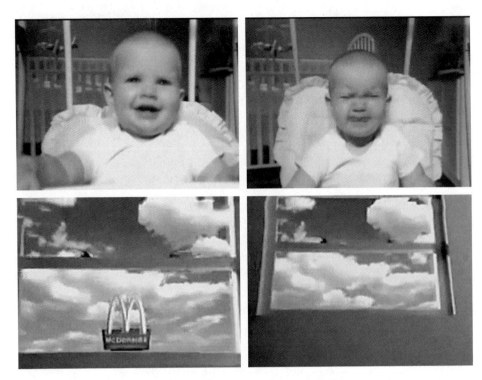

第44届戛纳国际广告节金奖作品：麦当劳案例

　　1996年第43届戛纳国际广告节获奖的"麦当劳"摇篮篇电视广告，描述的就是一个小孩坐在摇篮里上下晃动，听着旋律优美的摇篮曲，孩子的表情却反复地一哭一笑，随着镜头从孩子转向远处，才发现原来有"麦当劳"的广告牌。孩子反复的哭笑，表达了这一广告的主题——"麦当劳是连吃奶的孩子也非常喜欢的品牌"。摇篮曲风格的节奏感，使广告画面更加生动，将受众带入整个音乐的意境中，达到了艺术性和商品性相统一的宣传效果。[1]

从创意人到创意领袖，留出自己"玩广告"的小空间

　　2006年，孙二黑入职汉威士，由一名资深文案撰稿人转变为集团的创意副总监。现在，他已成为汉威士创意集团中国区首席执行官兼首席创意官。作为公司的

---

1. 刘亚平.电视广告音乐研究［D］.河南大学，2012.

经营者，对他而言，最大的蜕变是从一个创意人变为一名需要带队的领导者。孙二黑目前负责北上广三个分公司，要带领近500个人，日常的精力主要投入于管理工作。

但他依然会腾出时间让自己去"玩"广告。创意之外，他还拓展出广告导演的新身份，携手领英、浦发银行和汇丰银行拍摄了多部广告片，站在镜头的后面完成商业表达。一直到现在，他都相信"广告真的很好玩"，每一个项目都是一次新的挑战，进入它就是探索一个全新的领域、学习一套全新的东西，"没有其他职业可以像广告一样让你不用重复劳动"。

入职汉威士：由一名资深文案撰稿人转变为集团的创意副总监

除此以外，孙二黑现在也是戛纳中国创意联盟的一员。2023年是戛纳狮子国际创意节七十周年，为展现更多的中国卓越创意，传递中国创意之声，在中国广告协会的指导下，《现代广告》联合《经观传媒》成立戛纳中国创意联盟，借助戛纳这个国际化舞台，汇集国内顶级创意团队，打造"戛纳中国创意国家队"。孙二黑作为戛纳中国创意联盟的主任委员，在成立大会上表示："作为创意人，戛纳对我来说一直是一个梦想，这一次加入联盟简直是盗梦空间，太惊喜了。这几年有一个热词是品牌出海，我认为比品牌出海更重要的是创意出海，因为只有创意出海，品牌才可以出海，期待来自中国的创意作品能够站上世界舞台。"[1]

即便孙二黑需要花很多时间在管理上，但我们依旧可以窥探到他的创意初心与广告热情。

1.《独家发布|打造创意国家队，戛纳中国创意联盟成立》，https://mp.weixin.qq.com/s/FWRuJiRW11wO1KUN3pt7-w，2023年4月25日。

好的创意无标准，在技术迭代中与时俱进

在被问到什么是好广告的标准时，孙二黑认为，好广告的标准一直在变化。归根到底，广告实际上是消费经济的产物，它与当下的消费观念、时代的洞察是息息相关的。

从广告的历史发展来看，从H5的爆火又消失到现阶段短视频的井喷；继续拉长时间跨度，以前的电视广告只有15秒，现如今广告时长远超15秒的限制，且产生了各种各样其他的传播形式。孙二黑一针见血地揭示出广告形态的变化，其背后推手是媒体形态的变化，而更为根本的底层逻辑是由于科技的发展。

以前的电视时代，技术限制时长，所以广告只有15秒；现在流量和科技一放开，就为投放长时间的广告创造了可能；H5伴随着3G和4G时代一起到来，在此之前，手机的运行速度无法支撑这种交互的媒体形式；到了5G时代，更大的流量就带来了短视频的井喷。

随着大数据时代的到来，时间的碎片化以及消费者消费习惯的改变，移动、无线、微博、视频、多屏、门户、社交、大数据，等等，让数字营销传播的形式越来越丰富，数字营销的互动性、超越时空性、去中心化使得创意与传播、传播与营销逐渐一体化。那个创作与执行相分离的时代已经过去了。创意在传播的过程中产生，营销也在传播的过程中完成，创意、传播、销售在数字营销中协同并行[1]，好的创意与好广告的标准也不断在变化。

在一次访谈中，孙二黑对于广告营销行业的未来的看法是："总体而言，近期会全面数字化，一是指线下转线上，营销形式的数字化；二是注重转化率，比以往更在意销售数字。"[2]

科技带来的另一个巨大变化是人们接触的所有接触点（媒介）都可以被开发，随之而来的是传播的去中心化。在媒体中心化的时代，人们只要挖出这个产品想要表达的信息，把它做得吸引人一点，就一定能够触达用户，获得效果。然而放到如

1. 姚曦，秦雪冰.技术与生存：数字营销的本质［J］.新闻大学，2013，122（06）：58-63.
2.《当打之年：6位创意掌门人深度访谈》，https://mp.weixin.qq.com/s/4hT_SqtppAnMiCov4E7Ztg，2020年3月6日。

唱吧K歌宝洗脑电梯广告

在数字技术和网络技术的支持下，各种室外广告屏幕、公众场所（如公交、地铁、电梯里）的移动媒体等都能够成为传播的有效媒介。在信息碎片化时代，消费者注意力的重要性无需多言，抢夺消费者的注意力是品牌出圈不变的王道。大家每天出门都能看到的电梯广告，以其强制性收视和高触达率优势在众多广告形式中拔得头筹，成为商家为用户"种草"的新阵地。

今的数字时代，因为没有中心或者说出现了很多个中心，如果没有海量的媒体费做支撑，触及的范围就非常有限，前期的努力就会"打水漂"。

不同媒介的触点反过来也会影响广告创意的形式，孙二黑指出，以往拍一条很感人的片子，两三分钟的体量可能在手机端或者自发传播中产生不错的效果，但如果放到电梯媒体里面，就无法产生效果，我们看到的是电梯厢里充斥着简单粗暴的洗脑式广告。所以如何去定义"好"这件事情，是一个相对且抽象的标准。

在当下的数字营销背景下，广告标准的变化在于更加依赖数据的支撑。借助数字化的手段，代理商能够在几天内就得到转化率，从而快速去复盘和修正整个营销活动，做到"时刻去更新，时刻去迭代"。而这个调整的过程，在以前往往需要花上几个月的时间。

挖掘品牌 DNA，打造品牌价值

尽管"好广告"的标准一直在变，但孙二黑强调，永恒不变的是广告能否帮助客户树立品牌的价值。而在这个领域，中国与一些国家确实还存在明显的差距。美国的很多品牌承担了向世界散播国家意识形态的功能，比如可口可乐、麦当劳、耐克等品牌已经成为美国的象征，润物细无声，随时都在代表美国输出文化。中国目前则缺乏可以与之对应的代表品牌。国家已经逐渐开始意识到这个问题，并在《质量强国建设纲要》中提出，到2025年形成一大批质量过硬、优势明显的中国品牌。

然而作为建立品牌的重要一环，当下很多广告代理商都因为急着产出代表作或者客户要求爆点，变得十分短视，造成行业乱象。求爆并不难，当一个创意爆点或者一次营销活动和它服务的品牌的历史相冲突的时候，就会造成反差，从而收割流量，但这种为了短暂的爆点而选择与品牌调性不符的传播方式很可能给品牌的长期发展带来不可逆转的伤害。

在这一点上，孙二黑很自豪汉威士能够陪伴华为一起走过八年，帮助它逆袭成功。汉威士作为与华为多年并肩的营销伙伴，为华为带来多个精彩广告作品，在长期的陪伴中，双方逐步建立了对彼此的信任，共同摸索出适合华为的创意点。孙二黑表示，这些创意不是为了创意而创意，而是一定都会回归到华为产品一个极致的功能点，换其他任何品牌都拿不走。当然，他时常也会遇到短期收益和长期品牌价值的冲突。这种时候，他就会去衡量超出常规的做法是否值得或者是否存在更巧妙的方法，找出结合两者的最佳平衡点。

其中汉威士为华为 Mate 50 系列打造的一系列营销动作，既有展现产品功能，让人看完想摔手机的创意脑洞片，也有收起硬核科技锋芒的深度品牌广告，做到了华为广告一贯的高水平。

另一个精彩案例是华为与朴树联动的广告，汉威士巧妙地将华为的品牌产品和朴树的个人特质相接，在整体风格和传播节奏的把控上，尤为彰显功底。

在大中华区，汉威士已经历了 30 多年的发展历程，服务的客户囊括汽车、金融服务、奢侈品、大健康、快速消费品等各大行业的知名品牌，近年来表现出强劲的发展势头。佳作频出的同时，汉威士 2022 年也在加速探索更好的发展模式，以应对品牌不断变化的需求，3 月在中国市场收购专注于社交媒体和数字营销的独立广告公司前线网络，为汉威士集团中国注入更多创意和数字力量。[1]

1.《2022 年度创意代理商 Top 20，来了！》，https://mp.weixin.qq.com/s/x-k_i3hCgEUO74GPsIvg1g，2023 年 5 月 1 日。

华为 Mate 50 系列昆仑玻璃版本的广告片

华为发布 Mate 50 系列昆仑玻璃版广告宣传片。视频中，女主角不慎将手中的手机和冰激凌掉落，但女主着急地去接冰激凌，对于已经摔在地上的手机丝毫不担心。广告片最后，女主放松地捡起安然无恙的华为手机。据悉，华为手机的昆仑玻璃获得了业界首个瑞士 SGS 五星抗跌耐摔认证。借此片，华为通过有趣、夸张的方式，将 Mate 50 系列昆仑玻璃版"不易碎"的产品卖点植入消费者心中。

华为与朴树合作《好音质，无需多言》广告片

华为FreeBuds Pro 2拍了支很"朴树"的广告片，黑白画面里，朴树戴着耳机坐在中间，影片没有一句台词，采用大量特写镜头捕捉朴树的神情，希望从侧面突出"好音质，无需多言"的产品卖点。为了实现与"朴树风"的高度契合，整支广告不仅没有罗列产品的功能点，也没有通过堆叠数据的方式去强调产品的科技含量和硬性参数，只是通过画面和音乐去连接情感，用纯粹的方式去展现新品耳机在音质层面能够给予使用者的良好体验，从镜头语言到性格语言两个维度去充分诠释"好音质，无需多言"的主题观点。[1]

广告不是纯艺术的表达，要实现商业目的

在孙二黑眼里，广告（Commercial Art）这个词从构词法上就可以窥探出，商业（Commercial）永远要被放到纯艺术（Art）之前。作为一种商业行为，它就一定要有沟通、有妥协，而不能只是单方的自我表达。面对客户的需求，广告公司首先要清楚自己的定位。如果是自我定位为专业性的广告公司，就应该提出专业的意见，当一个谋士；如果定位为服务型的公司，就当客户想法的执行者，"广告从来就不是一个自我表达的东西"。

随着广告行业光环的退散，很多甲方变得越来越强势，在和乙方的沟通中主导

1.《携手朴树，华为这支广告很高级》，https://mp.weixin.qq.com/s/AB0P0ycArBeOqgeG8u6D2g，2022年8月31日。

汉威士为青岛啤酒打造的广告片《冰雪欢聚吧的奇妙诞生》

片子的故事线可分为上下两部分。上半部分，三只形态迥异的企鹅，在白雪皑皑的冰川上，意外发现了青岛啤酒冰工厂的百年秘密。下半部分，企鹅们带着从冰工厂收获的灵感和新啤酒，跑到冰山脚下建起了自己的"国潮冰吧"。广告片采用CG技术打造，耗费近半年的时间不断打磨，除了线上的视频，在线下，全国十八座城市打造了"冰雪国潮欢聚吧"主题快闪店，将片中企鹅建造的冰吧"游乐场"在线下原样还原，让全国更多消费者来此真实体验片中的冰雪潮趣。

了话语权。在这种情况下，孙二黑认为"满足客户，取悦客户"本就是广告业的前提，并不需要被苛责。作为乙方，可以做的是在不浪费客户钱的同时，不浪费自己的时间，在完成客户需求的同时，做出超出行业标准的作品。

打造民族风格，走向世界舞台

中国在2019年、2021年及2022年戛纳国际创意节上的获奖作品的数量分别为15个、10个和9个，逐年下降，不容乐观。作为在国际赛场上经验丰富的老手，孙二黑团队的作品帮助汉威士在2015年到2017年拿下了一金、二铜三个戛纳大奖。但提及这些成就时，他仅仅轻描淡写地表示，自己只是研究懂了这条赛道上的游戏规则。

孙二黑认为，这些大奖虽然具有国际上的权威性，但和国内广告的评判标准属于两个不同的赛道。2016年，孙二黑带领汉威士上海为全球道路安全系统制作的《短信遗言》（*SMS Last Words*）为中国赢得了第一座戛纳金狮。这部作品用了350块形如墓碑、1.2米高的展板，在全国道路安全日这天竖立在黄兴公园中。每一块展板上，都是一部因开车发短信死亡的死者的手机，屏幕上是他们开车时发出的短信。

立在黄兴公园的350块黑色展板

电子通信设备已然成为我们寸步不离的工具，然而就是这样的工具却在潜移默化中控制了我们的生活，掌控了我们的生命。汉威士上海抓住这一社会热点问题，将其定为广告创意的原点，由此创造出《短信遗言》（*SMS Last Words*）这一公益广告。

这个广告完美地契合了国际上对于好的创意的评价标准：一是破碎的手机意味着发短信就会导致死亡，一句话就能概括清楚核心思想；二是将手机和墓碑结合在一起，以鹰派和艺术化的方式表达信息。此外，在这部总长2分钟的作品中，汉威士花了45秒在开头呈现三个人因亲人车祸身亡而嚎啕大哭的场景，在一开始就能做到夺人眼球，吸引观众的注意力。但对于中国客户或者中国文化，广告的表达并不太倾向于一句话就表达出思想内核，往往要更为复杂和含蓄。

要成为国际品牌，并不是只对一个特定的地区说话，而是要尊重每个地区的文化，用更抽象的价值去引起共鸣。此外，中国可以更多地借鉴和自己情况比较相似的一些国家，如泰国、韩国和日本等，这些国家的广告风格非常典型，在国际赛场上都有不俗的表现，同时又兼具各自的特色。而在中国，还未形成一种明显的、达成一致共识的广告风格。孙二黑期待看到中国创意能够从本土的文化环境中开拓出一条属于自己的道路。

数字化时代，精准的到达与差异化的营销

汉威士集团于 2020 年 3 月 29 日宣布收购专注于社交媒体和数字营销的独立广告公司"前线网络"（Front Networks），纳入汉威士创意集团中国。2022 年 4 月 6 日，汉威士又宣布收购整合数字代理机构"搜索实验室"（Search Laboratory）。近年来，汉威士的收购战略专注于数字客户体验领域的顶尖代理机构，这反映出集团对数字化转型浪潮的积极响应。

汉威士收购"前线网络"：迈向数字化转型战略

前线网络创立于 2004 年，始终立于中国数字化赛道的前沿，其团队屡获殊荣，包括 2020 年 IAI 传鉴国际广告营销/传播金奖、2016 年 TMA 移动营销创意金奖、2014 年金鼠标数字营销大赛金奖。前线网络具有及时有效的数字创意、引人入胜的数字内容和渠道规划方面的专业知识，以及连接、创意、合作的企业理念，将为汉威士集团中国注入更多创意和数字力量。

孙二黑表示，发展数字化不仅仅是公司着眼于未来的一个生意形态，也是所有客户的需求。它就像一次技术革命，不单单是广告，各行各业都在面临这一问题。收购和整合则是汉威士集团权衡利弊后选择的更快捷的一种转型方式。

对于广告创意而言，孙二黑认为数字化最大的意义就是能够帮助创意更精准地分析以及更精确地触达消费者。当然，并不是所有品类的品牌都适合进行数字化营销。不同领域的品牌需要根据它们的购买决策链路长短设计差异化的战略。一般来说，购买决策链路长的商品，例如汽车，除了线上的浏览之外，真实的体验感同样重要，因此需要打通线上和线下。而购买决策链路短的商品，则可以将营销活动都挪到线上。

科技能加速创意的生产，但不能给出创意的答案

"所有人类的变革，最后的底色都是科技的升级"，孙二黑相信科技会越来越强，给广告行业带来质的变革的最终可能。

然而在当前的数字营销阶段，本质上还没有实现行业从1.0到2.0的跃迁，更多的是工具性的变化。相较以前，科技让广告商能够快速地找出消费者的需求和痛点，迅速整理出来一系列的资料，从而大大缩短了广告商收集信息的时间。

然而广告与其他领域最大的差异在于，不存在一个"最优解"。好广告的标准是多元的，需要依靠从业者的经验和直觉去判断，这也意味着，再智能的AI也没有办法代替从业者进行最终的决策。走到哪里是开放的，如何走也是开放的。百度等平台曾在几年前尝试研究广告行业生产创意的方法，但是发现每一个创意人的路数都不一样，灵感迸发的"路径"很难有统一的答案。孙二黑这样描述自己在产生创意时的体验：灵感就是脑神经突然像通电一样，突然打开了连接信息的能力，但什么时候、有没有能力去"跳这一下"，都是无法回答的。因此，总的来说，数字化对广告创意而言并不会带来翻天覆地的变化，科学技术虽正在高速发展，但是始终只是辅助人类完成创意构思的工具，精彩的头部广告创意仍然需要创意人亲自打造。

当光环褪去，广告业该何去何从

2020年，孙二黑作为广告创意官及导演为领英拍摄了《不要做广告》这部短片，片子的本意是号召年轻的从业者们回归行业初心，始终要为好的作品努力。在收获流量的同时，这部作品也引发了巨大争议。不少业内新人认为这部作品中的信息忽视了行业现状，太过于理想化。

《不要做广告》：片中出镜的广告界大咖

《不要做广告》是领英推出的《不要找工作》的延伸系列片，片名虽然叫"不要做广告"，但真正想传达的观点是作为广告人应有的一种态度——不忘初心、始终为好作品努力、有自己的想法和价值、满怀一腔热爱等，但引起了较大争议。

孙二黑也对此进行了反思。他承认自己可能忽视的一点是，属于广告业的黄金时代确实已经发生了改变。与他入行的21世纪初相比，现在入行的新人可能付出同样的努力，有同样的天分，但获得的回报却未必能匹及当时。另外，孙二黑觉得自己在一定程度上局限在头部公司的视角来思考问题，认为团结和努力就能改变现状。然而在头部之下，确实有很多声音在诉说日复一日的疲惫、看不到尽头的辛苦和在客户面前完全丧失的主动权。

广告行业现在出现的这些问题，孙二黑认为应该抓住本质去解读。所有的乱象从根本上都是因为当下的广告业没有办法体现它的专业价值。以前的广告业带着光环，有行业地位和社会地位，这是因为甲方和乙方之间存在知识差距，乙方能给客户带来价值，所以乙方能获得客户的尊重和付费。但是如今甲方和乙方的差距越来越小了，信息传播的速度越来越快，信息不再是某个特定机构的优势。差距的缩小一方面来自科技的进步，更多的信息渠道得以打开；另一方面是因为甲方在飞快地成长和提升自己，这让他们有时比乙方"懂"得更多。

面对这些问题，作为广告代理商中的领头羊应该怎么做？孙二黑给出了两点答案。第一，代理商要努力在垂直的领域去建立绝对优势。选择一个特定的品类，例如手机、快销等，然后在这个领域里面形成一个专业的市场和口碑，做出重点行业的突破。第二，尽可能陪一些优秀企业走得更长久，以更好地获得各方面的价值和经验。

比天分更重要的是美好的品质，比执行度更可贵的是原创的想法

除了自己在广告领域的探索和深耕，孙二黑非常重视栽培行业的新人。他联合母校发起了汉威士集团中国海外奖学金计划，每年推选新闻传播学院的四名优秀学生在汉威士实习一个月，其中两人有机会免费去新加坡实习。

谈到合格的广告人的标准，孙二黑认为这个标准是可变的。从前，他认为天分是最重要的，现在他则更注重靠谱、坚韧这样的美好品质。因为他发现，能被挑选出的实习生，天分的差别并不大，这个时候，靠谱、韧性的重要性就会体现出来。在行业里的成长更像是长跑，天分太高的人往往倾向于寻找各种各样的捷径，但有时候也会被这些捷径伤到。同时，对于创意人来说，很重要的一个特质是要喜欢不按常理出牌，能用不同的眼光看事物。"冬天的雪化了是水"不叫创意，如果答案是"春天"，那就是创意。创意不会改变一个事物的根本，但能够换一个

角度看问题。

孙二黑的另一项职务是上海国际大学生广告节评审主席。在广泛浏览大学生广告作品后，他指出，现在学生们最大的问题是过于"匠气"。他们在执行和模仿层面比以前的学生强很多，掌握拍照、剪辑、修图等各种技能，然而在原创层面，却很少出现能让人眼前一亮的作品。孙二黑对此这样形容，"越来越成熟，也越来越失去野心和大胆"。

担任上海国际大学生广告节评审主席的孙二黑

在被问到如何引导新人时，孙二黑表示自己会尽量给足空间。他更多是鼓励年轻人去培养好的品质，而在具体的技法方面，则留出更多的空间让他们自己探索和琢磨。因为他觉得适合每个人的标准答案都不一样。作为师傅，应当去帮助后辈树立自己的东西，而不是手把手地教，并灌输自己对于广告的一套想法和价值。

在给同学们的寄语中，孙二黑说："做广告是一个好玩且有趣的工作，在广告的天地里，你们永远会有新的可能。""种下火种"最重要的环节是火焰的传递，对于现在的广告行业而言，把指引的火把递给后辈尤为关键。他表示，广告行业虽然为年轻人提供了能够实现几何式成长的平台，但在职创意人更多还是侧重于自身在市场第一线的实践和积累，往往忽视了和年轻群体的交流和互动，一些有志于广告行业的年轻人无法接触到行业前沿和一线经验。[1]

（采访者：吴萌萌、赵佳盈）

1.《走近评委|孙二黑：广告是一个好玩且有趣的工作》，https://mp.weixin.qq.com/s/Pa9LXdZctncynzo CeFnaWg，2020 年 12 月 4 日。

Chapter 3

不断超越自己的创意极限

——阳狮传播上海和百比赫（BBH）中国首席创意官方丽燕

方丽燕早年的愿望是成为一名古典音乐家，但在波士顿大学学习音乐时，她以优异的成绩从传播学专业毕业，而后正式进入广告行业。先后在巴黎DDB Needham、奥美（Ogilvy Singapore）、M&C Saatchi工作，现为阳狮传播上海和百比赫中国首席创意官。

作为百比赫中国第一位女性首席创意官，她将百比赫打造成中国创意向世界输出的窗口，同时成为广告界的女性能够有机会打破职场天花板的典范。

她曾在D&AD、One Show、戛纳、艾菲等国际奖项中获得认可，此外，她还曾担任戛纳狮子国际创意节、D&AD、One Show和多个国际创意奖的评委。她还是The One Club for Creativity（国际顶尖创意、设计领域非营利机构）的国际董事会成员。

生活中的她精通英语、普通话、法语、粤语和印尼语；她不但是知名DJ，还是上海著名电音夜店Elevator的联合创始人；她还曾作为一名企业家创立过自己的肉干品牌"一片福"。

从音乐人到广告人，不变的是探索之心

三岁就开始弹钢琴的方丽燕，被波士顿大学的音乐专业录取，当她还梦想着成为古典音乐家时，缘分引导着她走向了传媒专业，并最终以优异的成绩从传播学专业毕业。她认为传媒行业与乐器的共同之处，就在于他们都能够创造艺术，并且都有音乐围绕，这也是她转向传播学专业的原因之一。她接手的第一个工作任务是为美国的堕胎诊所做广告策划，该主题不论在当时还是当下的美国都具有非常大的争议性，她坦言对于当时初入社会的自己来说也非常具有挑战性。面对抗议游行的群众和高大的人墙，身形娇小的她重新思考广告的内涵。广告要站在不同的角度去理解受众群，广告不仅仅是创作，读广告也是在读历史，应该脱离本体以第三方视角去理解受众群。广告与传播密切相关，她发现自己的专业在工作领域的运用能够影响到文化，甚至影响到每一个普通人的生活。

方丽燕荣登"大中华最值得关注女性"2023年榜单

用不同的力量，创造不同

在百比赫与新加坡大华银行（UOB）合作的项目中，团队面对一个挑战：如何重新诠释大华银行的品牌故事，以吸引中国高净值客户，并在私人银行广告领域打破常规。过去，品牌的故事重点是传承代际的价值观，这在之前的广告中非常成功，成为标志性的广告。然而，随着目标受众群转向中国的高净值客户，他们意识到必须提供一种新的叙述方式，以满足不同文化和价值观的需求。

方丽燕从一开始就明确了目标：在保持大华银行品牌核心价值观的同时，打破传统框架，创造一个与众不同的故事。她深入研究了中国高净值客户的需求和价值观，发现他们正在寻找一个安全可靠的金融伙伴，以保护他们的代际财富。于是，她和团队以"青出于蓝，更出于你的远见"为主题，强调大华银行作为财富管理顾问的重要角色。

方丽燕以及其团队创意十足，他们以哈萨克族的驯鹰传统为灵感，通过一部情感影片展现了父亲对女儿传承传统使命的信心和远见。这个故事打破了传统的父系传承制度，片中的父亲让小女儿承袭了爷爷的驯鹰人使命，不仅意义非凡，同时传递了大华银行的核心价值观。

大华银行广告片截图

新加坡百比赫广告公司制作了一部情感影片，由导演David Tsui执导，讲述了哈萨克族的驯鹰传统。大华银行通过这部广告突显了具备远见的重要性，特别是在传承的过程中。

新加坡大华银行私人财富部门总负责人Chew Mun Yew评论道："对于家庭和企业来说，有意义的传承规划需要完善的策略和执行。作为一家有企业家精神的银行，我们深知建立、保护和传承家族财富的重要性，代代相传。每个客户都有不同的需求和优先事项，我们凭借在私人财富领域的丰富经验能够为他们的个人和商业需求提供广泛的建议和解决方案。这次品牌更新活动是我们持续品牌复兴计划的一部分，旨在赋予东盟地区下一代变革者更多权力。"

这部影片在亚洲主要媒体渠道上播出，吸引了中国高净值客户的眼球。方丽燕和团队的独特创意，以及对目标受众的深入了解使得大华银行的品牌故事在市场上脱颖而出。她的努力证明了"用不同的力量，创造不同"的重要性。

做广告，要像亨利·福特先生发明车一样

当被问及客户对福特T型车的意见时，亨利·福特（Henry Ford）有一句名言："如果我问人们他们想要什么，他们会说更快的马。"

通过引入新的概念、技术和创意方式，为品牌赋予新的活力和竞争优势，借助讲述故事来改变传统的品牌表达方式，百比赫中国作为一家知名的广告公司，一直秉持创新的理念，在广告创作中不断超越自己的创意极限。

方丽燕作为阳狮传播上海和百比赫中国的首席创意官，在广告创作中始终追求创新和突破，挖掘产品或服务的独特价值，并以创新的方式将其呈现给消费者。她与团队紧密合作，深入了解目标受众，分析市场趋势，利用前沿的技术和创意手段，为客户创造出具有创新意义的广告作品。她始终相信，广告不仅仅是传递信息，更是一种与消费者建立情感连接和共鸣的方式，应该与时俱进，适应不断变化的市场环境和消费者需求。

2013年，中国遭遇52年来最严重雾霾，空气质量指数超过世界卫生组织安全限值40倍以上。2014年，世界自然基金会利用"地球一小时"提醒人们，对抗雾霾的斗争尚未结束。在方丽燕团队的帮助下，世界自然基金会"劫持"了中国主要门户网站的登录页面，用数字烟雾入侵它们。用户突然看到屏幕上出现了烟雾，烟

雾水平与当前位置的实时空气质量指数直接相关。为了清除雾霾,用户必须在社交媒体上分享信息,从而有效覆盖超过5 000万人。然后,用户被重新定向到世界自然基金会的网站,并鼓励其为反雾霾抗议活动捐款。

百比赫中国参与策划的主管Darius Karbassioun评论道:"出于一个关键原因,我们再次选择数字空间作为战场。空气污染在中国已经普遍存在。人们可以躲避空气污染的一个地方就是他们的数字生活。用烟雾'劫持'网民最喜欢的网站,让他们别无选择,只能直面问题。"

活动图片

百比赫中国凭借这个广告创意获得了大中华区艾菲奖金奖。艾菲奖是全球广告商和代理商公认的实效营销奖项。

世界自然基金会中国区数字传播部负责人张景宁补充道:"屏幕上的烟雾对人体的危害不如烟雾。但这种对日常数字生活的干扰有望提高我们解决中国空气污染危害的意识,并吸引人们参加'地球一小时'活动,以寻求更多答案。"

活动图片

继2013年"地球一小时"活动取得成功之后，世界自然基金会和百比赫以及中国顶级网站发起了一系列活动。该活动当时荣获D&AD木铅笔奖。

广告人要保持纯粹，保持真诚

方丽燕喜欢和年轻人交流探讨，她认为年轻的头脑往往能够生发出单纯而新奇的创意。没有经历过太多"磋磨"的年轻创意人反而更加纯粹且真诚，他们的思维方式更加开放、敏感和创新，没有受到传统的思维模式和规范的束缚，这正是方丽燕所赞赏的。

方丽燕是The One Club for Creativity的国际董事会成员之一，The One Club for Creativity的使命是支持和庆祝全球创意社区的成功。她是全球22位创意领袖之一，在董事会任职3年。每年，One Show都会组织全球人才招聘及广告作品交流活动——"这一夜，晒作品"。在一个快节奏的晚上，年轻的广告文案、美术和其他创意新生相聚在这个舞台上，与业内知名创意评委们近距离对话，展示充满活力的作品和新鲜的灵感，得到经验丰富的评委的点拨。这不仅为年轻的后起之秀们提供了机遇，更为广告行业注入了许多纯粹的灵感和可能。另类的洞察、新奇的创意、颠覆的思维……在这个舞台上，被晒出来的不仅是一个个广告作品，更是广告行业的未来。

方丽燕和"这一夜，晒作品"的选手合影

"这一夜，晒作品"2023年上海赛区宣传海报

方丽燕组办疫情后首次"这一夜,晒作品"2023年上海赛区比赛

"这一夜,晒作品"被戏称为创意人的"闪电约会",所有参与的城市都会在同一天晚上开展这个活动,是全球范围内的广告人和创意人的盛会。这一创意之夜,就像庆祝新年一样,全球创意人欢聚一堂,庆祝这个属于他们的节日。期待彰显年轻人纯粹的创意精神,也期待这些创意新秀在未来肆意挥洒灵感与汗水,创作出令自己满意并对行业和社会有着重要意义的优秀作品。

与众多品牌合作,始终做一个"问题解决者"

在为不同品牌制作创意推广时,方丽燕的工作方式随着品牌的切换而调整,但是,她始终认为自己与团队是"问题解决者"。"客户提出一个问题,然后我们解决它。"她这样形容自己的工作。当接到一个任务时,她首先会"寻找问题",通过了解品牌的目标、市场情况等关键信息来确定目前可能存在的问题或挑战,进而有针对性地提出创意方案来"解决问题"。满足品牌方的需求是第一位的,在此基础上注入独特的想法,使得品牌传播更有特色、更能收获目标受众的关注,也是需要关注的。

方丽燕特别提到了百比赫中国为Burberry制作的新春广告微电影《心春由你》。

Burberry 希望在 2021 年春节针对中国的年轻群体进行品牌推广，传递探索未知、拥抱自然的品牌精神。当 Burberry 的需求空降百比赫中国时，团队立刻决定为这个奢侈品牌开辟一条独特的春节之路。

新年的营销往往会落入常规俗套的剧情，如家庭团聚、年夜饭、分发红包、贴春联等，大众已经产生审美疲劳，过多红色的使用也使得新春广告陷入同质化。对于现在的年轻人来说，传统意义上的庆贺新年已经带有过时的意味，年轻人的价值观和生活方式也在发生着变化，他们更加注重个性化、多元化和创新性，对于节日的庆贺也不例外。春节渐渐被年轻人认为是一项沉闷且缺乏想象力的古老仪式，但是，这种感受究竟是由外部环境引起的，还是由于我们对这个时间节点失去了探索的好奇心？为了避免陷入传统春节营销题材的窠臼，打造属于 Burberry 的独特新春风格，百比赫中国团队重新思考了中国农历新年的真正精髓——迎接春天的到来。"一年之计在于春"，春天从古至今都代表着觉醒和全新的起点，探索"新的开始"这一主题成为引起消费者情感共鸣的完美切入点。

方丽燕在《心春由你》发布会上提到创意的创作心路："2021 年的春节是个特殊的春节，品牌更需要和消费者产生共鸣，激发思考，让他们相信，只要勇敢拥抱探索和探险精神，觉醒和新的发现仍然唾手可得。这是一个唯有 Burberry 才可以讲述的故事。这不仅因为 Burberry 蕴含了丰富的历史，为无畏的探险家设计并提供服装，还因为探险家们的每一段旅程总是始于一个问题，即外面的世界是什么样的？"[1]

在创作过程中，百比赫中国团队尤其注意到了当时所处的特殊时间节点。整整一年里，人们经历了前所未有的挑战，大家的心态发生了不小的变化。长时间的居家生活让大家对外部世界与大自然的渴望尤为强烈，百比赫中国团队选择了远离都市高楼的秘境香格里拉作为微电影的拍摄场地，希望通过最纯粹的自然触动观众的心。与其他贺岁作品明显不同的是，《心春由你》没有过分热闹和热情的气氛，也没有都市环境的喧嚣和节日氛围的洋溢。相反，整部影片由女主角周冬雨深情旁白叙述，场景的展开借由主人公的五种感官感受逐步呈现，带领观众置身于大自然，穿梭在山川、湖泊、森林中，感受自然与宁静的力量。这部微电影为人们带来了一

1.《Burberry 新春广告，听周冬雨向春天深情告白》，https://www.digitaling.com/projects/147994.html，2021 年 1 月 19 日。

股清新和轻盈的气息，通过重新经历爱情、友情和亲情，观众在观看影片的过程中不断重拾自我，更从初春的自然中汲取乐观的能量，憧憬美好的未来。

心春由你，由你选择，由你感受。经历了疫情的考验，新的一年，我们更需要坚定力量，更需要发自内心的支撑力来自勉，支撑我们走得更远。正如片中所言，"形形色色的人，看到最多的是笑脸"，这些笑脸背后都蕴含着人们对生机和美的向往。百比赫中国通过这部微电影的艺术表达，既实现了品牌新品广告传播的出圈，精准触达了目标群体，又潜移默化地传递了品牌的质感和精神，加深了与年轻人的情感共鸣。

方丽燕在《心春由你》发布会上介绍创意

《心春由你》广告片

这部极具诗意的微电影在亚洲最著名的创意盛事——亚太广告节——上斩获铜奖。同时，还入围了2022年度金铅笔国际创意奖。它给观众带来了如梦似幻的视觉震撼，也传递了Burberry全新品牌宣言，在农历新年背景下与观众建立了情感联结——愿我们所有人在新春之际，永远好奇如初，永远心春由你。

广告情怀：社会的镜映

方丽燕认为，广告情怀是广告从业者在日常策划工作中必不可少的要素。一个好的想法、好的核心概念，不仅能够对宣传目标品牌或产品本身起到理想的效果，也可以对整个社会产生正向的影响。这样一种广告情怀对广告主和品牌方有益：积极的社会影响会驱动用户自发传播，有助于减少投资预算——"观众觉得这个（广告）对他们来说是有价值、有意义的，他们会自行去传播，那我们的媒介投放就不需要花太多的资金"。

广告情怀是社会的镜映。她认为，广告人的作品不能脱离人。广告是与社会同步的，不是社会影响广告，就是广告影响社会。"这就是为什么我们说广告是生活的一部分。"

2021年，方丽燕在带领百比赫中国为国产传统老品牌广合腐乳做营销策划时，就深刻洞察到广告情怀对这一百年老品牌长期的品牌塑造和宣传的重要作用。

广合腐乳是一个诞生于1893年的传统老品牌，曾是中国一代又一代人家庭餐桌上的必备美味，但它却正伴随着时代的发展，被当下的年轻人渐渐遗忘。虽然广合腐乳一百年来几乎没有做过广告，但当大家看到这个包装、夹出小小一块放到嘴里时，都会勾连出很多与童年相关的美好记忆。何不借此机会，重现那些久违的感觉，也许每个人的心中都需要一块小小的角落，来守护自己曾经的单纯和一去不复返的美好。此外，广合腐乳将近一百三十年没有改换过配方，在从小吃"腐乳配粥"长大的消费者心中，这一品牌产品的口味始终没有变过，非常容易唤起消费者对广合腐乳在童年场景中的回忆。

基于对消费者的洞察，加之品牌传承的悠久历史的特征，百比赫中国最终为广合腐乳打造了具备深刻广告情怀的营销策划——"给童年留一块角落"。

百比赫中国用怀旧的感动激活了年轻消费者，更让无价的情感为传统老字号品牌带来了可见的价值增长。广合腐乳这个曾经"安静"的老品牌，收获了社交网络上几十万份真诚的留言与互动，带来全销售渠道40.4%的销量提升。

广合腐乳的成功案例给方丽燕留下很深的印象。她认为，反观现在市场上许多只是专注于推销售、打销量的广告，这种深刻洞察社会、反映社会的广告，才是更有意义的、更有广告情怀的好作品。

联合艺术家打造的"童年角落"系列微雕

联合艺术家打造"童年角落"系列微雕，将一个个与童年有关的记忆碎片，重现在微缩的场景里。这些微雕的"童年角落"被小心翼翼地藏入繁华的都市里一个个被遗忘的角落之中。与稻草人联袂开启沉浸式探索，让童年的场景重现在用户眼前；携手视频平台"二更"推出情怀纪录片，记录微雕的工艺与创作过程。影片广泛传播，激起无数有关童年趣事的讨论。

"童年角落"系列海报

方丽燕团队通过微信定向投放，将广合腐乳"童年角落"系列海报直达广州、上海等城市，不仅有效拉动线下参与率，还由此推出全新打造的情怀包装。一笔一画勾勒出的童年场景和重新挖掘的品牌历史，为全系列产品赋予了全新的设计，成为每个货架上显而易见的童年感动所在。

要创造能够引发共鸣的广告，因为你不知道什么时候它会救你一命

方丽燕曾经深深感受到一条能够引发共鸣的广告的力量——那是一种强大到能够"救人一命"的力量。

方丽燕团队曾经为联合利华制作过一条商业电视广告片，因为制作的时间比较早，她对于这条广告片真正打动人心的共鸣力并没有特别具象的认知。后来，百比赫中国继续为联合利华制作第二条广告片，团队飞到印尼拍摄取景。方丽燕团队抵达印尼时，天色已经很晚了。19点之后是印尼的宵禁时间，因此街道上除了巡逻队的警察之外空无一人。方丽燕带着整个制作组从飞机场出发，开车驶上马路，不久就被全副武装的巡警拦下。一名巡警举着枪，命令他们把车窗放下，并询问他们来印尼做什么。因为印尼当时政局紧张、社会混乱，印尼的巡逻警队十分警惕，怀疑方丽燕的团队是来探测情报的记者或者间谍。

方丽燕告诉巡警，他们是来拍广告片的。巡警便问他们要拍的广告片具体是什么。于是，方丽燕便和他描述之前百比赫为联合利华拍摄的广告片 *Fish Love*。当方丽燕和那名巡警描述这则广告片的时候，巡警突然把枪放下，脸上露出了笑容。他说他知道这个广告片，他竟然开始一边唱起广告片中男孩跳舞时的背景音乐，一边模仿广告片里的男孩的动作，手舞足蹈起来。他还问方丽燕：广告片里的内容是不是就像这样？他特别喜欢那个广告。于是，在轻松愉快的氛围中，方丽燕团队很快就被放行了，可见 *Fish Love* 的广告片是有多受欢迎。

现在回想起来，方丽燕依然感到那是一段又惊险又有趣的经历，令她印象极为深刻。她打趣说，这段经历让她意识到"创造能够引发共鸣的广告"的重要性——"因为你不知道什么时候它会救你一命"。

方丽燕在广告行业深耕20余年，当提起在从业生涯中让她印象深刻的案例时，这条广告还是她的最爱。

"单纯"，是方丽燕对这则作品念念不忘的原因。从脚本创作到现场拍摄，整个过程一气呵成，导演将团队想要展示的想法演绎得十分生动，让方丽燕感到新奇和激动。"我是在享受整个过程，感觉这100%是自己的作品。"在整个广告制作的过

广告片 Fish Love 截图

　　广告片 Fish Love 主要是针对联合利华中的一个清洗类子品牌。片中，一名亚裔男子在妻子出门之后，开始狂热地奔向家里的大鱼缸，把里面的大鱼抱了出来，一边唱着 Fish Love 的小歌，一边尽情舞蹈。这名男子甚至和大鱼一起躺在沙发上，一起坐在桌边用吸管喝喝同一杯饮料。听到妻子回来的声音时，男子害怕鱼会在家里留下污渍及腥臭，于是快速地拿起联合利华的清洗剂产品喷洒一番，妻子回来后浑然不觉。这个广告片通过魔性的音乐、有趣的舞蹈和大开的脑洞，在印尼等地区大受欢迎。

程中，她的创造力得到了充分的发挥，这正是一个成功广告背后不可或缺的因素。一个优秀的广告，需要创意和执行团队在充分理解品牌的基础上，能够充分发挥自己的才能和想象力，通过真诚的情感表达让广告创意更加生动、有趣、有意义。

对比过去，方丽燕感受到现在的广告创意不再那么单纯，需要衡量过多的现实因素，反而会丢失表达纯粹创意的情怀。这也导致越来越多的广告往往难以与其他广告区分开来，缺乏独特性和创意性，也就难以打动消费者的心弦，最终无法实现品牌的宣传和推广目标。方丽燕擅长用拍大片的方式来讲述品牌故事，并通过短片的形式将真诚的情怀保留在故事中，让故事的情感得到最大程度的续写。方丽燕团队制作的故事短片总是保留了充分的艺术性和文艺性，在商业广告里依然可以窥见纯粹的匠心。这种方式不仅让品牌故事更加动人，也能加深与消费者的情感联系。

不能边走边转型，要跑起来

随着时代的发展，广告行业也在革新的路上不断前行。方丽燕认为，现在的广告都属于数字营销的范畴，不存在绝对的传统广告。面对这个飞速变化的时代，广告行业要适应这个时代的发展。

对于方丽燕团队而言，广告的数字营销转型从来就不是一个可选或可不选的过程，转型是顺应这个时代必须要去做的事情。而且，转型的步子一定要迈得大，"当你想转型的时候，不能是一点点推进，这样的转型很慢，是会迟到的"。方丽燕面露微笑地讲述三四年前的转型之路。

那个时候，她和管理层商讨后共同做出了一个决定：不如试试和一些新兴行业的客户合作，做些不同的品类，找些新的创意想法。这个决定无疑是非常大胆的，但是对当时的百比赫来说，这是最快捷的转型之路。他们不断地扩大服务范围，寻求与年轻人和创新有关的新客户，最终确定了游戏和体育等几类。"当我们真的把事情想清楚时，我们就去做。"方丽燕坦然讲道。这个决策不仅展示了方丽燕及其团队的勇气和决心，也表明了他们对创新和变革的积极态度。

FREE FIRE 就是百比赫转型路上的新客户之一。方丽燕团队曾携手这款全球知名手游，围绕主题"Battle in Style"（生活是一场潇洒的战斗）推出了手游主题影片和虚拟音乐会。旨在激励玩家及世界上所有人，以自己喜欢的方式在游戏和生活中潇洒地迎接每一场战斗。

广告讲述了一名普通少女将自己的个性与充满挑战的工作相结合，从而把日常旅程转变为史诗般的冒险。影片通过精彩冒险的剧情和精心设计的视觉效果，给观众留下了深刻的印象。除了影片，方丽燕团队打造的T.R.A.P.—FREE FIRE虚拟乐队也在YouTube平台上直播。结合游戏、3D创作和响应式表情，观众可以通过互动实时影响表演，会出现意想不到的小插曲。这种互动的形式不仅提高了观众的参与感，也增添了音乐会的趣味性和创新性。自Battle in Style上线后，FREE FIRE的线上观看量达到1.5亿人次。

T.R.A.P.—FREE FIRE 虚拟乐队在YouTube平台直播

方丽燕认为："FREE FIRE的目标不仅是一款游戏，其目标和信念以贴近玩家的真实生活为核心。如今Z世代的年轻人背负着越来越大的压力，每天的生活都仿佛在战斗。我们想要激励Z世代的年轻人，如果你能潇洒地应对游戏中的战斗，那么你也可以自如地面对生活中的所有挑战。从本质上讲，这赋予了这款手游积极的精神价值和人生观，这些特质区别于其他手游，使其极富意义。"

　　同样，与 Goat Games 的合作也是百比赫客户多元化的体现。作为全球领先的手游开发商和发行商，方丽燕团队曾为其出品的 *Bloodline: Heroes of Lithas* 游戏策划首场游戏发布活动。作为一款免费的卡牌式角色扮演游戏，该游戏允许玩家通过血源的力量，结合其祖辈的技能，创造出新一代英杰。方丽燕团队因为这个游戏充满故事性的特点对其产生了浓厚的兴趣。他们采用了多种方法来激活游戏 IP 的潜

广告片 *Bloodline: Heroes of Lithas* 截图

力。以"新传奇的诞生"为定位，他们拍摄了三款别具一格的短片，将游戏的魅力展现得淋漓尽致。

Goat Games团队也受到这一创意概念的启发，创造了一个新的混合角色来反映广告概念。方丽燕团队将游戏的奇幻主题与英雄特征相结合，鼓励玩家共同参与传奇的创造。此款游戏在首周发行后，就跻身于iOS应用程序商店前十大游戏下载应用之列。

广告人面对新技术：不要去应对它，去使用它

面对日新月异的新技术，方丽燕的态度是：不要想着去如何应对，要把它当成工具，大胆地去使用它。在她看来，技术不应该被视为威胁，而是应该被作为一种强大的工具来运用。尽管许多人担心AI等新技术会对广告行业产生冲击，但是方丽燕认为，仅仅担心是没有任何意义的。相反，我们应该积极主动地采取行动，善于利用这些新技术。方丽燕强调，我们无需害怕新技术，而应该发挥创造力，去大胆地使用它。

与耐克合作推出的"TROVE宙"体验活动就是方丽燕团队积极探索新技术的

"TROVE宙"活动截图

该创意活动大胆尝试新技术，每一件作品都将中国青年与运动、可持续发展、健康、音乐等积极正面的探索主题相联系。

一个例子。作为一个增强现实技术（AR）体验项目，"TROVE宙"通过结合产品的元素和互动技术、模糊虚拟和现实的边界，创造了一个令人惊叹的虚拟世界。

作为新技术的尝试和应用，方丽燕认为在这个充满创意的时代，我们比以往任何时候都更应该积极向上、明确目标，通过技术手段，重新与品牌和受众建立联系，突破运动边界。

充分挖掘和利用女性的超能力

每个行业都需要女性独有的性别特色，在方丽燕看来，软技能（soft skills）是广告业必不可少的，它能够帮助企业与受众建立桥梁，正如音乐能够启发人们一样，广告不仅需要倾听受众的想法，同时广告自身也需要被传播、被听到。而女性正具备这样的能力，方丽燕说，"女性具有属于她们的超能力"，她们心思细腻，具有同理心，但也因此她们的心思更为复杂缜密，她们始终在思考，明白自己未来要如何发展。"广告可以让你接触到很多东西，学到很多东西"，广告行业的特殊性让她有底气去学习各个方面的知识、发展多元化的技能。在她的创业旅途中，她从来没想过攀爬"企业阶梯"（corporate ladder），而更注重横向发展，女性的复杂心理就体现在她们会产生各种各样的想法，随时挑战自己，随心所欲并勇往直前。

方丽燕说，她从来不会强调自己"百比赫第一位女性首席创意官"的称号，业界的女性前辈为下一代和今后的女性拼得了权利，"而我们只是一个受益者"，希望群众看到的不仅仅是这个头衔，在未来的某一天或许能够抹去"女性"二字，让大众看到真正的她，而不是女性身份的她。但方丽燕也说她会欣然接受这个称号，因为她希望有更多的女性能够受到启发，打破性别框架。因为每一代女性，每一代人，都在为下一代拼搏，而她也正在为即将进入广告行业的后辈们拼搏。她认为这个包容女性的公司大环境，为她们提供了更多发展的空间和可能性，也让那些看似很艰巨的工作变得有趣和富有价值。

然而在工作之余，她也能很好地兼顾家庭。方丽燕认为，在家庭和工作之间没有真正意义上的平衡，有时候我们会多花时间陪伴家人，有时候我们又需要在工作

方丽燕与家人的合照

上多花时间，难以平衡。我们常常说，工作是生活的一部分，但方丽燕认为，"生活实际也是工作的一部分"，因为我们需要经营我们的家庭，而她在家庭中的工作角色就是母亲和妻子。在采访过程中，方丽燕常常将公司里的成员称为"我的孩子们"，回家后，方丽燕也常常将公司里发生的故事讲述给她的孩子们，孩子们非常愿意听。作为女性，她希望社会接受她作为母亲的身份，她想告诉"她的孩子们"（单身的职员们）结婚生子并不可怕。在广告行业中，我们要了解不同性质的受众，成为母亲之后，她理解了母亲的独特身份，能够跟更庞大的受众产生共情。成为母亲，让她成为更好的人，也在工作中给予了她更大的动力。她说："如果我能够做好三个孩子的母亲这个角色，那就没什么能够难倒我的了。"

广告的未来没有答案，我们仍在一往无前

方丽燕给广告人的建议是，一定要多尝试和学习新鲜事物。她说，"我一直相信，广告人走出了广告界，可以无所不能"，他们可以成为自己想要成为的一切。对于广告行业中的女性，方丽燕常常鼓励她们站到更高的平台上。她认为，广告工作就像自助餐一样，虽然我们只是在做一份工作，在学一样东西，但我们可以尝试不同的菜，与各个领域的人接触，尝尽人生百态。广告人需要坚持自己的理想一往无前，不要害怕失败，应该趁年轻的时候多试多错，你失败得越多，你学习到的就越多。

访谈的结尾，方丽燕分享了她一直谨记于心的一段话。百比赫广告公司创始人之一约翰·赫加蒂爵士（Sir John Hegarty）的一段忠告："你用心对待作品，作品将回馈于你。"

（采访者：林羽茜、刘致岩、李心怡、王雨欣、刘语涵）

Chapter 4

创意人有两颗心，不甘心和不死心

——奥美上海集团执行创意总监朱海良

朱海良，毕业于厦门大学广告专业，文案出身，从事广告创意三十年，现任奥美上海集团执行创意总监。他是4A广告公司里少数真正土生土长的大陆籍创意总监，曾获得D&AD、One Show、戛纳、CLIO、亚太广告节等多项国际奖项，在香港4A、龙玺、时报华文广告、中国广告节等区域广告奖中也多有斩获。

我们在奥美上海宽敞的会议室里见到了他：他留着简单的平头，戴着黑框眼镜，穿着宽松的卫衣，头发和胡子都有些花白，自带一种沉静的气质。他姿态轻松，态度随和，口音里带着老宁波人的痕迹。以"真是一晃三十周年啊"开头，朱老师不紧不慢地为我们讲述着他和广告行业的过去与未来。

"舍我其谁"的热情

2023年是朱海良步入广告行业的第三十周年。回首自己的广告生涯，朱海良不禁感慨："一晃已经这么多年了。"

这位资深的中国大陆创意人的公开履历上有着一条清晰明确的主线：厦门大学广告系毕业，随后进入广告公司工作，历经智威汤逊、李奥贝纳、奥美这些广告界的"黄埔军校"，从普通文案一路做到资深文案、创意组长、创意副总监，再到如今的集团执行创意总监。

这条主线是朱海良三十年来广告职业生涯的概括，也是改革开放以来中国现代广告飞速发展的见证。

1989年，朱海良高中毕业，考上了厦门大学广告学专业。那时，中国现代广告教育才开始萌芽，全国只有厦门大学和北京广播学院（现中国传媒大学）两所高校开设了广告学专业。高校还笼罩在"广告无学"的阴影之中，大众对广告更是不甚了解。朱海良的家人们满心以为，四年之后就可以在新闻联播上看见他的英姿了。其实他自己对"创意"一词连听都没听说过，直到进入厦大，才逐渐接触到了《大众传播学》《广告学》等专业教材和大卫·奥格威的《一个广告人的自白》等前沿书籍，才开始认识广告学。更重要的是，义无反顾地走在广告专业教育前列的厦门大学，给予了朱海良一种理所当然的广告热情。他写道："那种热情是'舍我其谁'，那种热情是'虽千万人吾往矣'，那种热情是'我不下地狱谁下地狱'，而那种热情正是做创意最不可或缺的精神。"[1]

带着这种热情，朱海良在毕业之后投身于广告行业，在中国广告业的黄金时期中历经了广告人完整的成长历程。

毕业后，朱海良首先被分配到上海美术设计公司实习。那时候，一些小规模的外资广告公司开始进入北京、上海、广州，中国广告业开始兴起和发展。一年后，他进入智威汤逊，并在此后的十三年间从一个文案成长为资深文案、副创意总监，最后到创意总监。在这段黄金时期，他飞快地学习着外资公司的先进作业模式和工

1.《智威汤逊创意总监：七零八落不关七零年代》，https://www.cnad.com/show/173/41261.html，2006年10月31日。

作理念，产出了耐克"随时"系列等众多耀眼的创意作品。

2010年，朱海良决定做一次离开广告公司的尝试。这是因为，在与甲方公司合作时，他逐步意识到甲方和乙方之间无法逾越的边界。整个广告方案中，不管是策略还是创意，最终的决策权还是掌握在出钱的甲方手中，乙方不免在品牌建设过程中处于被动的位置。那种对在品牌建设中更具主导性地位的渴望驱使他把目光转向甲方，前往FILA担任品牌总监。

但这次尝试很短暂，朱海良只待了一年不到的时间就回到奥美。一方面，他感受到了企业和广告公司的不同工作氛围：广告公司开放宽容、鼓励多元，企业相对而言则更加严谨、严肃刻板。另一方面，他发现品牌部对品牌建设产生的作用实际上并不如他预想的有力：在企业内部，生产或者销售部门能直接赚钱，而品牌部、市场部更多在花钱，在和不同部门沟通时总是遇到阻力，因而真想要好好把握品牌建设也不那么容易。此外，他还感到当时并不是一个好时机：FILA刚刚被安踏收购之时，中国运动品牌更核心的战略在于产品的研发、生产、销售、渠道，而品牌的推广还并非核心课题。

因而朱海良选择离开，并进入奥美上海，陪伴其成长十余年。2015年，他被任命为奥美上海集团执行创意总监，主要负责奥美上海十四个组的创意产出，把控整体创意作品产出的质量，不断激发团队内部产生更好的创意作品，为客户的需求提供更好的服务。任职时，他被赋予的使命是"纵深拓展社交和数字领域创意"[1]。当广告行业的黄金时期已经过去，这位来自黄金时期的广告人仍然以终身学习的精神发起对当前营销环境的思考。

在20%的机会里找寻创意的空间

提及智威汤逊在中国的经典广告作品，很多人都会想到2004年耐克的"随时"系列广告。大家都知道这支短片由著名导演李蔚然执导，但多数人不知道的是，如

1.《奥美中国任命三位执行创意总监》，https://www.madisonboom.com/article/ogilvy-china-names-three-ecds-for-beijing-and-shanghai-offices.html，2015年4月27日。

耐克"随时"系列广告

这组广告是2005年智威汤逊为耐克制作的电视系列广告。其中，每个短片的长度只有15秒，没有明星，没有特效，没有台词，仅刻画了日常生活场景中普通人突发奇想做出的一些超越日常习惯的运动行为。如地理课上，地球仪掉了下来，男生拿起来不由自主地秀了一段球技；一个追赶公交车的男生，接过身后男生递过来的接力棒，瞬间化身为接力运动员，奋力向前奔跑；一个女生在食堂里拿到烧饼，她把自己想象成掷铁饼的运动员，必须模仿一下投掷动作，然后再吃烧饼；一个男生看到地上的轮胎，像举重运动员一样玩了一下举重才骑上自行车走出车库。这些喜感和无厘头的人物行为，幽默地展现了耐克"运动，随时随地"的理念。该作品不仅获得第11届中国广告节金奖及全场大奖和香港4A金奖，还成为广告课堂上的经典案例，更是跨越时空，在十五年后的2020年再次掀起社交媒体的热议。

果没有背后广告创意人的争取，这组广告本来可能只会是一个淹没在无数广告片之中的平平无奇的5秒短片。

当年，当朱海良的团队接到耐克要做一个5秒钟电视标版广告的工作简报时，大家的第一反应是：5秒能做什么？把品牌的名字喊两遍？用CG把品牌的logo转一下然后闪闪光？这其中能有多少创意空间？但谁也没有就此放弃，谁也不知道5秒钟到底能不能以有趣的方式传递信息。正是这种不确定蕴含的可能性，引导团队努力发想，冒出了随时随地运动的创意概念。也正是这个大开脑洞的创意，获得了客户的喜爱，使得原定5秒的普通电视标版广告得以被扩展为一组15秒的创意短片。

很多人欣赏它别具一格的脑洞和优秀强大的拍摄制作手法，但对朱海良来说，他对自己的这一作品充满感情的原因，并不在于它多么出色的创意和执行，而在于它所代表的一种想创意的精神。

什么是创意？最早进上海美术设计公司的时候，创意对朱海良来说是"17.65%"。因为当时广告公司跟媒介公司还没有分开，上海的广告公司的业务主要是境外广告的媒体投放，创意并不会额外收费，而是会收取媒体投放费用的17.65%作为固定佣金。17.65%这个数字暗示的是：创意不是品牌传播的全部。如今，这个数字当然早已发生变化，但创意的地位和性质仍然没有发生改变。朱海良对创意的定位是，"如果没有创意，那传递一个信息需要100元；有了创意后，不是说传递信息不用花钱，而是说有可能传递信息只需要花50元，但效果更好"。对于品牌来说，创意和广告在根本上是锦上添花的辅助，能够用创新的方式传递信息，为传播锦上添花，使得传播事半功倍。

数字营销时代，广告公司与创意之间的关系存在一种张力。一方面，广告公司以创意为核心价值，致力于让客户用较少的媒体费用实现各大社交平台自来水式的流量推广，而不是用大量的媒体费用砸出"收礼就收脑白金"的叫喊式广告；另一方面，广告公司不能沉浸在自以为有趣的创意中"自嗨"以期获得自传播的效果，因为在流量为王的时代，大部分品牌仍然需要重视在创意之外选择合适的传播渠道来扩大基本的声量。

这种张力落实到具体的作业之中，赋予了广告公司一种找寻创意的空间的使命。不是所有的客户都需要"石破天惊"的广告创意，大多数客户只希望"保守保险""朴实一点"地把信息传递到位。为好的创意买单需要客户冒一点风险，真正能产出好创意的机会只有20%。朱海良说："而广告公司要做的，就是抓住这20%的机会，用自己的诚意也好，脑洞也好，去打动别人，包括客户。"

在早年的自述文章中，朱海良这样形容广告公司："在这个特殊的大饭店里，可能会突然有服务员进来给你添油加醋，或者是饭店老板恶狠狠地给你的锅里胡乱放一把佐料，更荒唐的是，吃饭的客人也会跑进来一把夺下你的铲子乱炒一气。"[1]只

1.《智威汤逊创意总监：七零八落不关七零年代》，https://www.cnad.com/show/173/41261.html，2006年10月31日。

是，虽然创意很多时候总不得不为其他因素让路，但是广告人不能习惯于心安理得地做没创意的广告。当别人问他的作品时，朱海良总是提到耐克"随时"系列。它成为他广告生涯中时时刻刻的提醒："创意的空间有多大，关键还是要看你是否努力争取。"

变才是永恒不变，创意是多变量方程的一次性解

电影《天堂电影院》里有这样一句台词："每天待在这里，会把这里当成全世界，会相信事情一成不变。"朱海良认为，这同样适用于广告行业。他总是强调，广告行业"没有舒适区"，"变"才是创意的永恒不变。

在朱海良看来，变化就是创意的内生属性，也是创意让人欲罢不能的魅力所在。所有的创意都是"一次性"的：针对不同的人群、不同的竞争环境、不同的品牌产品，每个创意方案都是量身定制、无法复制的。所以即使某个创意没有被"卖"掉，客户没有采纳方案就被"扔"掉了，也"捡"不回来。而这正是创意最吸引朱海良的地方，因其意味着"无穷的可能"："接到一个工作简报的时候，你永远不知道会想出什么样的创意。想出一个创意的时候，你也不知道下一个是不是更好。就算想出了一个好创意，你也想不到可以用多少种方式来执行这个创意。"

同时，创意也面对着外部环境的变化，这一点在数字化时代尤为显著。

朱海良认为，当前对创意影响最深刻的变化来自传播的媒介渠道的改变。他打了一个比方，用"$x+5=7$"和"$x+y=7$"两个数学方程式来类比其中的区别。传统媒体时代，广告投放的渠道有限，不过就是电视、报纸杂志、户外大牌等屈指可数的手段。在简单的外部环境里，创意生产只要解决创意内容本身，就像解决一个"已知$x+5=7$，求x"的单变量问题那样简单。然而，数字营销中创意面对的问题就变成了"已知$x+y=7$，求x和y"，即x是创意，y是媒体、平台、IP等各种能左右创意的因素。环境变得复杂，变量不止一个，创意生产不再只是一个简单的电视广告或者报纸广告，而必须和其他因素结合起来。创意产出后要结合什么平台来传播？用什么样的方式在媒体有限的情况下加持流量？这些都成为创意需要兼顾的问题，给创意生产带来巨大的挑战。

感性与理性相结合，用广告感染消费者

随着信息传播环境日益数字化、碎片化，内容生产的门槛越来越低，创意生产的门槛也越来越低。朱海良已经感受到了当前广告人身上越来越大的压力。在人人都可以发公众号图文、拍摄抖音视频的时代，创意不再是一小群专业人士的专属。不止是个人，新世相、GQ等自媒体平台，甚至腾讯、抖音等互联网平台也可以贩卖广告创意，做和广告公司一样的事情。

广告人还有自己的立足之地吗？朱海良相信，真正专业的广告传播，仍然需要能够将感性和理性相结合的广告人。

尽管许多人会指出，广告的本质在于说服消费者购买商品，但在朱海良看来，"广告不是一个说服的过程，而是一个感染的过程"。在同质化的传播环境之中，单一的说服并不能真正地让消费者选择某个品牌，而通过感染的方式建立起品牌的美誉度更为重要。想要感染消费者，就需要真正地触达消费者内心。实现这一点，广告人需要有不断向生活学习和发问的感性。

朱海良曾引用印度导演塔森说过的一段话来阐述创意从何而来："你花钱买的不只是我的导演能力和工作时间，而是我过去所有生活精华的结晶，我喝过的每一口酒，品过的每一杯咖啡，吃过的每一餐美食，看过的每一本书。"[1]尽管近年来他较少直接产出创意作品，但他仍然在日常生活中保留着"练基本功"的习惯，时常写些东西来记录自己对生活的敏感体悟。他的微博总是断断续续地更新着一些文字。有时是关于身边的人，"原来一个人感知到老之将至，不是因为自己年过半百、两鬓斑白，而是因为目睹父母日渐衰老而无能为力"。有时是关于身边的物，"漫天细雨，是台风疯过后的撒娇式道歉？"

而理性则意味着，需要意识到"脑洞"不是创意和广告的全部。朱海良有一套广告人的"工具箱"，这是他在感性之外对创意相对理性的归纳。这个"工具箱"里，有一把"钩子"，用来吸引受众，让人们在碎片化的信息时代愿意看广告；也有一支"痒痒挠"，用来取悦受众，让人们的痒处被品牌击中[2]。除此之外，还有激

1.《朱海良：你可以说我想多了》，https://www.sohu.com/a/244684798_237924，2018年8月1日。

2.《奥美朱海良：找到那把痒痒挠》，https://mp.weixin.qq.com/s/Pei0Pc-vIQZWSitGfbwkrQ，2021年8月31日。

肯德基毕业季短片《献给每一个努力寻找位子的年轻人》

　　每个人的青春里，都有一个肯德基的位子。肯德基餐厅里的一个个餐位，不只是一个个供人们用餐的座位，而是一代代年轻人留下的自己的青春的见证。他们坐在这里，享受奋斗的过程，品尝爱情的滋味，舔舐挫败的伤口，结下革命的友谊。正是从这些位子上，人们起身出发，推门而去，走向人生中大大小小的位子。围绕"位子"这个简单的意象，短片构思了两个应届毕业生的故事，从他们在肯德基寻找餐位，作为一个隐喻式的开端，顺着各自不同的故事，展现了初入社会的年轻人从挫折走向成功，一步一个脚印寻找位子的旅程。

发共鸣的"镜子"、用以警醒的"大棒子"等。在朱海良看来，广告人仍然始终要重视思考，找到品牌独特的沟通方式。

2020年，奥美为肯德基打造了一场"青春就位"的营销战役。毕业之后的职场新人要找到自己在社会中的位置，这个洞察并不新颖，此前OPPO的《板凳》和中国银联的《银联新人请入座》都有异曲同工之妙。然而这支名为《位子》的肯德基毕业季广告片，不仅在声量趋于饱和的毕业季营销战中脱颖而出，而且一举斩获2021年大中华区艾菲奖全场大奖。成功的关键在于一个毫不起眼的独特洞察：肯德基不光是一家餐厅，还是年轻人的自习室、面试休息区、创业孵化器。短片以在肯德基寻找餐位作为隐喻式的开端，展现了初入社会的年轻人一步一个脚印寻找位子的旅程。一个朴实但精准的"位子"，成为撬动年轻人内心的支点。[1]

与时俱进才是品牌传播的真命题

广告公司为品牌服务，按照其需求提供解决方案。在数英网、广告狂人等行业平台上搜索，就可以发现业界津津乐道的一些品牌营销的热点话题："品牌年轻化""自来水式传播"等。当越来越多的品牌正在把年轻化视作品牌传播的重大命题时，朱海良却觉得，这样的品牌年轻化是个伪命题。

面对"沟通年轻人""撬动Z世代"这些关键词的广泛传播，朱海良感受到，许多客户甚至整个社会似乎都存在着一种谄媚年轻人的潮流。事实上，不是所有品牌都有必要做年轻化的尝试，关键要看核心的消费群体。在时间维度上，从1980年代、1990年代到今天的2020年代，不同的年轻人有着不一样的特质，不是一句年轻化的口号就可以永远抓住的。所谓的年轻化，对于广告人来讲，更重要的是要把握时代的脉搏、把握当前时代的人。要将年轻人作为当前时代的主体来理解：当下最前沿、最新的变化，最新的生活方式，最新的潮流，可能也正是当下的年轻人喜欢的东西。

1.《肯德基毕业季短片：献给每一个努力寻找位子的年轻人》，https://www.digitaling.com/projects/ 123745. html，2020年8月。

比起品牌年轻化，更准确的形容词是与时俱进：了解他们喜欢什么、他们在想什么，而不是继续用传统的方式刻舟求剑。

2022年，朱海良带领奥美上海团队帮助童装品牌巴拉巴拉进行品牌复兴，打造了一个儿童数字代言人"谷雨"。这一过程正是奥美与巴拉巴拉一起进行的一次"与时俱进"的探索。双方一起探讨"谷雨"的人设应如何符合新生代中国女孩多元发展、自在个性的特点，并和品牌精神相契合。奥美团队深入研究，从五官、神态表情、皮肤材质到毛发，反复考量人物的每一个造型细节、斟酌人物的每一个行为举止。疫情期间，"谷雨"亮相线上小红书平台、线下户外广告大屏和分众电梯渠道，在虚拟与现实世界中多维度地呈现新生代女孩的个性形象。[1]

巴拉巴拉官方品牌代言人谷雨

2022年6月，中国童装领先品牌巴拉巴拉发布了其全新官方品牌代言人谷雨，在奥美上海的助力下，该代言人成为品牌首创的中国儿童数字代言人。此次儿童数字人的发布也是巴拉巴拉迈向品牌复兴之旅的重要一步，从传统的时尚营销玩法转向以创意和科技助力的创新，品牌以多元的表达与数字浪潮下的新一代父母产生共鸣。奥美上海团队主要负责从早期的研究和概念化阶段打造"谷雨"的关键特征、面部形象和个性，并完成技术实施和实时的社交内容创建。

1.《巴拉巴拉携手奥美上海打造儿童数字人"谷雨"，开启该品牌儿童时尚元宇宙》，http://www.adhome520.com/home/article/detail/id/9533.html，2022年6月28日。

在这个案例中，巴拉巴拉用"谷雨"证明了其对数字创新的承诺，并明确了自身儿童时尚领域真正的元宇宙先锋的定位。这背后呈现的正是一种技术和创意相结合的"与时俱进"。在形容技术对创意的作用时，朱海良特意用了"加持"一词。元宇宙、人工智能、数字人，这些新技术的具体内容朱海良并没有看得太重。在他看来，它们总是"一波一波"的，更重要的是要认识到：任何科技都可以成为创意的载体，创意应该拥抱所有科技的进步，让科技和传播融为一体。

朱海良还经常遇到这样的客户需求："人家可以一分钱都不用花就让全网都在转发他们的广告，你能不能也给我做一个？"对此，他的回答是：这不可能。"可能是我比较传统吧，"他自我调侃道，"但许多品牌很可能被一些互联网思维毒害了，不花钱做媒体还指望广告内容本身被消费者主动转发是不大可能的。"

想要分文不花就让消费者自发传播品牌广告，形成所谓的自来水式传播，在朱海良看来是"反人性"的，如分众传媒创始人江南春所说，广告"本质上是一种打扰"。因而，广告必须很"硬"，用强硬的手段创造传播来触达消费者，期待消费者自己选择观看广告并传播广告是不可能的。在数英网、广告狂人等知名的行业信息平台上有着大量广告作品，但有一些仅仅只在品牌公众号等有限的渠道传播。它们似乎在期待着一些消费者的自来水式传播，但朱海良对此持怀疑的态度：除了业内人士，真的会有消费者看到这些广告吗？他们会主动选择观看并且转发分享吗？当今网络环境中确实常常出现一夜之间火爆全网的作品，但在朱海良看来，这些都是不可复制的"奇迹"，品牌还是应该切切实实地把握渠道，扎实做好基本功。

在内容层面，品牌传播能够做的是什么？身为2021年伦敦国际奖华文创意竞赛品牌娱乐类别的评审，朱海良深刻感受到，"品牌娱乐化"正在成为品牌传播多元化的重要体系之一。对于当今行业环境偏向娱乐化的趋势，他认为这与时代环境的改变有关。当传播渠道变得日益多元化，消费者接收信息的心态变得日益娱乐化时，品牌传播更需要思考怎么样让消费者在信息洪流中被打动。品牌娱乐就是其中一种解决方案：用更轻松有趣的娱乐化形式传播，而让广告的核心信息处于次要地位。在评审过程中，朱海良希望看到那些用一种轻松的方式去传递信息、在概念或表达手法上有所创新的作品。

2023年伊始，上海奥美团队为别克做了一次大胆的广告创意。别克在2022年进行了logo焕新，原本倾斜的"三盾牌"车标变为更加简洁的水平设计，被网友吐槽"像三把指甲剪"。而奥美帮助别克接过了这个"梗"，以此为灵感推出"别样手护"精工指甲剪，并同步上线短片，进行回应，以接地气的方式娱乐自己也娱乐大众。在朱海良看来，"一个品牌有自黑的勇气，反而比端着的高高在上的姿态更能博得我的好感"。[1]

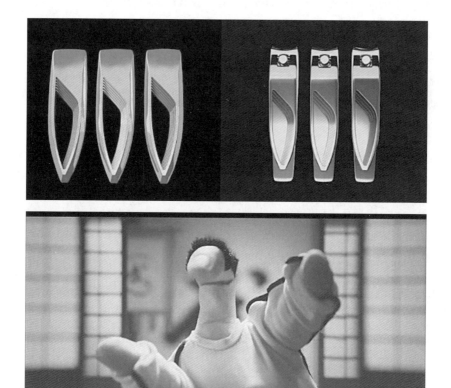

从不缺放手一搏的勇气

精工指甲剪创意短片《别克"手"护》

2023年2月，别克回应网友对自家新logo像指甲剪的吐槽。以"为所有做大事的手，打个厉害的下手"的理念，别克按照自家车标的设计元素，推出"别样手护"精工指甲剪，并同步上线短片《别克"手"护》。

1.《别克把车标做成指甲剪：为所有做大事的手，打个厉害的下手》https://www.digitaling.com/projects/238671.html，2023年2月。

4A 广告公司：尴尬，焦虑，还不够

奥美，始终在血液中流淌着创始人大卫·奥格威的创意精神，向来是广告人心中"圣地"般的存在。然而，对于奥美上海近几年的发展状况，朱海良用"焦虑"来形容。

他感到，4A 广告公司的"光环"已经在逐渐褪去，奥美也不例外。由奥美所代表的 4A 广告公司目前的尴尬处境是：仍然具备着曾经庞大的规模，但已经不再占据着压倒性的优势地位。在朱海良看来，如今奥美最大的光环是其独有的文化氛围。比起公司，他更愿意称奥美为"学校"。在这里，人人的想法都能够得到尊重，开放宽容的工作环境鼓励着每一个奥美人发挥最大的创造力。但是，仅仅如此是不够的，广告公司终究要靠作品本身说话。

除了传统的 4A 广告公司，越来越多的创意主体也能生产出毫不逊色的作品。当前数字营销时代的特点是：代理商和客户之间的界限越来越模糊，小而美的创意热店正在繁荣兴盛。2017 年由腾讯"守护者计划"主导发展的营销战役"给聪明人的实验"以出人意料的洞察、新颖多样的形式、深度的用户参与取得了惊人的传播效果，几乎具备了朱海良所认为的好作品应该具有的元素，被他推选为年度最佳营销案例。2022 年，朱海良评选的年度最佳营销案例是创意热店"天与空"为饿了么做的"改了一万个名字"[1]。这个作品创意简单但洞察精准，文案紧紧地贴合消费者的日常生活。但朱海良最为欣赏的，还是作品大胆的创意，"跳脱传统的视频、平面与事件等形式，这样的创意够大"。

创意热店和平台，被朱海良视为"抢风头"的最大对手，同时也是最值得尊重和学习的对象，尤其是创意热店这颗广告行业备受瞩目的新星。实际上，很多创意热店的广告人正是从 4A 公司里面成长起来的。4A 公司和热店的最大区别在于作业的体系性。一个品牌会在其生命阶段的每个具体时期遇到不同的问题，4A 公司能够从市场、策略到创意和传播提供系统完整的解决方案；而创意热店的作业机制更为灵活，擅长以较小的体量承接更加具有针对性的项目，把重心聚焦在创意的快速

1.《9 位广告大咖们眼中的年度最佳营销案例，选出来了！》，https://baijiahao.baidu.com/s?id=1687560344259078903&wfr=spider&for=pc，2020 年 12 月 31 日。

腾讯"守护者计划"《给聪明人的实验》

2017年8月2日，腾讯"守护者计划"在微博、微信以及视频网站推送了一部3分钟的实验剧《给聪明人的实验》。开场，镁光灯亮起，一群观众依次坐在长椅上，紧接着他们每个人都收到了一条主办方发送的诈骗短信，并被询问如何评价会受骗上当的人。随后诈骗短信的受害者出现，这些观众的亲人正是被嘉宾们嘲笑的人。[1]

"改了一万个名字"营销活动

2020年，天与空助力饿了么发起"改了一万个名字"的营销活动。上海地铁9号线徐家汇站投放了画面非常简单的地铁海报，都是饿了么"改名"的logo，打造了一片蓝色海洋。其中既有生活刚需"买菜了么""喂猫了么"，也有灵魂拷问"PPT崩了么""老板让你头疼了么"，体现了传统餐饮、商超便利、生鲜水果、医药等本地生活服务业态的全面覆盖。同时，饿了么还为上海上万名蓝骑士定制了新装备并上线了魔性宣传短片，进一步将改名与用户需求场景深度联系起来。[2]

1.《看了腾讯刷屏的实验剧，讲讲诈骗背后的故事》，https://baijiahao.baidu.com/s?id=15747655428060 91&wfr=spider&for=pc，2017年8月4日。

2.《饿了么品牌升级，改了一万个名字》，https://www.digitaling.com/projects/131816.html，2020年9月。

输出，从而产出许多破圈作品，如群玉山出品的"京东图书，问你买书"、意类出品的"老杜"、天与空出品的"银联诗歌POS机"。

创意热店的出现在弥补市场需求的同时，也在推动着4A公司的调整革新。对于奥美近年来的作品产出，朱海良的评价是"不够"——产量不够，在市场和行业的影响力不够，这两年非常不够。"现在市场上有哪些所谓现象级的或者刷屏式的作品是奥美创作的？"朱海良常常反躬自省，"这一点我们做得还不够，还需要努力。我们还是要通过不断的努力去跟不同的创意热店和平台竞争，希望能多产出好的作品。"

创意人的两颗心：不甘心和不死心

2006年，有人问了朱海良这样一个问题："都说做广告辛苦，又没大钱赚，您有没有想过逃离广告界？"他的回答是："想啊，一直想，可是到现在为止还是没想到去做什么。哪一天你在这个圈子里看不见我的时候，说明我已经想到了。不过真的到了那个时候，我也不知道你应该恭喜我还是为我感到遗憾。"

十几年过去了，朱海良还留在广告界。但他不得不承认的是，不只是奥美，"广告公司的光环已经在日益衰退"。

在他看来，中国目前整体的营销环境对于品牌的传播和建设抱有一种急功近利的想法，这是导致广告行业的光环被削弱的主要原因。在同质化的竞争环境中，一个品牌想要成为名牌，实现更高的品牌溢价，甚至成为被向往和被崇拜的对象，不能只依靠产品，还需要长远的品牌建设。罗马不是一天建成的，想让品牌富有魅力是一个长远的过程，必须和短期的销售目标实现平衡。但现在，在互联网思维的影响下，许多企业只考虑短期的销售利益而忽视长远的品牌价值。比如，当下许多企业流行的直播卖货，通过全网最低价的方式完成品牌的销售额，实际上是在消耗品牌，而不是建设品牌。

当信息变得碎片化、内容创作变得低门槛、品牌建设变得不那么重要时，广告公司和广告人的创意对于企业主和品牌方就不那么重要了。以前，朱海良总是强调广告公司不是工厂，不是流水线上的重复劳动；现在，他却总和同行感慨，广告似乎从一种脑力劳动逐渐变成了一种体力劳动，广告公司对客户来说和一个卖椅子的供应商没有什么区别。身边有越来越多的广告人会自称"广告狗"、称客户为"金主爸爸"，朱海良认为这就是广告行业不受尊重的自然结果。

但是，朱海良认为这些并不是广告行业的全部。对于他而言，广告始终具备两种致命的吸引力。

一是无限的可能性。拿到客户的一个工作简报并不像拿到一个有唯一解的数学题，广告永远没有标准答案，这就是做创意最大的魅力。有些人放弃，是因为他看不到这种魅力，只看到想创意时那种令人难以承受的压力。回想起以前一个每次接工作简报就被吓跑的同事，朱海良在文章中写道："当一个创意人怕想创意的时候，怎么能指望他想出好的创意来呢？果然不久后，他的身影就永远地在创意部消失了。"[1]

二是好创意的感染力。当一个真正吸引人的好创意产生时，网友转发刷屏，媒体公众号竞相报道，人们的某些思想或者行为真正被改变，一个品牌真正得到消费者的关注和好感。朱海良觉得，这就是广告人最有成就感的事情。

朱海良希望，将来想要进入广告行业的新人应该深刻认识到，创造力才是广告存在的核心和本质。AI无法取代伟大的作家创造出伟大的文学作品，伟大的创意也是一样。只有把握创造力这一创意存在的价值，去做些别人想不到、做不到的事情，去真正地改变人和社会，才能在广告业做得长久。

朱海良的一篇文章这样写道："做创意的我们，都应该有两颗心，不甘心和不死心。"[2]对于年轻人，他想说的是："每年全世界有这么多好的创意产生，为什么不是你？是你不够努力吗？是没碰到识货的客户吗？其实如果你真的很专注，很投入，也有热情，总有一天你也可以做到。我觉得这就是这个行业的魅力。"

（采访者：江婷婷、曾禹墨、符冬子）

1.《智威汤逊创意总监：七零八落不关七零年代》，https://www.cnad.com/show/173/41261.html，2006年10月31日。

2.《朱海良：你可以说我想多了》，https://www.sohu.com/a/244684798_237924，2018年8月1日。

Chapter 5

把握世界的脉动，做时代的"弄潮儿"

—— 电通中国首席创意官陈民辕

陈民辕（Chris Chen），现任电通中国首席创意官兼创意专业服务领域总裁，Campaign AOY大中华区2019年度最佳创意人以及2016年度代理商领袖金奖获得者。他带领团队先后获得包括戛纳金狮、LIA伦敦国际奖、金投赏最佳数字创意与数字媒介代理商、大中华区艾菲奖最具实效代理商办公室与代理商网络、Spikes Asia金奖等在内的超过600项全球、亚太地区及国内奖项。

陈民辕和00后相处起来毫无代沟，可以像朋友一样与年轻团队成员交流，分享天马行空的想法。当剖析年轻人的消费行为时，他更是比年轻人还了解年轻人。"如果要问全公司里谁最了解流行文化、哪个设计师最潮？那肯定是我。"

初见陈民辕，他身穿心爱的黑色山本耀司衬衫，笑吟吟地坐在办公桌前，用带着台湾口音的普通话，对仍在调试设备的我们说"别着急"。他亲切随和的态度，以及提起广告创意时话语和动作中洋溢的热情，让我们印象深刻。

在音乐和广告之间，我选择了创意

陈民辕非常清楚自己想要什么。对于他来说，自己的人生路上只有两条路径——音乐和广告。25岁时，陈民辕就与志同道合的朋友们组建了一支名为"WHY NOT"的乐队。他拿起吉他和麦克风，开始肆无忌惮地玩音乐。

在广告业工作三四年之后，两家音乐公司敲响了陈民辕乐队的大门，找他们签约出唱片。面对来自"友善的狗"和"丰华唱片"两大唱片公司发来的邀约，他们决定放手一搏。

1995年11月，WHY NOT发行了第一张专辑《无法度按捺》。虽然他们只出过一张专辑，但被许多乐评人认为是当年华人最好的唱片。只可惜当时台湾唱片公司成立初期的宣传与发行工作存在问题，团员对当时的音乐环境感到失望。1996年，获得金曲奖提名后，WHY NOT乐队正式宣布解散，分道扬镳，在各自的领域发光发热。

虽然没有继续参与乐队，陈民辕并没有就此放弃自己喜爱的音乐事业。他与乐队键盘手兼主唱陈建良，一起游走在乐坛的深海里，发掘优秀的人才，偶尔也会帮歌手写写歌、编编曲子。例如，歌手陈奕迅的《二个人的夜晚》就是由陈民辕作曲的。

音乐和广告，在陈民辕心中都占据着重要的位置。然而，二者不能兼得，陈民辕必须选择一个未来的发展方向。经过反复评估，更享受"创意"的陈民辕最终还是回到了广告业。"我把音乐当作业余的玩乐，把广告当作长久的工作。"在陈民辕深耕的广告创意行业中，耀眼的成绩证明了他的能力，也肯定了他当初的选择。

广告人要引领潮流，迈向数字化的未来

与Flash软件的初次接触深刻地影响了陈民辕对于广告业发展方向的判断。小小的鼠标和电脑，竟然可以代替几十个人的广告制作团队，一个人单打独斗就能制作出广告片。这个如魔法一般的神奇技术，使陈民辕坚信这个世界的未来是属于数字的。

为了更深度地学习 Flash 软件，1998年，工作了10年的陈民辕带着自己的积蓄来到纽约的视觉艺术学院学习互动设计。回台湾后，他创建了工作室，从事数字相关的广告创意工作。他的工作室发展非常迅速。"一开始只想一个人好好做，没想到越做越大。"

2000年，陈民辕因为偶然的机会来到上海出差。这段经历让他大开眼界："我惊觉来到了处于国际顶流的科技之都，远望黄浦江两岸，一边是过去，一边是未来。"在2002年，陈民辕毫不犹豫地带着自己的电脑，买了一张飞往上海的机票。沿用首家公司 Trio 的名字，他在上海成立了一家以数字创意为主要业务的代理公司。2013年，陈民辕的广告公司被电通集团旗下的安索帕并购，2018年他被任命为安索帕中国集团的首席创意官。

"未来是属于数字的。"从1998年到2013年，时代的发展印证了陈民辕的预测，数字技术的学习经历也让陈民辕的创意永远立在潮流前端。

用创意战胜价格战，为企业带来持久增长

随着经济突飞猛进，过去的几年里，中国品牌间的竞争进入了白热化阶段。为了抢占市场、扩大利润，各品牌开始进行价格战，通过降低价格的方式吸引顾客。渐渐地，中国的消费市场被困在一个死胡同里：大家都在比谁的价格更低、优惠力度更强、送的赠品更多，这导致品牌之间的差异化程度越来越小。如今，各大企业逐渐意识到问题的严峻性，并试图逃离这个恶性的漩涡。他们希望通过重新建立新的品牌形象，来找寻愿意为他们停留的忠实用户。品牌应该怎么做？陈民辕认为，创意可以切实帮助品牌实现增长。

德国超市 PENNY 策划的一则广告，就是创意带来增长的一个极好的例子。

在疫情肆虐的近几年，开派对、去旅行、去肆无忌惮地享受青春……这些美好的事情似乎远离了人们的生活，让人们感觉自己的青春仿佛缺了一块。

短视频时代，人们越来越没有耐心去观看一个长视频，越来越没有耐心听故事。当企业都在努力思考该怎样在短时间内传达信息时，PENNY 的这则广告向大

妈妈，圣诞节你想要什么？

孩子，我希望你不要总是待在家里，晚上偷偷溜出去，让我们对你的踪迹一无所知。

我希望你父亲总是在晚上接回烂醉的你，因为你总是喝得很多。

我希望你可以把功课忘了，因为你有比这些更重要的事。

我希望你能找回自己的青春与活力。

在疫情期间，你已经错过了太多体验。我想把应有的青春还给你，给你五千种难以忘怀的经验。[1]

德国超市PENNY圣诞节广告

面对儿子的随口一问，母亲给出了一个特别的答案——她希望儿子总是夜不归宿、烂醉如泥、吃喝玩乐。她希望儿子能够得到更多的人生体验，尽情享受青春里的甜蜜与痛苦。这个不寻常的圣诞愿望，是年轻一代内心渴望的真实写照。德国超市PENNY这支3分48秒的广告发布后，迅速引起了人们广泛的共鸣。

1.《德国超市Penny圣诞广告：妈妈的愿望》，https://www.digitaling.com/projects/211791.html，2021年11月。

众证明，创意依然留得住观众。即使是长时间的广告，依然可以触动人心。创意，也可以帮助企业实现增长。

深挖文化圈层，注重文化流畅性

喝完一杯咖啡，抽完一支烟，在会议室度过一个下午，再找个媒体投放，这就是过去广告业的工作流程。然而，随着技术进步，媒介环境发生了巨大转变，如今的消费者对信息传播提出了两个新需求："现在就要"和"只要想要的"。在这两大需求的共同作用下，整个信息传播系统不断向着"去中心化"演变。虚拟经济、加密货币、分布式劳动力，都驱动着巨大的去中心化的产生。

在迅速变化的传播环境下，我们不禁思考：现在的消费者有哪些特点？我们应该如何找到目标消费者？广告业又发生了怎样的整体变化？总而言之，我们应该如何抓住文化的脉动？

结合自身经验，陈民辕向我们分享了他对于消费者的独特洞察。

新一代的年轻人生长在多元的文化环境中。他们在不同的平台上拥有截然不同的身份；同时，他们将自己的真实身份和虚拟身份并置，作为构成自我身份的重要部分。性格开朗、包容的他们乐于进行相互的认同和合作，而现实生活中的差距对于他们来说并不重要。

针对这群具有多元爱好和身份的年轻人，陈民辕认为，今天的广告行业必须深挖文化圈层，才能让品牌内容走进年轻人的内心。现在，文化圈层非常多元、复杂。比如，一个貌似简单的动漫圈，其内部可细分为动画和漫画两类，而漫画圈内部又可以细分为多个圈层。因此，随着年轻一代的消费者逐渐走向成熟，品牌必须学会与不同的社区互动，以培养强大的文化理解力。

故而，为了深入寻觅"文化的脉动"，在进行知识产权（IP）合作时，陈民辕的一贯作风是汇集一群特定IP人物或形象的深度爱好者，以此来帮助品牌去理解和洞察消费者的需要。陈民辕组建的00后创意团队dentsu Z，便是借助爱好多元文化的年轻人来深入文化圈层的尝试。

2021年3月，在陈民辕团队的积极推动下，英国奢侈品牌博柏利（Burberry）与王者荣耀合作推出了两款由时任博柏利品牌首席创意总监的里卡多·堤西（Riccardo Tisci）设计的峡谷英雄"瑶"的新皮肤——"自然之灵"新皮肤及"森海之灵"星传说皮肤。两款皮肤的营销洞察是"中国年轻人的第一件奢侈品"——中国年轻人的第一件奢侈品并不一定是实体的，也可以是虚拟的。上线之后，该产品迅速引起全网王者荣耀玩家的热烈讨论。部分玩家计算了"瑶"全身的服饰价格，并称该皮肤为"史上最贵变装"。凭借精致的设计和对消费者的精准洞察，这两款皮肤在上线一周后就达成了10亿元人民币的预售额。

抓住王者荣耀玩家对于皮肤的购买热情，切合其用户特性进行皮肤联名，方能引发爆炸性的传播效果。要想利用IP形象增加品牌声量，创意人就千万不能抱有偏见、故步自封，只停留在画出二次元形象的浅层阶段；只有深入文化圈层，充分了解圈层内部的个体声音，方能抓住用户的心。

王者荣耀与博柏利联名推出的峡谷英雄"瑶"的皮肤

作为当下全球时尚圈最具影响力的人物之一，里卡多·堤西曾多次受邀为麦当娜、碧昂斯、蕾哈娜等一线明星担任时装设计师，不过这还是他第一次尝试为游戏角色设计皮肤作品。

抓住年轻人的多面个性，充分利用品牌错位

过去，品牌都希望寻找"气质相投"的品牌进行合作。然而近年来，两个看似"八竿子打不着"的品牌相互联名，反而会引起广泛的传播和讨论。陈民辕认为，对于具有多元身份和爱好的年轻人来说，品牌之间的不契合恰恰贴合他们个性的不同块面，品牌错位型广告的成功正是抓住了消费者的这一心理。

动画片《辛普森一家》与高端奢侈品牌巴黎世家（Balenciaga）看似毫无共同点，但是通过联名，这个组合产生了裂变式的传播效果。2022年春夏巴黎时装周上，巴黎世家发布了一支时长10分钟的《辛普森一家》特别短片。动画片中的故事从创意总监德玛·瓦萨力亚（Demna Gvasalia）收到《辛普森一家》的主角荷马·辛普森的信件开

巴黎世家与《辛普森一家》合作推出的动画

在2022年春夏巴黎时装周上，时尚品牌巴黎世家邀请《辛普森一家》团队制作了一个10分钟的短片。在这个短片中，为了庆祝妻子玛姬的生日，荷马·辛普森通过电子邮件致信巴黎世家，希望说服巴黎世家设计总监德玛·瓦萨力亚借给他一套礼服，让妻子度过一个难忘的生日晚宴。德玛很感动，搭机前往春田镇并邀请他们一家人和当地居民当他发布会上的走秀模特。

始：德玛搭机前往春田镇，邀请当地市民成为他新品发布会上的走秀模特。动画中不仅展现了一场精彩的"动画人物＋巴黎世家衣物"毫无违和感的大秀，还展现了从画图、打版、裁剪，到搭建秀场、化妆、试衣等时尚圈筹备走秀的全流程。此外，巴黎世家还顺势推出了与《辛普森一家》的联名款单品，包括印花帽衫、短袖、背包、钱包、钥匙扣等。发行3天后，售价7 700元的联名款卫衣就已在中国官网上售罄。

当然，不同的视觉风格和设计语言之间的碰撞固然引人入胜，但品牌的核心价值观必须保留。此次巴黎世家与《辛普森一家》的合作，就完美体现了品牌＋IP形象的理想方式：既吸引眼球，又不喧宾夺主。在符合动画世界观的同时，将现实生活中的时尚圈百态带入剧集当中，这些时尚爱好者才能发现的"笑点"进一步增强了品牌对小部分先锋时装爱好者的影响力。[1]

在平台为王的传播逻辑下，与平台共舞

现在，大部分年轻人都"栖居"在互联网平台上：早起刷微信，查看工作信息、公众号内容；吃饭时，打开哔哩哔哩，观看感兴趣的长视频来放松心情；晚归回家后，打开小红书、淘宝、京东，购买生活杂物……如何充分发挥想象力去灵活运用这些现代娱乐平台，成为品牌面临的全新挑战。

陈民辕认为，现在的创意人，如果从平台出发去思考创意的立足点，会产生令人惊喜的结果。

2019年5月17日至8月16日，安索帕（现电通创意）为肯德基定制了一场基于平台与技术的创意营销活动——墨迹天气×肯德基雨神宅急送。

在风雨交加的恶劣天气，外出就餐人数减少，肯德基宅急送的外卖需求激增；同时，恶劣天气也影响了肯德基宅急送的外卖服务效率，导致"送餐难"。基于以上的洞察，为了增强肯德基外卖与雨天的关联性并且降低雨天外卖配餐的难度，肯德基与墨迹天气强势联动，打通双端数据，进行平台间的用户数据互通。在活动期

1.《深度｜巴黎世家与辛普森一家对时尚行业IP合作有何启示？》，https://www.163.com/dy/article/GMMHVSCO0520MI8F.html，2021年10月18日。

间，只要用户打开墨迹天气，软件内置的LBS定位系统即可自动识别当地天气。如果此时用户所在地正在下雨，软件便会打开"雨神宅急送"限时入口，上线"雨天彩蛋菜单"和雨天场景的专属优惠。晴天地区的用户同样也没被忽视：只要转发萧敬腾与肯德基的合作海报求雨，就可以享受"晴天买一送一"的福利。

此外，墨迹天气还依托天气大数据和短时预报技术，为肯德基提供雨天备餐数据建议，最大程度保证配送的时效性，同时降低肯德基的配餐难度。该活动不仅在线上软件中推出，雨天时的线下大屏幕也会同步播放"雨神"萧敬腾邀请用户购买肯德基的广告视频，吸引消费者进行线上购买。该营销活动上线2周，全国累计超过85万人次使用雨天菜单，单日内超过20万人次使用，配餐时间每单缩短25%，订单量增长4%。[1]

解决雨天送单难，选择墨迹天气平台，进而选择合适的雨天代言人萧敬腾，这样基于平台的逻辑链路，让代言人的选择具有极高的契合度。同时，墨迹天气与雨神相互连接，也让这个营销方案具有很高的文化流畅性。

墨迹天气跳转页面（雨天/晴天）

2019年5月17日至8月16日，墨迹天气联合肯德基宅急送在北京、上海、广州、深圳、南京、杭州、成都、西安等1 100多个城市独家上线"KFC雨神宅急送"惊喜福利活动，在下雨天，用户可在墨迹天气App客户端内的活动详情页领取一元超级福利。作为"天气+出行与饮食"方面的天气场景化营销的一次成功尝试，墨迹天气与肯德基达成了曝光量和销售量的双赢，同时减轻了下雨天肯德基的配送负担。

1.《墨迹天气 × 肯德基雨神宅急送整合营销》，https://a.iresearch.cn/case/6716.shtml，2019年8月16日。

功夫在技术之外，讲好品牌故事

拥抱平台、拥抱技术，是陈民辕一贯的坚持。"通过技术实现创新是重要的，但创意是和人相关的，需要学会讲述与人有关的故事。"他认为，在思考营销创意时，不能停留在对科技的利用上，也不能粗暴地使用明星代言，追求短期热度。与此相反，广告创意应该在品牌和明星、品牌和技术之间建立具有可信度的联系。

肯德基与鹿晗的"上校之战"合作便可以很好地体现"讲故事"的重要作用。肯德基在与鹿晗签订代言合约后，并没有利用贴牌或商品推荐的生硬方式进行品牌推广，而是让鹿晗化身"新上校"，与肯德基经典形象"老上校"相对应。从2017年"金色圣诞季"的"鹿上校"，到2018年肯德基"新老上校之战"，直至"鹿上校"为"我爱吃鸡"代言……鹿晗化身"鹿上校"，把个人形象与肯德基品牌深度联系，讲述了一个个有趣的品牌故事。

2018年肯德基"新老上校之战"

2018年圣诞季，鹿晗与肯德基联手推出"新老上校之战"广告，旨在推广圣诞新品"Chizza"。在店铺内，新老上校上演"决战"，老上校和新上校鹿晗先是进行了激烈的拳击比赛，然后进行了有趣的猜丁壳比赛，争夺肯德基炸鸡的正统地位。鹿晗的代言人形象被完美融入肯德基品牌故事中，取得了良好的传播效果。

在2019年圣诞季，鹿晗更是化身圣诞炸鸡店的"鹿店长"，与"顾客"李佳琦、周冬雨发生了一系列有趣温馨的故事。在短片中，李佳琦本色出演一个在圣诞节还在工作的主播。鹿店长则勉励李佳琦："拼命都不怕，怎么会怕输呢？未来会怎样没人知道，去拼就是最好的答案！"简短的言语直击每位消费者的内心。而周冬雨则化身一名毅然来到上海打拼的普通都市女孩，在圣诞夜熬夜改方案时，鹿店长送来一桶暖心炸鸡桶为她加油。简短的故事把代言人拉入"肯德基宇宙"当中，毫不生硬造作，为消费者们演绎了暖心的肯德基圣诞故事。

正如陈民辕所说："请明星代言的时候需要讲故事，而不是只是把明星当成一个噱头。"讲述有趣的故事，才能对广告创意起到锦上添花的作用。

回归原初，把权力还给消费者

在传统的中心化时代，大众传媒控制着人们接收到的信息。而在如今这个去中心化的时代，大众从被动的信息接收者转变为主动的信息处理者，甚至内容生产者。在中国去中心化趋势越发明显的传播媒介背景下，我们应当如何抢占消费者的心？对此，陈民辕给出的答案是：将权力还给消费者。

将权力还给消费者的第一层含义是让消费者参与进来，自发讨论、生产内容。在这个信息过载的时代，一个人每天都要看到无数广告，手机上、地铁上、商场大屏幕中……出现在眼前的事物太多了，实际上留下印象的反而寥寥无几。为了把消费者拉入传播语境当中，广告必须要具有讨论价值。

如何才能达成这一目标？陈民辕认为，现在广告人的追求应当是"发起一场运动，而不只是一个瞬间"（a movement, not a moment），通过有趣、"魔性"的广告吸引消费者参与，引发消费者的讨论。2022年，肯德基与宝可梦联名推出了可达鸭音乐盒，一经发售就掀起了巨大热度。在玩具发售前，陈民辕就洞察到可达鸭魔性洗脑的动作、双手来回挥舞的小纸条，恰好贴合了封城期间上海市民渴望情绪释放的心理。果不其然，产品推出后，各个社交平台上出现了大量用户自发生产的内容，他们将自己的心情写成小纸条粘贴在可达鸭的手上，并录制成视频发送到社交网络中，引发热烈讨论；可达鸭音乐盒也随之被抢购一空。截至2023年6月，微博、小红书上"可达鸭"相关话题量高达6 500万条，抖音相关视频播放量高达3.7亿次。可以说，可达鸭成了全中国的快乐源泉。

肯德基与宝可梦联名推出的可达鸭音乐盒

宝可梦是广大中国消费者的童年回忆。可达鸭作为宝可梦中的知名形象之一，在消费者心中留有童真、可爱的正面印象。这一次，肯德基携手可达鸭，用呆萌的外表搭配上魔性的音乐，一举击中人们的萌点。广告团队对二创玩法的开发，是这个案例成功的另一要点：将书写心情的小纸条贴在可达鸭的掌心，利用可达鸭呆萌的动作抒发疫情期间积攒的情绪。这种简单的创作过程也让大量的用户二创成为这次爆款营销的关键词。

将权力还给消费者的第二个含义是尊重消费者的意愿、迎合消费者的愿望。顺水推舟，方能在消费者那里获得更好的印象。2013年，彩虹糖（Skittles）品牌商用青苹果味代替了原有的柠檬口味。对其忠实粉丝而言，此前完美的糖果口味搭配瞬间消失，令他们无法接受。九年后，品牌商将其换回了原本的柠檬口味，并用直

彩虹糖品牌商召开记者发布会向消费者道歉

　　2013年，彩虹糖品牌商举办趣味发布会，向每个渴盼柠檬味糖果回归的消费者道歉。这一次营销策划的关键词是尊重。因为尊重，所以将青苹果味换成柠檬味，并隆重地召开记者发布会，向每一个先前失望的消费者郑重道歉。彩虹糖品牌商亲自向消费者一对一地致以歉意，这样罕见的情形自然引起了极大的关注度。

播方式举办线上记者发布会，逐一向对青苹果味失望的消费者道歉[1]。这场成功的营销活动为彩虹糖柠檬味的回归吸引了大量消费者的关注。尊重消费者的意愿使营销活动更容易为消费者所接受，在为产品回归创造讨论度的同时也增加了品牌美誉度。

个人化，精确触达的魅力

　　现代技术的发展使广告的个人化程度得到了巨大提升。一方面，网络让品牌得以直接接触消费者，而不再需要中间商建立与客户之间的联系，从而降低了交易成

---

1. "Skittles Is Apologizing to 130 880 People for Ditching Lime"，https://musebycl.io/advertising/skittles-apologizing-130880-people-ditching-lime，2022年3月29日。

本；另一方面，技术让广告主能够直接对用户实现精准画像，实现多维度数据的交叉对比分析，制定更精确的目标，以减少广告设置时的出错机会，提高投资转化率。最终，送达用户眼前的是新鲜出炉的、定制化的、专属于他们的广告。

陈民辕认为，精准营销正是未来广告发展的趋势之一。2021年，宝路与MediaCom Zagreb合作开发了一种算法，检测狗是否在户外数字广告屏附近，进而根据狗的大小、品种向主人推荐对应的狗粮[1]。这种新颖而精准的个性化广告能够更好地吸引消费者的注意力，引起消费者对产品的兴趣。

宝路识别"狗脸"的个性化广告

脸部识别技术引发了许多关于隐私权的争论，宝路另辟蹊径，以宠物狗规避了信息安全问题。此举以新奇、个性化的形式精准触达目标消费者，让广告在有限的预算内取得最佳效果，展现了精准识别技术的强大魅力。

---

1. "Pedigree's GDPR-friendly campaign targets dogs instead of people", https://www.contagious.com/news-and-views/campaign-of-the-week-pedigree-gdpr-friendly-campaign-targets-dogs，2021年7月6日。

　　个人化的广告发展趋势也意味着广告制作者越来越需要深入各个文化圈层，寻找以往想象不到的痛点。当今Z世代的兴趣越发多元，对消费的态度也不再是满足基本需求，而是取悦自己。2022年，肯德基与泡泡玛特联名推出35周年联名潮玩，引起了抢购热潮。耗时三周时间准备的销售产品在三小时内火速售罄，陈民辕也没有预料到消费者会有如此强烈的购买热情[1]。这一次联名活动的成功之处在于抓住了盲盒消费者的心理，限量的售卖形式、随机的款式、可爱的人物形象设计不仅仅抓住了消费者的心理，也抓住了文化的脉动。

肯德基与泡泡玛特推出的联名潮玩

　　2022年，肯德基与泡泡玛特推出了联名潮玩活动。这是一次成功的跨界合作营销：肯德基美味的食品以及泡泡玛特可爱有趣的设计吸引了广大受众，甚至引发了抢购风潮。

1.《盲吃肯德基，戳破了"泡泡"玛特》，https://www.thepaper.cn/newsDetail_forward_16314956，2022年1月17日。

dentsu Z 和 D-hub，寻找脉动的梦想团队

陈民辕认为，在广告行业，每隔三年就是一个全新的时代，"仅仅相差三岁，人们的世界观便迥然不同"。与其让年长的行业前辈去认识和理解 Z 世代，不如直接让年轻人来"搞定"自己。此外，在传统的广告公司中，年轻人很难在短时间内出人头地。他们必须一层层地向上汇报，只有说服艺术指导、创意指导、创意总监等，才有可能让自己的创意构想落地。这一复杂的过程极大地消耗了年轻人的精力。陈民辕建立 dentsu Z 的初衷便是希望降低流程的复杂性，最大程度地发挥年轻人的热情与创意。

为了达成这一目的，dentsu Z 采取了扁平化的管理方式：团队成员可以直接向创意总监陈民辕汇报创意方案，去除传统广告公司冗杂的汇报程序，让创意直达最上级。这种管理方式为年轻人提供了充分发挥创意的良好环境。同时，为了进一步打破传统广告公司分工的制约，dentsu Z 摈弃了"设计""文案"等分工明确的传统职位名称，改用"新媒体艺术家""文化解读者"等职位名称。陈民辕认为，现在广告行业最需要复合型人才，单纯从事文案写作、美工设计已经远远不够；传统的职位名称只会将成员限制在单一职能当中，而全新的职位名称能促使他们思考这个职位所要求的技能是什么、工作内容包括哪些，最大限度地激发年轻人的潜力。不仅如此，dentsu Z 的特别之处还在于不需要客户提供简报，而是主动从年轻人的视角提出提案，告诉品牌应该怎么做。由以往的被动转换为主动，这群年轻人展现出了电通不同于传统广告公司的热情与活力。

陈民辕发现，在这种扁平、创新、主动的运作模式下，年轻人的创意让人拍案叫绝。他们做事非常有热忱，经常能从不同的视角看待一件事。他认为，年轻人不是没有工作的热忱，而只是需要一个做事的动机。如果能让年轻人对工作产生兴趣，那么，他们即使再累也能坚持下去。通过打破传统的层级制度，他希望向大众展现出电通的特殊之处，告诉大家电通是一个非常尊重年轻人想法的广告公司。

为了适应如今对营销数量、速度日趋上升的需求，D-hub 应运而生。D-hub 汇聚了各领域的精英，包括导演、摄影师、文案策划等，能够在短时间内生成优质的广告内容，满足时代的需求。除了时效性之外，D-hub 的专业性也是它的一大亮

点。它的客户往往是知名品牌，它们在乎自己的品牌形象，以及它们呈现给消费者的样貌。一站式制作中心 D-hub 使得创意产出在满足数量、速度、多渠道等要求的同时保障了品牌一致性的呈现。

在选择人才时，陈民辕把多样性和可能性的特质放在首位。他认为，拥有多样化的兴趣爱好、广泛涉猎多个领域、掌握不同的玩法是十分重要的品质。而在组建项目团队时，他更青睐弹性的组织结构。这个团队应当是一个理解文化或用户的整体，团队成员通过把自己浸泡在"文化池"中来抓住文化的张力点和脉动：团队就像蜂巢，不同能力的人相互拼贴、搭配组合，方能达到全方位覆盖的效果。

从 360 度到 365 天，让广告时刻陪伴消费者

陈民辕强调，近几年来，广告的制作思路已经发生了转变。以前，制作广告强调"360 度"，需要制作电视广告、杂志海报、户外广告、互联网广告等在各个渠道投放的广告，以求全方位触达消费者群体。在这种营销模式下，营销活动次数少，单次营销活动的投资大。但是近年来，广告公司的制作模式发生了整体变化——它们需要制作"365 天一直陪伴消费者"的广告。

"365 天一直陪伴消费者"要求广告从业者采用以"移动"为核心的思考方式。如今的消费者会在抖音、朋友圈、新闻客户端等不同平台间穿梭，因此，品牌应该思考的是如何让内容在不同平台间流动。"这是一个动态的内容产出方式，而不是以前那种固定的内容产出方式。"[1]

以快餐巨头肯德基为例，肯德基每年会做大大小小近 300 场各类营销活动，不停地构想出新的创意并投放在各类平台上。这些创意中有的会引起很大反响，有的可能石沉大海。但无论是哪种结果，这些创意都会在消费者心中积累起品牌形象。"我们不强调做一次大爆款的营销活动，而是通过完成 50 个小爆款营销活动来维持品牌的可持续性发展"，因为没有人"会在意花费 1 000 万元拍摄的一段 15 秒的广

1.《陈民辕：营销的未来就是从"360 度"到"365 天"的转变》，https://www.sohu.com/a/315371380_120129343，2019 年 5 月 21 日。

告"。此外，与肯德基进行合作的品牌数量众多，涉及领域极广。消费者无论走到哪里总会有机会看到肯德基的广告。当一个品牌面向不同的群体进行营销时，消费者必然会形成对于这一品牌的整体印象，这个品牌也因此在消费者心中有了一席之地。

在向善中带来增长（growth from good），不只是消费

在传统视角下，盈利与社会责任被认为是一对冲突的概念。但必定如此吗？陈民辕提出的"在向善中带来增长"这一概念，就是对这一命题的否定。

在品牌的竞争中，除了价格，另一个竞争的关键点便是人们的好感度——这在如今Z世代即将成为消费主力的时代背景下尤为重要。"在同等，甚至可能稍微溢价的情况下，Z世代会更倾向于选择一个自己更喜欢的品牌。"而在全球变暖、通货膨胀、疫情与战争等社会危机接踵而至的当下，对于关注社会议题并具有强烈社会责任感的Z世代来说，谁对社会有更大的贡献，他们就更愿意去选择谁。陈民辕指出，95.1%的年轻人认为，如果一个品牌做了好的事情，他们就更倾向于选择这个品牌。这就是"在向善中带来增长"的意义——它能够让消费者的决策超越消费，"善"与增长并不一定发生矛盾。

由电通印度团队打造的创意作品《无滤镜的历史之旅》（*The Unfiltered History Tour*）受到了广泛欢迎并在2022年斩获多项戛纳大奖，其原因便是回应了当代人心中的社会责任感。通过AR技术，观众可以看到大英博物馆藏品背后的殖民掠夺历史，而这些历史都是在线下参观时被隐藏起来的故事。这个作品成功地唤起了人们的道德关怀。该作品发布几周后，民调机构YouGov的调查结果显示，59%的英国人认为，帕特农神庙的雕塑应该归属于希腊，这与之前的调查结果截然相反[1]。

1.《电通创意印度 *The Unfiltered History Tour* 狂揽戛纳3座全场大奖与1座钛狮奖》，http://news.sohu.com/a/616896808_120129343，2022年12月13日。

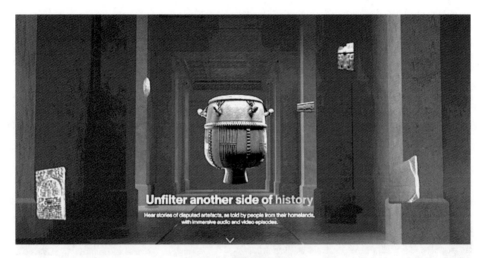

《无滤镜的历史之旅》截图

　　大英博物馆被认为是世界上最大的被盗文物收藏地。由电通创意为Vice制作的《无滤镜的历史之旅》是一次针对大英博物馆的非官方展览，也是获2022年戛纳全场大奖最多的作品。用户可以通过使用Instagram的滤镜和音频指南来参观大英博物馆，同时还可以通过音频来倾听来自文物原产国的学者讲述文物背后的故事，并了解文物背后被隐去的历史。

　　企业需要关注社会责任，但是在实践的过程中却会屡屡出现问题。为什么许多企业的公益活动没有起到很好的效果呢？陈民辕认为，企业做的事情不但应该触达人们真切关心的话题，还应当拥有讲好故事的能力。"很多大品牌都做了很多好事，但他们不会讲故事。比如，今天做公益，开个记者会，跟领导拍两张照，没了。年轻人没办法被触动。"

　　在蚂蚁森林5周年之际，陈民辕的团队曾经帮助该品牌制作了一系列公益广告《这很绿色》。此前市面上的环保广告调性都如末日宣言般悲伤——它们可以很好地让观众意识到环境问题的严峻性，却很难让他们行动起来。能否用更有趣的方法传达环保理念呢？在《这很绿色》中，森林里的小动物们是主角，由它们以有趣的方式亲身示范绿色的生活方式。该系列广告的制作也践行了低碳环保的理念：制作团队没有出一次差，没有进行一次拍摄，广告完全针对原有素材进行创意剪辑和配音。该系列广告仅仅上线两周，观众就超过了12.3亿人次，全网互动量超60万人次，并斩获2022年金投赏电视（公益）类别全场大奖、2022年IAI国际广告奖影视

公益广告《这很绿色》

蚂蚁森林邀请大自然中的居民——小动物们友情出演这一公益广告,亲身示范低碳生活的多样打开方式。从观念到创意执行,这部作品将"低碳环保"进行到底——利用素材重新剪辑、配音、制作,不出差,不拍摄,低碳低成本地鼓励所有人从身边的小事做起,在日常生活中参与低碳环保。该作品曾获第15届金投赏商业创意奖电视(公益)类别全场大奖。

广告类全场大奖、2022年SHIAF上海国际广告节影视公益广告金奖等多项重量级奖项[1]。

同时,科技的运用令品牌能在彰显社会责任感的同时创造出令人耳目一新的创意。陈民辕认为,对于很多年轻人来说,许多衣服只是为了发朋友圈而穿的,穿完之后很可能不会再穿第二次。"那我为什么要把这件衣服做出来?我可不可以直接制作一个数字衣服,放在数字空间里,直接让顾客在网上穿呢?"这样一个方案不仅低碳环保,还非常时尚炫酷。这便是运用科学技术来改变人们行为的一种方式。

当然,陈民辕也强调公益项目落地的重要性。"年轻人非常支持可实现的小成本公益……我觉得如果品牌做不到,就千万不要胡乱画饼。"在这一方面,陈民辕

1.《电通创意〈这很绿色〉夺得IAI全场大奖 | Dentsu Rocks》,https://www.digitaling.com/articles/ 833433. html,2022年9月16日。

肯德基草原保护公益项目

　　从2019年2月起，在全国近6 000家肯德基餐厅里，一款高颜值又好用的可循环餐篮替代了原来的一次性包装材料。在国家林业和草原局草原管理司的指导下，肯德基中国携手中国绿化基金会联合发起草原保护与生态修复公益项目——"这个餐篮很种草"。借助这个项目，肯德基将向中国绿化基金会捐资，用于在内蒙古自治区四子王旗的"肯爷爷大草原"修复超过100万平方米的草原植被。

很欣赏肯德基："我觉得肯德基在这方面做得很好，你提的创意，它会真的帮你做出来。"肯德基的可循环使用餐盘切实地将生产能耗降低了20%；同时，草原修复项目的成果"肯爷爷大草原"也在逐年成长并繁荣着。

　　2017年起，陈民辕团队开始与关注阿尔茨海默病患者群体的公益组织协作。中国是阿尔茨海默病患者人数最多的国家，高达1 042.7万人，占全球患病人数的四分之一。阿尔茨海默病患者会逐渐出现对空间、时间的认知障碍，甚至语言障碍、情绪不稳的症状，后期日常生活也难以自理。画钟测试（Clock Drawing Test, CDT）是国际公认的阿尔茨海默病最有效的筛查工具之一。通过徒手画钟这一行为活动，来检测潜在患者的空间构造能力、记忆、抽象思维、数字、计算、时间和空间定向概念等多种认知功能。陈民辕团队想到可以将"画钟测试"作为创意出发的锚点。

2024年，电通创意团队与剪爱公益携手打造了《迷失钟表》，将阿尔茨海默病患者通过画钟测试而绘制出的奇幻时钟，转变为引人注目、具有艺术感的"设计师定制款"钟表，在世界阿尔兹海默病日与世界健康日，举办地铁站迷失钟表展，以及制作限量腕表进行公益机构首次拍卖。《迷失钟表》在2024年收获戛纳国际创意节1座铜奖及4项提名、3座LIA伦敦国际奖、5项釜山国际广告节大奖、MMA SMARTIES中国营销创新大奖与中国4A创意奖全场大奖。

透过迷失钟表，在被歪曲的时间缝隙中，体验一个阿尔茨海默病患者眼中的世界，让更多人去关注阿尔茨海默病，把画钟测试这种专业而简便的手段带入生活，及时关切身边的潜在患病人群。

广告已死了吗

2023年3月或许是人类科技史上AI产生最颠覆性影响的一个月，随着GPT-4语言模型的发展，许多人开始忧虑在人工智能技术的冲击下，广告行业将何去何从。陈民辕则非常乐观。在他看来，广告是一个充满魅力的行业，从业者需要迅速体察并将世界上的各类新兴事物融合进广告当中。因此，广告人必须接受产业最前沿资讯，感受世界的潮流。

人工智能或许可以取代人类完成公众号文案撰写、投放数据收集等重复性的机械工作。但洞察整合信息、抓住时代脉动的创造性工作永远只能由人类来思考和完成。数据本身不会说话，是人类的洞察力为数据赋予了意义。"数据可以告诉我们，在18至25岁的中国年轻女性当中有多少人喜欢看小红书。可是，数据无法告诉我们女性穿上高跟鞋和平底鞋的心态有什么区别。"因此，到目前为止，各种先进的技术仍然只是工具，人类的洞察力依旧具有重要性与不可替代性。"社会文化的脉动是需要人去感受的。"

在未来，人工智能的应用会改变当下广告行业的样貌：那些只动手不动脑的人将会出局，而那些保持着开放的求知欲、愿意不断思考改变的人将在业界常青。1998年，陈民辕初入广告行业时，电脑尚未被广泛应用。从模拟时代到数字时代，再到移动时代，科技发生了频繁的更迭，但广告行业从未逝去，相反，在陈民辕眼中，广告将会变得愈加重要。"如果你是一个热爱学习的人，你会非常喜欢这个产业。"陈民辕这样总结。

AI 入局，共享经济

陈民辕十分看好AI技术在广告行业的运用前景。在他看来，大众可以借助AI实现与品牌的利益共享。

2020年，由蔚迈（Wavemaker）与奥美操刀的广告——《这远不只是一支吉百利广告》已将共享利益这一理念运用于现实。为了帮助在疫情中举步维艰的印度小商户渡过难关，巧克力品牌吉百利（Cadbury）与生成式人工智能平台Rephrase. AI合作，借助动态创意优化技术与人工智能机器学习技术，对宝莱坞超级明星沙鲁克·汗（Shahrukh Khan）的面部表情与声纹信息进行取样分析，并生成视频语音包。商户输入自定义内容，便可生成广告，让沙鲁克·汗为自己的商铺代言。更奇妙的是，在人工智能的帮助下，沙鲁克·汗的嘴型与声音可以做到与自定义广告的内容完全契合。借助吉百利与Rephrase. AI合作搭建的平台，数以千计的印度当地

《这远不只是一支吉百利广告》：机器学习技术支持下的暖心广告

　　《这远不只是一支吉百利广告》是 2021 年孟买奥美为巧克力品牌吉百利打造的系列广告中的第二部。在新冠疫情大流行的背景下，印度许多小商户们难以再支撑下去。因此，奥美与 Rephrase.AI 合作，借助机器学习，模拟印度国宝级明星沙鲁克·汗的面容、声音，让大明星为每一间小店代言，帮助每一个在疫情中举步维艰的商户。

小商户创建了 13 万个定制广告，在油管（YouTube）和脸书（Facebook）上获得了 9 400 万次的浏览量。[1]

元宇宙，广告业未来的趋势

　　谈及未来广告行业的发展，陈民辕坚信，元宇宙一定是大势所趋。他认为，在人工智能的帮助下，人类的工作时长将会缩短，人们将在多余的空闲时间里进入元宇宙生活、体验。

　　想象一下，你躺在床上，戴上头盔，就能来到一个"现实世界"。你的双脚渐

1.《疫情下用科技传递关怀？这很吉百利！》，https://baijiahao.baidu.com/s?id=1732059327411992600&wfr=spider&for=pc，2022 年 5 月 6 日。

渐离开地面，飞过城市夜空，真切地看到了纽约的时代广场上耀眼的广告牌；一转眼，你又掠过了威武的帝国大厦，飞到东方明珠上空……

通货膨胀、区域战争……现实世界的危机，让大家产生越来越强烈的逃避欲望。欲望产生需求，需求驱动技术。陈民辕认为，人性的根本需求，推动了虚拟世界的发展，所以元宇宙的出现只是时间问题。

陈民辕还观察到，中国消费者在虚拟空间中的消费金额是国外主流国家的三倍以上。这是因为中国的Z世代们从小便接触了QQ秀、摩尔庄园、奥比岛等电子游戏，对于在虚拟世界长大的Z世代而言，虚拟身份与真实身份同样重要，因此他们更愿意不断购买虚拟产品，从而在虚拟世界的社交圈中彰显自己的身份。元宇宙的迷人之处就在这里：它可以满足人类最底层的愿望——让芸芸众生成为英雄人物，让人们找到生活的出口。

2022年，肯德基联手超级QQ秀，进军"新次元宇宙"，开启跨次元炸鸡店，"游戏社交＋个性化定制＋实体产品"的全新元宇宙玩法，在全网掀起了一阵热潮。作为首个与超级QQ秀跨界合作的餐饮品牌，肯德基高度融合虚拟世界与现实世界，在超级QQ秀这个"新次元宇宙"中上线了一家虚拟体验的跨次元炸鸡店，搭建了多个精美场景，供玩家深度沉浸式体验。一楼的"珍馐阁"，兼具国潮风与科技感，玩家进门就可看到点餐吧台及肯上校的热情介绍，与肯上校对话打卡即可领福利，并体验肯德基"跨次元汉堡"，参与"虚拟吃鸡"。二楼的"凤膳房"则是个性化定制的厨房。玩家只需点击机器，就可以用台面上的食材制作出肯德基经典美食。不仅如此，肯德基还设计了众多衣服、饰品等周边，玩家在元宇宙打卡即可获得门店优惠券，而到门店购买指定套餐还可获得线上凤丸配饰兑换码[1]。通过元宇宙的百变玩法，玩家可以全方位体验虚拟生活中的"衣食住行"。

安德玛还推出了2 974件限量版创世纪库里流（Genesis Curry Flow）NFT元宇宙运动鞋。一改以往的平台独占壁垒，安德玛推出的元宇宙运动鞋可以在Gala Games、Decentraland和Sandbox三个游戏元世界中使用。这是第一款玩家可以从

1.《餐饮如何布局元宇宙？肯德基给大家打了一个版》，https://business.sohu.com/a/585364335_115106，
2022年9月15日。

肯德基与超级QQ秀合作搭建的跨次元炸鸡店

荣获2023年戛纳国际创意节创意商务狮铜奖的是电通与肯德基联手打造的跨次元炸鸡店。当洞察到当代年轻人对超级QQ秀这一游戏平台十分熟知后,陈民辕和他的电通创意团队决定在这个年轻人熟悉的地方为他们开设一个线上虚拟肯德基餐厅,由dentsu Z打造Z世代年轻人的社交主场。Z世代们可以在这里与朋友们云相约、云聚餐、云娱乐,更吸引人的是,跨次元炸鸡店将虚拟世界与线下肯德基实体店的销售联系到了一起:在跨次元炸鸡店下单,肯德基宅急送即刻送餐到家。跨次元炸鸡店上线五周,迎来1 900万次访客,产生了超过43亿次互动,620万人参与了元宇宙自拍。[1]

安德玛限量版元宇宙运动鞋

元宇宙运动鞋是运动品牌安德玛为庆祝2021年斯蒂芬·库里打破三分球世界纪录而推出的。这双运动鞋的售价为333美元。这双元宇宙运动鞋首次实现了网络游戏跨平台穿戴,打破了曾经各品牌各自为政的局面,彻底改变了元宇宙。

1.《KFC跨次元炸鸡店从戛纳带回一只创意商务狮》,https://www.sohu.com/a/689616466_ 120129343,2023年6月23日。

一个游戏平台移动到另一个游戏平台的可穿戴设备[1]。

　　当然，陈民辕也坦言，现在最大的问题是硬件设备。目前中国的元宇宙研发建设大多仍然依靠移动设备而非虚拟现实设备，量化生产元宇宙世界内容的设想仍无法实现。但是，品牌营销焦点已经发生了颠覆性变化，以"人"为主体，注重自我价值的彰显与实现成为消费主流。随着技术的成熟，元宇宙兼具"具有充足休闲时间"的客观条件与"建立理想化的虚拟身份"的主观意愿的独特优势，这无疑会使其成为新一代文化的承载体，成为未来的发展趋势。

　　　　　　　　　　　　（采访者：黄紫辰、彭雨嘉、关语萃、孙欣怡、宋楚翘）

1.《LIA 伦敦国际奖2022元宇宙创意类作品精选》，https://www.mad-men.com/articldetails/29950，2023 年 4 月 14 日。

Chapter 6

永远与众不同

—— 麦肯中国首席创意官马寅波

　　2021年7月5日，马寅波踏进了麦肯的大门，担任中国区首席创意官。加入麦肯之前，马寅波曾在太平洋彼岸磨炼自己的技艺，在阳狮和恒美等知名公司充分展现了他的创意天赋，后来又在百比赫中国担任执行创意总监。从喜力啤酒的清新诱惑到雪碧的活力四射、从奥迪的时尚优雅到三星的技术奇迹，他接续不断地将巧思编织起来，成功吸引了全世界的目光。至今，马寅波已经赢得了多个行业奖项，涵盖各种类别，从戛纳国际创意节狮子奖到备受关注的英国设计与艺术指导协会奖和金铅笔广告奖等。

　　时任麦肯中国首席执行官的陆怡华毫不掩饰地对马寅波的到来表示欢迎："我很高兴寅波能加入我们的中国大家庭。麦肯的全球理念是'创意是唯一的生存法则'。在中国这个竞争激烈的市场上尤其如此。"

　　"麦肯全球网络每年都会创作出鼓舞人心的作品，推动行业发展。陆怡华领导的中国管理团队，非常支持前卫的创意想法。他们拥有世界知名的客户，我也看到了创作世界级作品的巨大潜力，同时我们也帮助品牌在人们的生活中扮演更有意义的角色。"马寅波对麦肯的全球网络也同样满怀钦佩。

　　这是一个双向选择的过程。

广告是艺术与商业的桥梁，也是逻辑与魔力的融合

在赓续发展的商业环境中，广告作为一座"迷人的桥梁"出现，连接着商业和艺术领域。除了增加盈利，广告还拥有一种艺术表达的纯粹美感，以此构建吸引大量观众的强大的"魅力"，同时创造一个品牌文化和精髓充分释放的叙事语境。

马寅波从4岁开始学习画画，后来在平面设计与广告专业进修，与广告结下了不解之缘。他认为广告是特别注重概念的。在广告行业中，艺术和商业，谁同广告的关系更加紧密？行业里一直有不同的两种观点。他认为广告是艺术。因为像艺术创作一样，创意人会通过吸收生活中的各种经历，将其融入自己的创作中。艺术和商业就像逻辑和魔力，是缺一不可的，不能单靠其中一个。艺术是一种魔幻的手法，加上它，商业会变得非常吸引人，如果只是很理性的东西，就缺少了艺术性。

广告是一个创造力至上的领域，广告商和设计师作为声誉的建筑家，精心打造超越世俗的品牌叙事。他们的方法体现了丰富的想象力和创造力，成为品牌质量的基石，同时也是审美和文化信息的渠道。在艺术、文化和商业之间的这种非凡的相互作用中，广告为一种深刻联系的形成铺平了道路。

从大师作品中寻求启发，永远保持与众不同

很多人对广告行业的热爱源于优秀的广告人。马寅波在美国读书时也有自己喜欢的偶像，一个是克里夫·弗里曼（Cliff Freeman），他以幽默的影视作品创作为主业。第二个是亚历克斯·博古斯基（Alex Bogusky），他公司的名字是CP+B（Crispin Porter+Bogusky），该公司是互联网和社交媒体时代广告的开拓者。马寅波表示他们颠覆了自己对广告的认知，不停激励他，开拓了他的创意思路，让他喜欢广告这个行业。正如马寅波所言，他们是"跨时代的大师"。

做广告最重要的就是通过信息吸引别人的注意力，那就需要创作出与众不同的作品。广告人在刚开始创作广告的时候，作品经常会出现一些模仿的痕迹。马寅波认为虽然不能模仿广告，但是在一开始上手的时候一定要多看大师的作品进行学

习，因为大师的创作能为你带来启发。当然更多的情况下还是要靠个人的头脑风暴，不然会限制自己的思维和创作。

在回顾自身经历时，马寅波总结道：广告业是一个不断鼓励和授权个人寻求独特与非常规想法的行业。百比赫公司的创始人约翰·赫加蒂（John Hegarty）曾经送给马寅波一本书，书名是《John Hegarty 的广告业传奇》（*Hegarty on Advertising*），随书附赠的还有一句话，他至今印象深刻——"寅波，always be different，永远保持不同。"字字如回音，激荡在他内心深处，成为超越工作界限的指导原则，并渗透到他生活的每个方面。

马寅波的经历充满了脱离平凡的变革力量，这种力量是对所有创意人的号召，敦促他们挑战常规，开辟新的道路，勇往直前。

广告创作思维永远不能被局限，永远需要新鲜感

马寅波认为不管是文学专业还是艺术专业，做广告最重要和最基础的一点就是要能打动别人。广告人要对一切充满好奇，同时也要注意观察人性，并依此揣摩消费者的想法，通过广告去改变消费者的思想。他认为做广告有时并不只是卖产品，还可以通过广告帮助这个世界，这在他眼中是一件非常伟大的事情。

马寅波给我们分享了一件趣事，为了在团队中打造一个创造、开放的环境，麦肯团队创立了一个定期的工作坊，名为"TGIF"（感谢上帝，今天是星期五）。"TGIF"作为一种团队理念的体现，告诉每一个员工：无论在哪一天都要保持轻松和自由的心态。

"TGIF"是一个充满活力的平台，在这里，创意人聚集在一起，不受约束，合作并产生创意简报。这个过程需要团队自由交流思想和概念，一起参与头脑风暴会议，以期带来更多的创意。通过这种形式，马寅波和他的同事们发现了这种不受限制的研讨会所带来的裨益，同时也见证了创造性思维的无限潜力和年轻人的无限想象力，"平时，他们少有在众人面前提案的机会，而在工作坊中，他们既可以侃侃而谈，也可以观摩其他优秀创意人的创作过程"。

作为2022年伦敦国际奖华文创意竞赛的评委，马寅波分享了他个人对优秀作

轻松氛围下的"TGIF"

马寅波说起创立TGIF的初衷：平日的创意工作，常常会让人感觉到束手束脚。创意人习惯了中规中矩的广告做法，突然有一天被要求提供疯狂一点的想法时，很有可能，大家会不知如何着手。所以，我们要常常把思维放飞出来，肆无忌惮地野一下。慢慢地，只有人们习惯训练自己用疯一点的思路去想创意，才能在漫长的广告工作中，不断地迸发灵感。

品的评价标准："主要还是看它说故事的方式是不是具有创新性，这一点会非常吸引我。"他强调，创新不一定要求完全的新颖性或原创性；相反，它需要一种"新鲜感"。人们在面对问题时默认那些熟悉的解决方案是与生俱来的，但作为创造者，超越这种思维模式是至关重要的。"我也会去关注这一作品能否打动人，能否带动受众的情绪。不一定是哪种特定的情绪，任何情感都可以，这些都一定要建立在能够突出品牌核心价值的基础上，因为我们首先是在为品牌解决问题、寻找机会。"

中国广告需要创作更有影响力的作品，吸引年轻血液的加入

在竞争激烈的广告业，巨大的市场潜力和丰富的商业机会在等待着那些愿意接

受挑战的人。中国已经成为世界上增长最快的广告市场之一，中国的广告业已经进入了一个稳定和持续发展的阶段，为进一步的发展和突破创造了条件。

马寅波认为，如今中国广告的传播渠道已经从单一走向多元，出现了抖音、小红书等各种社交平台，广告行业的发展速度也越来越快，但这种现象是非常好的，因为广告本身就是在反映社会生活——社会怎么变，广告人就怎么变。

在对比国内外广告公司之间的差异时，马寅波回顾了他早期的"新人"经历。当时，他遇到的项目往往只提供有限的创意探索余地，这使得真正吸引人的内容制作成为挑战。慢慢地，他逐渐被委以更有前途的任务，对接更知名的客户。他总结说："广告人在国外广告公司的发展遵循着一定的轨迹。"相比之下，国内的情况大不相同。国内广告公司为新人提供了大量的机会，他们在职业生涯的一开始就能接触到各种各样的创意简报和客户。对于这些年轻的专业人员来说，他们可以表达自己创意才能的画布更为广阔。

马寅波认为，中国广告业近年来取得了长足的进步，展现了在创意和执行方面的成就。同时，他也承认，中国广告业在全球舞台上还没有自己真正的独特身份。马寅波对此保持乐观，他指出，中国广告行业正在逐渐发现自己的风格，并开辟自己的前进道路。

2020年，马寅波在百比赫公司任职期间，为著名的干邑洋酒品牌"马爹利"开展了一个出色的广告活动。受该品牌的标志——一只象征着坚韧和"不断飞翔"的燕子，以及其创始人从英国到法国创造精致干邑的大胆经历的启发，创意团队为马爹利提出了"敢做出头鸟"的概念。他们从"枪打出头鸟"这句带有消极色彩的中国谚语中汲取灵感，巧妙地颠覆了传统。这一品牌概念的重塑被证明是一个巨大的成功，吸引了国内和国际消费者的关注和钦佩。该活动的影响遍及亚太地区，甚至全球，最终巩固了马爹利全球品牌的地位。

马寅波敏锐地发现了广告业的一个紧迫问题，"对于很多喜欢创意的年轻人来说，广告行业不再是他们唯一的选择"。面对人才流失的挑战，马寅波认为，广告行业要创作更多有影响力和吸引力的作品，与年轻一代产生共鸣。这个双向的过程需要创造引人注目的活动，吸引和激励年轻人加入这个行业，同时也要创造一个培养和支持他们成长的环境。

马爹利广告

马爹利品牌宣传片文案:"出头鸟不会怕被枪打而却步,它们生来要追寻心中的使命。敢想,敢做,敢为自我闯出新路,打破一个个框架。只有你无畏高飞,才能登上新的高度。飞出你的传奇,让世界去追随。现在,你会选择跟从还是振翅高飞?"该广告片激励年轻人勇敢追随心中所想,传达出挑战陈规、敢于冒险的精神,将品牌标志与品牌理念完美融合,用一种不屈的精神符号诠释了"枪打出头鸟"的全新含义。这是马爹利展现打破常规、勇做先锋的品牌内核,实现引领年轻潮流的经典案例之一。

设计多套方案,精心推荐最佳

一个成功广告的诞生,离不开甲乙双方的共同努力。作为多年深耕广告工作的乙方精英,马寅波用了一个很幽默的表达方式来阐述甲方的重要性,"如果没有甲方,我们就没必要做这个广告了"。没错,从表面上看,乙方是整个广告策划过程中的主要创意提供者和执行者,但没有甲方的必要性需求与双方的有效沟通,广告也是难以成功塑造和推出的,因此甲乙双方在广告塑造过程中的沟通、交流与修改成了所有广告人都要面临的难题。究竟如何才能在甲乙双方的沟通中塑造成功的广告呢？

马寅波从乙方的视角出发，给出了资深广告人的建议：他会提供至少两套方案给甲方客户，并指出他作为乙方觉得更对或者是更有效的一套方案。

从某种角度来说，乙方是为甲方提供服务的，因此最终决定权与选择权在甲方，但乙方并不是完全被动的一方，资深广告人马寅波强调并不是让甲方在几个方案中随便选择一个，而是会和甲方说明什么是对的方向、什么是更好的方案。这个说明的过程，就是乙方主观能动性的一种体现，因此马寅波也提到，乙方的艺术性创作并不是越天马行空越好，甲方也不是全部正确的，乙方需要根据产品消费者以及品牌的需求挑出最好的解决方案。

不论结果是好是坏，怀着初心一直向前

在马寅波还在美国工作的时候，曾有一个在超级碗投放广告的机会。超级碗被称为"美国的春晚"，多年来超级碗都是全美收视率最高的电视节目，并逐渐成为美国一个非官方的全国性节日，马寅波自己也讲，"能在超级碗投放广告对于广告人来说是一件非常荣耀的事情"。

马寅波深耕广告行业多年，终于遇到了一次可能在超级碗投放广告的机会。那是一个喜力啤酒广告，许多家公司都在做这个广告，渴望通过比拼争得把广告送上超级碗的宝贵机会。终于，马寅波所在的团队在这场激烈的超级碗广告竞争中取得了领先，甚至都拍完了广告片，结果客户在最后关头觉得广告太前卫、太出格，决定不播出。这是一次很难接受的失败，马寅波的团队为了这个广告片几乎付出了所有，在距离成功只差那么一刹那之时，突然又失去了所有，马寅波的内心很不平静，难过了好久才缓过来，他知道，身处广告这个行业每天像坐过山车一样，可能一瞬间就上去了，也可能一瞬间就下来了，你永远都不知道什么时候是真正的成功。

每个人在面临这样难以接受的失败时，都会有难过的情绪，即使是广告行业的资深人员，马寅波也会产生这样的情绪，但是他会尽可能地让自己的心情平静下

美国超级碗现场图片

　　超级碗是美国国家橄榄球联盟的年度冠军赛，据权威财经杂志《福布斯》最新公布的数据，仅有一场比赛的超级碗被估价4.2亿美元，已稳坐最具商业价值的体育赛事宝座，其价值比持续放送多个大项赛事的奥运会（2.3亿美元）和在绿茵场上狂奔一个月的世界杯足球赛（1.2亿美元）相加还要高，电视观众达到全美人口的三分之一，商业价值极高。

来。不管好坏，一直往前就是马寅波先生在广告行业深耕多年始终保持的初心，这样的初心说来容易，坚持很难，热情都是会被浇灭的，再多的热情也可能在一次又一次的拒绝中被消耗殆尽，在绝望之际我们能做什么呢？也许身为广告人的我们，什么也改变不了，那就不必再纠结于这件事情的成败和好坏，一直向前就好了，这就是马寅波在如今依旧对广告抱有热情的独家秘籍。

试着大胆，做得不同

　　如今是一个信息过剩的时代，几乎每个人的手里都有一个手机，几乎每个家庭都会配备一个电脑，人们查询信息再也不像纸质时代那样效率低下而艰难了，只需要去信息搜索网站上将关键词输入并点击搜索就可以得到自己想要的答案，许多问题都不再变得神秘，品牌也是如此，所有的公开信息甚至黑料在信息查询网站上一

麦肯上海团队为 The North Face 做的"城市指北针"案例

　　该案例在150多个案例中杀出重围，拿到了全球前五！在最初比稿时，客户给的简报非常清晰：探寻未知的一个方向。当其他竞争对手纷纷提出各种整合营销传播、社会化视频的想法时，麦肯的创意团队独辟蹊径，大胆地提出了这个"指北针"的创意概念，并围绕它做了一个完整的品牌平台，以微信小程序和小游戏呈现，一举赢得了比稿。

清二楚，在这样一个近乎没有秘密的时代，品牌想要通过广告去获取关注，难度是很大的，而马寅波给出的经验是"做得不同"。

　　做得不同首先要非常大胆，循规蹈矩地前进是没办法与其他人做得不同的，但非常大胆也不等同于天马行空，而是打破自我限制，不要认为客户不会买，不要有过多的心理预设，也不要在塑造广告创意的时候觉得消费者看不懂，消费者都是很聪明的。

　　做得不同意味着要打破以往的惯例，要跳出普通广告人的思维。马寅波告诉自己的团队，在找素材的时候不要拿广告作为参考。现在很多人做创意经常去网上检索一圈，想要先搜到一些参考资料，不管是画面也好，文字也好，收集后才开始做自己的广告，但"能够被搜索到"就意味着这个广告已经被做过了，就不是真正的不同的广告。马寅波特意强调不要在广告行业内部找参考资料，也就是说，我们无从下手的时候，可以在其他行业寻找一些灵感，比如可以找艺术影视或者科技等领域的作品作为灵感的来源。

想要做得不同，脑子里就要有许多丰富的灵感内容，这些灵感内容是要从平常生活中寻得的，比如可以去书店里翻阅设计类图书，也可以去看一些名画展，还可以去多看一些儿童类的图书。马寅波认为儿童图书中有许多脑洞大开的书，非常有趣，在平常生活中，还应尽可能多地和形形色色的人去聊天以获取灵感，而不是在手机上刷短视频，短视频的艺术启发是不够的。

在做广告的过程中，了解品牌本身最内核的价值是很重要的，也是做好一个广告最重要的基础，如果品牌失去了最内核的东西，那么再有创意的广告也很难取得成功。想要在合理的区间之内做到不同，就要充分地了解一个品牌。马寅波先生曾经有过为蔡司镜片做广告的经历，他本人是不戴眼镜的，但他为了这个广告曾深度地了解过近视眼镜的相关信息，甚至和团队里一个戴眼镜的人说："没有人比我更了解近视眼镜。"他已经充分了解了产品和品牌的内核，在做到不同的同时也能够兼顾品牌的内核，最终做出了相当成功的商业广告，这一切都是充分了解品牌内核的结果。

马寅波曾在一本书里看到下面这个故事。曾经保时捷公司想招募一家广告公司为他们制作广告，一时之间许多的美国广告公司都在比拼创意，但是大家都没有找到保时捷公司销量下降的真正原因。后来一家广告公司发现，原来是因为大家都觉得开保时捷的人有一种浮夸、炫富的感觉，是品牌在消费者形象塑造方面出现了问题，最终这个发现了品牌内核问题的广告公司取得了胜利。这就是关注品牌内核的重要性，因为根源性的问题是一定要解决的。

创意是扎根于品牌内核并且多样化的，绝不仅仅是谐音梗。

近年来，谐音梗逐渐走红于网络之中，许多广告商也在制造广告的过程中将谐音梗融入其中作为一个创意点，但马寅波并不是很喜欢谐音梗，甚至麦肯中国的广告中也很久没有出现谐音梗了。因为谐音梗会把文字本身的含义弱化掉，让人注意不到广告本身想表达的内容，会少掉许多内容性、本质性的共鸣而仅仅是让人感到幽默或是注意到比较表面性的东西，这并不是广告发布者的初心。

但马寅波也不是全盘否定谐音梗的，他认为好的谐音梗一定是有其本身的含义的，甚至让人先注意到的是内容性的、本质性的内容，然后再注意到的是谐音梗，也就是说谐音梗不会夺走广告本身内容的地位，而是充当某种辅助性的因素融入广告之中。

短视频时代，越来越多的人容易被轻松幽默的广告片所吸引，那些具有更多核心内容的广告显得令人费解，谐音梗大量涌入我们的社会，从某种程度上讲，也是对创意内容孵化的侵蚀。但我们在营销的过程中，仍要具有创意，创意与营销并不是对立的，并不是说营销就是表面的、创意就是深层次的，它们是相辅相成的两个部分，好的创意绝不仅仅是"谐音梗"这么简单，而是能够塑造品牌形象、充分吸引消费者的优质内容。

寻求共振，不妨试试反其道而行

当被问到这两年对自己的哪些作品比较满意时，马寅波提到了2022年为"innocent天真"果汁创作的广告《超级讨厌水果的Amy》。作为一个欧洲的国民品牌，"innocent天真"天生的英式幽默风趣一向深入人心，被誉为"果汁界的段子手"。该品牌进入中国已近两年，恰逢菠萝汁新品上市，它想要和更多中国消费者交朋友，于是向广告团队提出了要求：如何和中国消费者一起玩得更有趣？

纯正天然是"innocent天真"果汁的产品卖点。在比稿前，马寅波团队拿到的简报和其他团队一样，都是以菠萝汁新品上市为契机，达到新品拉动全品复购的目的，同时，体现品牌独有的个性和幽默，为品牌带来更多的关注和粉丝。麦肯团队日思夜想，诞生了许多想法。但在反复的讨论和自我判断中，团队始终绕不开公司同事Amy"宁愿吃屎也不吃水果"的魔性故事，于是团队决定反其道而行，沿着"水果黑粉"这个想法一路走下去，在品牌和消费者之间达到共振。在给客户介绍提案时，马寅波团队还把麦肯员工Amy也带到了现场，让她亲自分享自己最真实的感受，最终这个反其道而行的"黑粉"想法打动了品牌客户。

在创意执行阶段，马寅波团队对各种各样不吃水果的人群进行了调查分析，研究与品牌受众完全相反的一群人的想法理念。然后围绕精心打造的Amy这一主人公设计了一系列剧情故事：官方邀请这个"超级讨厌水果的Amy"接受天真的挑战；于是，在现场，镜头记录下了Amy面对各种纯正的"innocent天真"果汁的无奈心情——这和水果真的没有两样。

《超级讨厌水果的Amy》创意广告

《超级讨厌水果的Amy》这则广告作品，虽然是为果汁品牌宣传，却反其道而行，另辟蹊径地拍摄了一个不爱吃水果，乃至见到水果店都要绕着走的"水果黑粉"，让这个"水果黑粉"去品鉴"innocent天真"果汁，以此突出果汁纯正天然的卖点。广告剧情中纪实性和戏剧性实现了美妙的平衡，获得了客户的高度肯定。

据创意团队分享，导演周宁宁在刚接到脚本的时候，惊讶到不行，在国内竟然有客户敢买如此大胆的创意？导演和团队一拍即合，他对于创意的理解和看法也非常到位，整个片子不仅完美还原了创意，并且时常有小惊喜被演绎出来。

最终这一"黑粉"广告成功投放，马寅波团队从这一矛盾点切入，用大胆的创意讲故事，与"innocent天真"品牌完美契合，巧妙地用"黑粉"这一反其道而行的创意为消费者和品牌带来了共振。

想要流量，先要会跟世界对着干

提到马寅波的经典作品，就一定会提到2016年马寅波在担任百比赫团队创意总监期间的广告作品《一起哈啤无国界》，这是哈尔滨啤酒与百比赫合作发起的一次品牌广告战役"啤酒面前没有陌生人"。当时如火如荼的里约奥运会正在举办，

《一起哈啤无国界》创意广告

　　《一起哈啤无国界》，依托于奥运会的体育氛围，在边界线上开展跨国界的体育活动，冲破种族、地域和政治之间的障碍，把不同国家的人们团结在一起。该广告展现了哈尔滨啤酒希望能通过活动来传递一种正能量的信号——友谊和融合，采用一种创意化的方式来化解不同国家（地区）之间的隔阂。

几百个品牌争奇斗艳，谁能在奥运会期间吸引更多的眼球，谁就是赢家。这些品牌的切入点大多集中在运动赛场，而哈尔滨啤酒却将切入点放在了看似和运动毫无关系的地方——中国的14条边境线。

这毫无疑问是个大胆而冒险的想法，而这一想法便出自马寅波的团队。在谈及自己的团队为什么会选择这样一个想法时，马寅波说："哈啤不是奥运会的赞助商，但客户还是希望借势为自己宣传一下。我们原本可以把目光放在运动赛场，说说运动员如何努力赢得奖牌，最后来一个'一起哈啤'的时刻。这个思路对不对？非常对啊！但会引起关注吗？这个思路合情合理，但它缺少了不同，所以它是不会被关注的。每天有十几万小时的视频被上传到网络上，若用这个思路来做视频，那么这个视频会在上传完的顷刻间被淹没。想要流量，只有与众不同。"

所以马寅波的团队以哈尔滨啤酒"一起哈啤"的调性为基础，将一起哈啤上升到国家层面，因为奥运会就是国家与国家之间的"一起哈啤"。正好中国是世界上邻国最多的国家，而且很多边界两边的人种族一样、语言一样、生活习惯一样，却被国界线分割开来，这根线不光划在了地面上，也划在了边界两边人的心理上，很近，又很远，马寅波的团队希望从这个角度出发去做个活动，打破心中的国界。

于是，马寅波团队把目光放到边境，一个偏僻的地方，一群普通的边民，代表自己的国家，进行了一场别开生面的比赛，最后的奖杯就是啤酒。这就是马寅波团队拍摄的创意作品，简单却很快乐，这就是"一起哈啤"。

视频所带来的效果是惊人的，在短短5天内达到500万人次的浏览量，在众多聚焦于奥运赛场的广告品牌中实现了破圈。网友们也热情参与了评论，很多人说这个广告改变了他们对哈啤的看法。同时百比赫还收到好几份简历，想要一起来做哈啤的创意。这或许就是与众不同的力量，与传统、与寻常相对，才能收获更多的流量。

不管世界怎么变，创意恒在

随着时间的推移和社会的变迁，中国广告行业经历了巨大的变化。在谈及中国广告行业的今昔变化时，马寅波认为最明显的变化之一是广告渠道的多样化，从过去单一的传统媒体渠道到现在五花八门的媒介选择，广告渠道的变化将持续存在并且变化速度会越来越快。广告本身就是在反映社会生活，这种变化在马寅波看来是一个积极的迹象，因为它反映了广告创意行业的活力和生命力。

世界在变，广告行业在变，但马寅波坚信创意是永恒不变的核心。

广告的媒介和形式可能在改变，消费者的购买习惯也在变化，但广告创意公司一直在与时俱进。从创意公司的视角来看，马寅波表示不管世界怎么变，创意永远存在。他将广告创意从业者比喻为讲故事的人，行业的变迁体现在用不同的创意在不同的平台去讲故事。马寅波还以人与父母之间的亲情为例，这种感情从未发生变化，但是沟通方式却有很大的不同，曾经人们用写信、打电话的方式，现在人们更多的是用微信，这种沟通形式在不停地发生变化，广告亦是同样的道理。广告最基本的核心是创意，广告是跟人在讲故事，从而影响人跟产品的关系是变得更好还是不变。

在马寅波看来，广告创意是一个持久而且不断进化的力量。尽管媒介和技术不断变化，但创意始终是广告行业的灵魂和核心竞争力。无论是在传统媒体上还是在数字媒体平台上，广告人都需要通过创新、独特的故事来吸引消费者的注意力并建立情感连接。只有通过持续的创意思维和敏锐的洞察力，广告行业才能不断适应变化的环境，并为品牌和产品带来持久的影响力。

把 AI 当成搭档，而不是结果

在当下，讨论广告创意行业的未来，人工智能一定是一个绕不开的话题。

以 ChatGPT 为代表的人工智能技术发展迅速，它能够模拟人类的思维方式，具有高水平的语言理解和表达能力，许多人竞相与 ChatGPT 对话，以得到智能输出的成果信息。马寅波认为，人工智能在广告人的手中应该作为一个工具，而不能作为一个结果，让人工智能去处理事情以达到偷懒的目的是绝对不可取的。

马寅波表示，他并不排斥在创意过程中使用它，把人工智能当成一个搭档，在与它一起讨论的过程中产生更佳的创意。人工智能给广告行业带来了新的思考和创新的机会，它可以作为广告人的助手和合作伙伴，共同探索更佳的创意方案。人工智能的发展使得广告人不再局限于自身的思维和经验，而是可以借助机器的智慧来拓宽创意的边界。

他还举了麦肯世界集团旗下数字营销公司 MRM McCann 的例子，它会在全球公布简报，人工智能会给出"机器人"的方案，而其他人则需要"打败机器人"。在他的眼中，人工智能或许已经是一个可以很好地帮助人类的工具。

人的价值在于独有的品质，难以被模仿或取代

在人工智能对广告行业的冲击方面，尽管技术的进步为广告创作带来了许多便利和创新，但马寅波认为人工智能目前还难以揣摩和理解人性，无法完全取代人类在广告创作中的情感表达和人文关怀。虽然人工智能在逻辑和理性方面具有优势，但广告行业的创意建立在深入理解人性和观众心理的基础上。

广告人以观察、研究和洞察人们的行为、需求和情感为基础，能够创作出触及观众内心深处的广告作品。他们善于运用情感元素和故事叙述来打动人心，以建立与受众之间的联系。在广告创作中，情感表达和人文关怀是不可或缺的要素。这种人类独有的能力，使得广告作品能够赋予产品或品牌更加丰富的内涵和情感价值，超越单纯的产品属性和功能。

虽然人工智能在广告行业中发挥了一定的作用，比如通过数据分析和个性化推荐来提供更精准的广告投放，但它还无法完全替代人类的创造力和情感表达能力。广告人在创作过程中运用的是情感、智慧和洞察力，这些是人类独有的品质，难以被算法所模拟或取代。广告创作需要灵感的火花和创意的思维，而这些是人工智能目前无法具备的。

此外，广告行业的成功还依赖于人与人之间的互动和情感连接。广告人通过创作引人入胜的故事和内容，与观众建立起情感联系，激发共鸣并引发行动。这种人与人之间的情感纽带是广告行业的核心所在，而人工智能目前还无法完全理解和模拟这种情感交流的复杂性。人们在观看广告时往往会受到情感的驱动和决策的影

响，而这正是广告人所擅长的领域。

总之，尽管人工智能在广告行业中发挥了一定的作用，但在广告创作中，情感表达和人文关怀仍然是广告人的核心优势。广告人通过深入了解人性、观察和洞察受众的行为和情感需求，创作出具有情感共鸣和故事性的广告作品。这种创作过程中所涉及的情感交流、创意构思和社会责任感，是人工智能无法取代的，它们使得广告行业保持着人性化、温暖而有深度的特质。但不可否认的是，人工智能每一秒都在进步，也许未来它会带给我们更大的惊喜。

人工智能时代，机遇与挑战并存

对于人工智能可能带来的广告行业人员裁员问题，马寅波认为关键在于广告人如何应对和利用人工智能。他坚信人工智能的出现将激励广告人朝着更高水平不断进步，同时鼓励他们在创作中追求卓越。

马寅波提到了Photoshop（PS）的例子，PS的问世，并没有导致所有美工失业，许多应用板绘的人依然留在这个行业。这是因为广告行业需要的不仅是人工智能本身，更需要会利用人工智能的广告人才。人工智能可以作为广告人的助手，帮助他们更高效地完成任务，但广告人的创造力和专业知识仍然是不可或缺的。人工智能的涌现将推动广告人不断创新进步，激发他们在创作中追求更高的艺术表达和商业效果。

人工智能的出现提醒着广告人需要不断更新自己的知识和技能，掌握与人工智能合作的能力。广告人需要了解人工智能的原理，并学习如何利用它来洞察市场、生成创意和优化广告效果。只有广告人能够灵活运用人工智能技术，将其融入创意过程中，才能够在竞争激烈的广告市场中保持竞争力。

人工智能技术的发展为广告人带来了新的机遇和挑战。广告人可以利用人工智能技术来分析大数据，了解消费者的需求和行为模式，从而更精准地制定广告策略。人工智能还可以帮助广告人生成创意，提供设计建议和优化方案，使广告更具吸引力和影响力。

马寅波相信广告人具备适应和发展的能力。他鼓励广告人抱着积极的态度面对人工智能的发展，并将其视为一个机遇而不是威胁。通过与人工智能合作，广告人可以更高效地完成任务，用更多时间和精力来专注于创意的生成和策略的制定。同时，他们也可以通过与人工智能的互动，不断挑战自我，提升自己的专业水平，并创造出更加出色的作品。同时他也认为，人工智能的出现会敦促广告人朝着更好的方向去进步，鼓励广告人继续做得更好，"AI一定会发展，但是我们这个行业也一定会发展"。

展望未来的广告行业，期待新的作品与新的血液

未来的广告行业将是一个充满无限可能性的舞台。大胆的创意、新颖的表达方式、引人入胜的故事情节，以及科技的应用将成为广告行业的新常态。年轻的从业人员将在这个舞台上展现自己的才华和创造力，为观众带来一次次的惊喜和感动。同时，广告行业也将在这种创新的推动下不断进步和发展，为品牌传递更加有力和深远的影响。

在谈到对广告行业未来的畅想时，马寅波表示，希望能够在今后看到更多大胆的、有新意的、让人眼前一亮的作品。新颖的作品不仅能够鼓励马寅波自己以及所有这个行业的从业人员，还能够吸引更多的年轻人投身其中，为这个行业注入新的活力。

最后在提到自己的期望时，马寅波说："我希望我们做得更好，吸引到很多有才华的年轻人去不停地加入这个行业。"他期待这个行业能够给予年轻人更多的机会和发展空间，鼓励他们大胆创新、勇于尝试，能够成为一个充满激情和创造力的舞台，让每个人都能发挥自己的才华和潜力。马寅波希望广告行业能够容纳多元文化和多样化声音，鼓励创意家们从不同的角度思考和表达，为观众带来更加丰富多元的广告作品。

（采访者：李洪旭、亓浩宇、郑晓锐、李瑾、原嘉惠）

Chapter 7

从音乐人到生活家，做最会讲故事的广告人

——天联广告公司（BBDO）大中华区首席创意官曾德龙

曾德龙（Arthur Tsang），曾任百比赫广告公司的中国首席创意官、天联广告（BBDO）广州地区的创意总监，现在是天联广告大中华区首席创意官。在十几年的创意生涯中，他的多项作品斩获许多含金量较高的国际奖项，包括戛纳广告创意节金狮奖、纽约广告节市场实效奖、国际创意金铅笔奖、亚洲顶尖创意奖等创意和广告营销类奖项。他力求打破传统模式，注重故事叙述和唤起共情，在这样的理念下，他的作品具有广泛的影响力，益达口香糖酸甜苦辣系列、中国第一部音乐剧广告片、全球士力架活动等代表作深受几代中国消费者的喜爱。

曾德龙极具开创性的创意风格与他相当多元化的经历密切相关，作为牛津大学物理和哲学系的毕业生，他在进入广告行业前曾做过投资银行家、滑雪教练和专业音乐家。走进BBDO的办公室，我们见到的曾德龙戴着黑边眼镜，身着深蓝色的T恤、牛仔裤与运动鞋，略显杂乱的办公桌上摆着咖啡壶、笔记本等普通陈设，与一般的"打工人"别无二致。然而，聊起有关创意与作品的话题时，曾德龙所表现出的热情、专业，又让人能够轻易地将眼前这位平易近人的广告人与资历丰富的杰出前辈联系起来。在网络上关于曾德龙的公开的访谈很少，但他绝非不善于表达的人，在轻松愉快的交流中，他向我们分享了想对广告人说的话。

从音乐中汲取灵感，从他者身上汲取理念

对于曾德龙来说，看似碎片化、毫无关联的经历都以某种方式投射到了他的广告生涯中，对其创作产生了极大的影响，仿佛一片片拼图彼此产生共鸣、逐渐拼凑出他对广告完整的理解，其中，跨文化的成长背景对他的影响尤为深刻。

曾德龙从小在西方环境下长大，是土生土长的西伦敦人。出于对嬉皮士文化的喜爱，他的父母在1970年代移民到了英国。曾德龙接受了英式教育，早年西方广告业的流行与发达使他能够在那个年代接触到在中国尚未孕育出的广告文化。而华侨家庭氛围的熏陶也让他对中国传统文化产生了浓厚的兴趣："我的父亲坚持让我们在家里说广东话，这给我的人生带来了不可磨灭的影响。"

因此，当他回到中国时，中西文化的交融为他的创作奠定了坚实基础。"来到中国做广告后，我发现其实很多西方的广告理念放在中国不一定能够实现，做广告确实需要有一点西方的眼光，但如果你对本地文化非常了解，你的作品会更加有力量。"曾德龙以他最著名的广告之一——益达口香糖酸甜苦辣系列为例，"如果让外国人来做中国本土化广告，怎么可能知晓'酸甜苦辣'这个词背后的含义呢？"

除了跨文化背景，大学期间对物理学与哲学的专业学习也帮助曾德龙顺利开启了乘风破浪的广告之旅。在人生的岔路口，人们常常因为自己的兴趣与所学专业大相径庭而困惑，但曾德龙幸运地发现，哲学和物理是为数不多能兼顾自己兴趣与能力的专业。

"如果有求职者是哲学专业出身的，我肯定会给他一个机会。"曾德龙认为本科期间的专业学习潜移默化地影响了他的思维方式——物理与哲学都是在问"为什么"的学科，这是对学生"好奇心"的培养。对于每天都会接触新鲜事物的广告行业来说，好奇心是非常重要的，因为就连常见的牙膏与糖果，在做广告时都需要对化学与可可豆有一定程度上的了解，倘若没有

好奇心，就很难发现产品的特点和卖点。

曾德龙非常喜欢阅读哲学家的作品，他希望在更深的层次上被好奇心驱动，探寻事物的运作方式，并得到它们背后的真相，他认为哲学训练了学生从多个视角思考的能力。哲学中的事物不是非黑即白的，一切都是辩证的，全新的角度就会带来全新的认识，而做广告也是如此。"同一个产品，你换个角度来看，才会看到有趣的方面。"处理行业中的棘手问题时，没有唯一的正确答案，只有看待和重构事物的不同方式。从这个意义上说，在抽象问题上接触不同的观点，并灵活地在它们之间转换，对广告工作来说是非常有价值的。

曾德龙的办公室中摆着两把吉他。他从七八岁开始担任首席唱诗班中的高音独唱，接受过古典声乐训练，是一个音乐爱好者。可以说，音乐与曾德龙的广告生涯有所"共鸣"。他对待广告的方式就像对待音乐一样，无论他去哪里，这份激情始终伴随着他。

曾德龙认为，音乐表演最令人满足的地方在于能够感染在场的观众，而广告也是如此。最初进入广告行业时，作为一名年轻的文案专员，曾德龙曾为《经济学人》在香港出租车和电车上创作户外平面广告，广告上写着：你是否觉得人们一直在向你打招呼？当时，有一个正在看报的老人抬头看到这则广告后，露出一丝不易察觉的微笑，老人所展露的微笑使曾德龙感到由衷的满足："这和我上台唱歌打动观众的情景一模一样。无论是做广告还是做音乐，两者的目标一致，就是要打动人、影响人、说服人。"

另外，曾德龙毫不掩饰自己对爵士乐的喜爱。在爵士乐中，音乐人在广为流传的标准曲上即兴创作，而艺术就在这样随意自在的音乐表达中产生，他认为这种个性化的创作过程，与广告也是非常相似的。音乐是一种激情，是情感的触发器。回顾历史长河，最伟大的广告作品往往伴随着锦上添花的音乐。曾德龙希望现在的广告创意人能认真对待音乐创作："设计音乐的高潮部分、乐章和节奏，与讲好广告故事有很多相似之处。应该通过双向度的交流让人们感受事物，用对待歌曲的方式来对待广告的呈现。"

在曾德龙的广告之路上，他也受到了许多优秀广告人的影响和鼓舞，其中就包括两位他非常敬佩的广告大师。第一位是百比赫广告公司的创始人、广告界的传奇

约翰·汉格威

作为广告业传奇人物，汉格威是百比赫广告公司创始人之一。他创办的百比赫在1993年成为戛纳广告节的第一届最佳年度代理商，且翌年再次蝉联。他有无数大获成功的广告作品，比如，他为奥迪汽车创作的广告语"科技领导创新"成为英国最著名的广告语之一；他负责了李维斯牛仔裤的著名广告活动"自动投币洗衣店"，同时他为李维斯打造了卡通形象Flat Eric。

人物约翰·汉格威（John Hegarty）。曾德龙在和约翰第一次会面时就相谈甚欢，"和偶像聊天的时候，我发现他所有的广告理念都是非常简单、非常清楚的，就是我们要做不同的东西，这样我们才有力量去打破常规"。如果做的不是与众不同的东西就没必要做，这样简单却有力的理念让曾德龙赞叹不已。由此去看当下的中国广告，由于广告公司与客户缺乏拥有开创性创意的信心，中国的很多广告更多是在"抄"、大多是重复相似的创意。这在曾德龙看来是极为可惜的。

另一位对曾德龙的广告理念产生了很大影响的广告人是大卫·多尔哈（David Droga）。刚入行时，曾德龙在泰国见到了当时正处于事业上升期的大卫·多尔哈。与其他注重核心创意的广告人不同，大卫·多尔哈更注重情感。如果一个广告作品无法在情感的层次上打动观众就不会有效果，对于广告来说，能够让观众为之欢笑、动容的感情是最重要的。"我觉得很多人做广告做得很聪明，可是有时候做得太'聪明'了，却没有情感，只是给出信息却没法打动观众。"大卫·多尔哈说出了许多广告人深有体会却难以言明的体验，这让曾德龙十分佩服他。

大卫·多尔哈

　　大卫·多尔哈是Droga5广告公司的创始人，曾获70多座戛纳金狮奖和15座戛纳钛狮全场大奖，还是最年轻的"圣马可狮子奖"得主。他的代表作有2008年奥巴马总统大选的营销，以及对运动品牌安德玛（Under Armour）的推广营销。2014年，Droga5为安德玛推出的"我要我所想"（I Will What I Want）营销活动帮助品牌提升了28%的销量，使其一跃成为美国排名第二的运动品牌。

从音乐人到广告人，做生活的好奇者

　　从牛津大学毕业后，曾德龙进入了梅林银行从事金融相关的工作，但他对这份工作没有特别大的兴趣。银行的下班时间很晚，沿路有一家酒吧，每次下班后，他就会过去唱爵士乐。某一次深夜聚会上，一个来自中国香港的音乐制作人和曾德龙偶然相遇："他听到我唱歌，就来问我：'你姓曾，是不是祖籍在香港？'"

　　两人成为朋友后，曾德龙发现，这位音乐人是1990年代小有名气的香港作曲家。当他得知曾德龙不想从事金融工作后，便向曾德龙发出了热情邀约："不如你试试回香港，试试音乐行业。"对于一个有无限精力的21岁年轻人来说，这是一个可遇不可求的黄金机会。在梅林银行工作一年后，曾德龙从银行财务职位离职，去了香港。他和音乐制作人一起成立了公司，开始去写歌、"搞音乐"。

　　但是随着千禧年的到来，唱片公司出现了问题。当时互联网走进了人们的视野，人们可以在网上下载免费的音乐，这使得唱片公司面临着巨大的不确定性，很多唱片的发行工作都被搁置，一拖再拖……

当时曾德龙开始帮一些广告业的自由职业者做唱片。在当时的女朋友和客户的鼓励下，曾德龙在半年后解除了音乐合同，向广告公司投递了简历，并很快收到了奥美和李奥贝纳的回复。"李奥贝纳希望我从策划岗位做起，但我对这个职位不感兴趣，就去了奥美。"

在面试的时候，奥美看中了他的商业经历和哲学背景。在客户部工作了两个月后，他跟随部门去澳门拍摄了一支广告片，"我当时是团队内最年轻的小伙子，没有什么经验，就走来走去，看看哪里需要帮忙"。

那支广告片由奥美的两位创意总监跟进，广告片拍摄结束后，两位创意总监和曾德龙去喝了杯酒，在交谈中告诉他："你很适合做创意。"于是，从澳门回来后，曾德龙就在策划部以文案专员的身份开始了自己的广告之旅，他当时的客户是香港迪士尼，曾德龙在团队中主要负责英语文案的写作与翻译工作。这个项目一做就是五年。

回顾往昔，曾德龙感慨自己在兜兜转转中发现了最适合自己的职业。曾德龙的自身经历也影响了他的用人理念：有时候他宁愿聘请非广告专业出身但有丰富生活经验的人，"好多时候，我们最好的创意往往来自广告专业实践之外"。曾德龙用约翰·汉格威的一句口头禅概括了这种生活态度："向外出逃，享受生活。"在他的理念中，一个人要出去欣赏艺术，看电影，做运动，有其他爱好……只有做一个热爱生活的好奇者，才能做一个好的广告人。

广告需要精益求精，作品为王

一进入BBDO上海分部，公司现代化黑色玻璃幕墙上的红色标语映入眼帘：作品、作品、作品（The work, the work, the work.）。

好多人不理解这句话，但在曾德龙看来，这句话的意思其实很简单："作品是第一位的。除了我们的作品以外，什么都不重要。"

BBDO的企业标志

　　BBDO是世界领先的4A广告公司，隶属于宏盟集团，拥有玛氏、奔驰等全球与区域客户，多年领跑于国际和国内最佳创意和实效类奖项，多次被行业媒体授予"年度最佳创意广告代理商"称号，以"作品、作品、作品"为公司的核心宗旨。据《纽约时报》的报道，BBDO的发展历史也是风靡一时的美剧——《广告狂人》（Mad Men）的原型。

　　在广告创作中，人员、客户意见、预算等诸多因素都会影响广告营销的制作过程，在如此错综复杂的因素中，策划者很容易失去前行的方向。此时，"作品第一"的宗旨就派上了用场，公司能够以此为衡量标准，高效地做出最终的决策。

　　在曾德龙职业生涯的前14年，他灵活地穿梭于大型全球广告公司之间：先是在强调创意生成系统的奥美，然后是在创意生产上更具有灵活性的BBDO，除此之外，他也短暂地在盛世长城和百比赫工作过，体验过个性迥异的工作模式。

　　尽管各家广告公司的风格不同，但曾德龙看到了它们的共同之处：以创意为导向，对作品的执着高于一切。每一天、每一个项目都意味着新的挑战。无论是作为导师、总指挥，还是作为合作者，曾德龙都会尽他所能来激励团队，最终服务于作品。

　　他对作品力求精益求精，绝不掉以轻心："有一些我个人相对满意的作品，但我还是觉得不够完美，有些地方可以做得更好。"曾德龙以电视广告片为例，如果客户在收到剧本后给了很多反馈，团队就会以这个标准来决定是否采纳客户的建议："重点是如何让作品变得更好。只要有利于作品，我们就会采纳，反之则不会。"

　　在曾德龙看来，消费者的时间是珍贵的。"站在消费者的角度换位思考，如果一家公司卖广告给你，让你花5分钟看一条视频，你极有可能觉得自己的时间被浪费了。"广告的长短不是问题，但质量与所传递的信息万分重要。广告人应珍惜每一秒的时间，为消费者提供"价值"并创造生动而深刻的体验。这种价值可以是振奋人心的情感体验，可以是全新的生活方式，抑或是独特的观点。若广告能使消费者的生活质量得到提升，这才是最难能可贵的。

抓住中国市场的文化语境，不走循规蹈矩之路

德芙巧克力的"非常愉悦"（oddly pleasurable）项目计划推向国际市场。广告调研显示，虽然巧克力很容易与放松和休闲时间联系在一起，但消费者的工作时间是一个尚未被挖掘的潜力领域。巧克力具有令人愉悦的味道，在世界上许多地方被视为有效的提神剂。

由于中西方文化语境的差异，中国市场的消费者常常会以截然不同的方式来看待巧克力。面临工作压力时，人们往往渴望巧克力以外的其他零食；此外，人们会

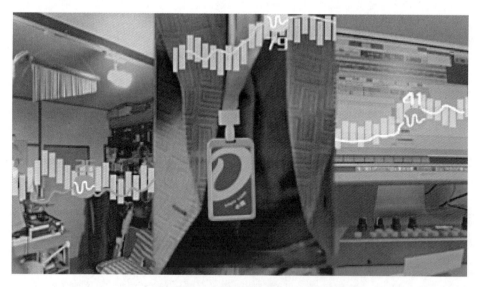

德芙巧克力"非常愉悦"项目的广告策划

在疫情流行与市场份额下降的背景下，德芙开始寻找巧克力消费增长的新机会——瞄准现今工作压力巨大的打工群体，致力于将巧克力能带来的愉悦感与工作休息间隙看抖音的放松感画上等号，BBDO为德芙策划了这次ASMR项目。通过开创性地采用现代消费者生物识别技术和神经科学证明项目效用，该策划的点击率与曝光量超过49亿人次，O2O销售额增长了45%。

处于逃避状态，潜入抖音等短视频平台。因此，BBDO决定将上班族在工作场所中的行为转变为一种体验，让他们在不离开抖音的情况下感受到巧克力的乐趣，这种方法就是自发性知觉经络反应（ASMR）。

ASMR其实早已有之，而这一项目之所以如此特殊，是因为其背后有强有力的科学支撑："我们邀请了美国的脑神经科学教授来做频率测试分析，并邀请了消费者参与测试。这不是我们第一次在中国做ASMR营销，但是我们能自豪地说出，它是百分百有效的！"

另一个曾德龙十分喜欢的策划项目是士力架在2015年依托京东平台策划的众筹项目。那个时候，众筹刚刚在中国互联网上兴起，消费者可以赞助自己感兴趣的产品和项目，推动一个创意的落地与销售。

士力架的"横扫饥饿，做回自己！"是我们这个时代最著名的广告词之一。曾德龙告诉我们，众筹项目来自团队搜集到的中国网民们有趣、疯狂而又荒谬的想法，而部分想法在中国新兴的京东众筹平台上获得了资金支持。"为这些疯狂项目投入资金的人不一定经过了认真思考，而这就可以和饥饿关联起来。所以我们也开始做一些看似很多余的古怪产品：有孔的雨披、没有叶片的风扇……然后在京东金融上实行众筹。"

曾德龙很欣赏这次的营销创意，但比较遗憾的是，客户并没有在更大的范围内去推广这个营销。"它涉及一些平台机制和政府管理的问题，不能够大规模地众筹金钱到其他平台。"但是他依然坚信中国市场的多元可能性。21世纪以来，中国迎来了日新月异的发展。在2016年时，市场还不够成熟，但现在的互联网生态对多元化的创想更有包容性，从线上支付到直播带货，从移动交通到元宇宙，中国是未来全球常态的测试市场。

除了作品的内容，品牌广告片的表现形式也是另一种可以发挥创新性的选项。拥有音乐制作从业经历的曾德龙想借助唱作俱佳的歌手邓紫棋成为德芙女孩的东风，做一点不一样的尝试。

曾德龙不想说普通的故事，他开始思考如何用特别的方式，将德芙巧克力希望带给消费者的愉悦感从品牌广告片中表现出来。

恰逢当时有与亚洲炙手可热的男星、《来自星星的你》的男主角金秀贤合作的

BBDO为士力架策划的营销创意

　　活动以"士力架让你免受饥饿带来的疯狂"为核心主题，用极具创意的方式提醒理性众筹的重要性。BBDO以两个看似特殊实则无用的疯狂发明进行众筹，倘若用户选择加入就跳出士力架巧克力填补"饥饿"的广告语。项目最终在两周内转化了3万盒士力架巧克力的销售量，同时"阻止"了价值36万元人民币的疯狂众筹，该营销创意还获得了中国金铅笔奖金奖。

《德芙女孩：心的节奏》TVC 音乐剧

在经典爵士乐的基础上，将一首简单的西方歌曲变成一场成熟的歌舞剧表演，通过一种全新的形式，让观众感受到巧克力的丝滑，该短片的观看量超过 1.4 亿人次，达到 37% 的高完播率。"听说，下雨天，巧克力和音乐更配哦！"的广告语甚至成为 2014 年一整年的互联网热梗。

机会，创作团队快速敲定合作，决定以一对男女在雨天相遇的轻快故事展现德芙巧克力带来的愉悦感与丝滑感。

音乐剧模式的演出加上融合剧情对白的中文歌曲，保证了音乐剧短片的观赏性，曾德龙和创作团队找到英国导演拍摄此片，开创了音乐剧TVC广告先河。

讲故事的万能公式：有张有弛

优秀的故事千千万，找到属于自己的公式才能被人记住。"故事不只是当前有些事情，然后结尾，故事不是这么简单。"讲故事被曾德龙看作人类社会得以发展的核心动力。在广告创作中，讲故事也是重要基础。

在讲述过往优秀作品创作的过程时，曾德龙反复提及故事叙述的重要性。为什么故事的创作框架与逻辑如此重要？因为故事是重要信息的传递方式，快速让观众理解并且记得故事内容以及重要信息，才能称作好的故事框架。

其实这种框架有既定的公式，就是必须拥有冲突与刺激感，起承转合以后，结局的释放感才能被观众牢牢记住。

曾德龙反复强调故事需要有奖励，像音乐创作时的高低变调，所谓"奖励"可以被看作是一种基调的变化，一开始用舒服的节奏引导进入状态，再到后来遇到困难寻求解决方式，从平缓进入疑惑，从悬疑进入困局，最后从高潮到结尾——紧张与放松的交替才能创造记忆点。

作为一个狂热的音乐爱好者，曾德龙用音乐来类比，"好的音乐应当有起承转合，不应该只有一个旋律"，他认为好的故事也是如此。"好的故事要有紧张感，如果没有紧凑的桥段，那这个故事就是平的。如果这个故事是平的，你就不会记得。"故事的结构大多是大同小异的，差异点便在于表达方式。而最能冲破重围、创造独特记忆点的表达方式就是"给受众以奖励"。

什么叫"给奖励"？曾德龙说，给奖励就是在广告中营造陌生感，并设置张弛感。广告创作者应当在常规的故事中设置矛盾点，将受众从熟悉的场景里抽离，将其带入陌生的情景，设置诸如主角遇到困难、遭遇挫折、产生误会等"不好的事情"，再随着故事推进慢慢将这些矛盾解开。如此一波三折、起承转合，通过广告调动观众的情绪，避免单调乏味。

曾德龙为益达创作的"酸甜苦辣"系列就是一个各处转折恰到好处、有效引起消费者兴趣并调动消费者情绪的好故事。作为中国最成功的微电影广告之一，故事通过甜、酸、辣、苦四个关键字，设置年轻男女恋爱、失恋、分手、三角恋等桥段，将爱情的全过程展现得一览无余：用甜甜的相遇展开叙事，然后用爱情中产生嫉妒的酸涩，将观众带入情绪，再以争吵中的辛辣和无奈分开的苦涩表现出故事的核心冲突，最后衬托出重逢后拥有美好结局的喜悦。益达口香糖贯穿始终，跟随观众的情绪起伏变换口味，投射出爱情中特殊的滋味，悄然成为传递情感的触媒。

在"酸甜苦辣"系列发布之前，"吃完喝完，嚼益达"一直都是益达的经典广告语，简单的词语有力地告诉消费者益达口香糖拥有快速去除口腔异味的主打功能，同时关联到日常生活中的饮食习惯，在全球范围内以17种语言广泛传播。

益达口香糖《酸甜苦辣》微电影

考虑到中国人对"吃"非常讲究，对味道更是情有独钟，BBDO跳脱出了口香糖广告强调产品功效的常规框架，选择用味道呈现生活的起起落落——甜、酸、辣和苦。截至2012年年底，该微电影已获得超20亿人次的观看量，在2016年的一项独立民意调查中获选中国人最喜爱的营销活动。该项目在斩获2012年亚洲实效营销节（AMES）金奖后，因其持续成功在2014年再次获得金奖，称得上是曾德龙在中国最著名的广告作品。

　　然而，在欧美国家得到广泛传播的广告语在中国却行不通。在2008年之前，益达口香糖广告专注于强调产品与口腔卫生、牙齿护理的关联，但无法取得大众共鸣，始终无法打开口香糖的中国消费市场。

　　"归根结底，这是因为中国消费者的饮食习惯与文化背景和欧美消费者不同。"以"味道"为核心穿针引线，他联想到了中国人常提到的酸甜苦辣，用味道结合生活琐事的种种滋味，带出能够吸引注意力的叙事线，由此，中国最成功的微电影广告"益达口香糖——人生的酸甜苦辣"系列诞生了。"不管酸甜苦辣，总有益达"代替了"吃完喝完，嚼益达"，成为被人熟知的广告语。

　　"故事叙述是最基本的事情，好的故事自然会有人追着看。"以男主角在沙漠中的加油站与故事女主角相遇的安排展开故事，观众开始好奇为什么故事会在沙漠中发生、加油站为何独自矗立于沙漠中，于是用与众不同的开场吸引注意力的目的就达成了一半。"我们用第一部作为测试，看故事没有结尾可不可行，结果非常成功。"

《酸甜苦辣》TVC 剧照

　　《酸甜苦辣》项目是移动社区网络和移动视频共享互动形式的开创者，首部《酸甜苦辣》微电影广告投放之后，益达官方微博随即发起了结局大猜想的投票活动，先后共有13 300余人参与活动，有70%的消费者希望知道接下来两人的爱情故事走向何方。该短片斩获了2010年创意功夫广告奖、梅花传播奖最佳明星电视广告金奖以及2012年亚洲实效营销金奖、艾菲实效营销奖、微电影金瞳奖等诸多奖项。

用爱情中的酸甜感受、争吵后的苦辣结局讲述故事，益达口香糖在此过程中始终扮演陪伴者的角色，每经历一次人生中味道的转变就嚼一颗口香糖，巧妙地将品牌理念融合于故事中，这正是这部电视片广告的成功之处。

《酸甜苦辣2》TVC 剧照

益达口香糖《酸甜苦辣2》微电影：在首部《酸甜苦辣》取得巨大成功之后，故事结局备受瞩目，然而创作团队对于续集实际上是毫无准备的，因此他们在新的一集中加入了新角色。故事中主角与前任重逢，重新唤醒了每个人都曾经历的甜、酸、苦和辣，而一切结束之后，总有益达相伴。

广告需要有差异性，驱动社会长远发展

如何寻找一个广告的灵感？"书籍、电影、艺术或戏剧都是些老生常谈，我相信唯有观察是灵感的真谛。"广告人应该在好奇心的指引下，不断投入全新的事物中，去理解世界，去理解其他人会如何看待这个世界。"我有点沉迷于生活，我会花几个月的时间对一件事着迷，然后再去做下一件事。我为自己定了一条规则：尽可能多地学习，以便能够与该领域的专家进行半小时有意义的对话。够了，那就继续前进。"

曾德龙认为"差异性"和"影响力"是衡量创意和广告好坏的重要标准。首先，一个好的创意应当与众不同。判断一个创意好坏时，曾德龙会问："这个创意与其他创意有多不同？这个创意有多新？"好的创意绝不能与已有的创意差不多，即使这个创意只在其他行业被运用过。如果一个创意与其他创意同质，传递给受众时，它的突破力和冲击力势必会被大大削弱。

其次，一个好的创意应该给观众带来动力。对曾德龙来说，如果一则广告让观众"看完就算了"，那这则广告是失败的，既浪费了客户的钱，又浪费了消费者的宝贵时间。在设计和制作广告时，广告创作者应回答这样一个问题："广告能够引导消费者去做什么？"广告应当和消费者进行情感层面的连接，唤起共鸣，引导消费者采取广告创作者为他们预设的行动。

最后，"就算有一些好的创意，你也要放弃一些"。想出创意只是第一步，如何使其有效地触达消费者，才是最终目标。创意不仅要想，更要实现。曾德龙说，一个创意就算再好，最后无法形成策略、无法落地执行、无法被受众看见，那创意再好也没用。广告生产者需要消弭理想和现实之间的距离，需要持续修改和完善创意设想，架起连接理想和现实的桥梁，最终形成可以落地的策略，让创意能被受众看见。

目前，中国广告缺少令人惊喜的创意。曾德龙认为这不仅是广告生产者的问题，这反映的恰恰是中国广告生态的结构性问题。

在很多中国公司中，首席市场官（CMO）不会任职超过两年，因此很少有公司能够长期、持续、统一地去培养一个品牌。同时，大多数公司只在乎近期的、即时的结果，这使得他们更青睐已存在的、高回报的、立刻见效的广告策略，如请代

言人、明星带货。为了追求回报率，他们会请流量大的明星和意见领袖，这就造成了广告形式和广告内容的同质化。就这样，广告创作者创意的空间也正在不断地被压缩。

广告公司的客户们急切希望增加销量、提高流量。"不要浪费钱去做30秒或者一分钟的广告，而要用大部分的钱去做15秒的广告"，曾德龙说这是如今媒体平台对广告公司最常见的要求。然而短短15秒，广告真的能向观众完整传达广告诉求吗？

这样的大环境已成定局，但曾德龙认为广告生产者不能就此放弃、一味迎合。一方面，广告生产者应当坚持自己的创意，即使碰壁也要不断向客户展示新颖且富有创造性的广告提案，努力让客户做出更大胆的尝试。另一方面，广告营销远比一场活动更重要。快闪活动的核心在于短期的成效，而曾德龙认为"远视"才是如今中国广告业所急需的。曾德龙感慨道："现在客户请我们广告公司，就像到菜市场去买菜，挑更便宜、更新鲜的。广告公司和客户不是拍档，现在是客户说什么，广告公司就做什么。"广告公司真正应该做的，是和客户成为真正的拍档，持续沟通、持续交流，在长期合作中建立广告公司和客户之间的共鸣。

头脑风暴未必能掀起创意风暴，团队合作更为重要

在拆解工作简报和寻找灵感时，头脑风暴几乎是广告人不可或缺的创意生产方式。然而曾德龙认为头脑风暴未必像它听起来那样有效。众多成员围坐在圆桌之前闷头讨论，远不如各自出门找寻创意再复盘分享更有效。

曾德龙说："头脑风暴不重要，重要的是团队合作。"想创意最有效的方式应当是"分头行动找创意"和"持续挑战各创意"。每个人的创意来源和思考路径都有差别，团队的意义就在于发挥团队的多样性优势，在不同思想的碰撞中得到更多、更新、更独特的创意。"分头行动找创意"能避免创意在集体头脑风暴中被同质化，能增加有效创意的数量。

"持续挑战各创意"是指在提出创意后，小组其他成员应当不断挑战这一创意，使其不断趋于完善——是否有逻辑不自洽之处？是否有哪里让人难以理解？这个创

意落地性如何？曾德龙将这样不断挑战的过程形容为"打网球"，在这样一来一回的问答过程中，不断找寻原创意的漏洞，并试图找到最好的优化方案。

"广告业中很少会有一个人非常突出的情况，作为一家广告公司，更需要的是成员们组成一个很好的团队。"2022年，BBDO与腾讯视频合作了一档聚焦职场人的职场观察类真人秀节目《跃上高阶职场》，曾德龙与片中的四位嘉宾老师就曾在BBDO广州分公司中组成了合作默契的团队。"那个时候他们去拍综艺，一定要有一个人留在这里工作，所以我就在这里工作，他们去拍了两个月综艺。"曾德龙笑着打趣道。

《跃上高阶职场》剧照

《跃上高阶职场》是一档在腾讯视频播出的职场观察类真人秀，节目第一季与曾德龙所在的BBDO广告公司进行合作，来自BBDO的优秀广告人游宁、梁伟丰、马吐兰、陈新作为带教导师参与了录制。节目中，12位广告人需要在一个月的职场挑战中获得精锐广告团队的肯定，节目播出后获得网友的广泛关注与好评。

注意力消费时代，广告更需要主动抓住机会

随着可持续发展成为社会共同讨论的议程，企业社会责任在企业自身的品牌传播中越来越重要。在创造利润和遵守法律之外，一个能令消费者信赖的、具有社会责任感的企业或品牌也需要承担起对消费者、环境和社会的责任，曾德龙对此深以为然。比起用"要负责任"这种过于正式的说法去描述广告人的使命，曾德龙认为这些事更像是"广告人所拥有的机会"。他坚信，"既然广告能触达如此多的观众"，广告生产者应该利用这个机会，利用广告的影响力，"去做一些好的事情"。

广告能给观众传达从别处听不到的"另一种声音"，能给观众传达书中学不到的"另一种建议"，能给观众传达平日生活中不常见到的"另一种视角"，这就是广告的机会，而且曾德龙认为"这是一个非常大的机会"。

具体来说，我们应该怎么去发挥好广告人的影响力？其实不仅甲方客户能做回馈社会、发挥责任的行动，广告人的手中也握着能够改变一些观众对世界的看法的权利，如广告能向受众传达反对歧视与区别对待、善待老龄人群、帮助山区贫困儿童等理念。广告能为人们提供看问题的不同视角，广告人能为被当下环境所限的人们提供跳脱出去的另一种声音，让人们了解到看世界的多元方式。

"生活不只是如此，生活还可以是别的样子"——传达积极理念是广告人被期望履行的责任，更是他们能抓住的发声机会。正如曾德龙所说："既然我们做广告的能有一个机会去影响别人，为什么不借此机会多做一些好事？"在他看来，在商业价值之外，这也是广告对个人、对社会、对世界的重要意义。

回望自己深耕广告行业的近20年，曾德龙不禁感叹行业转变之大，而在这其中又以媒体的巨变最为瞩目。媒体正在改变广告内容的模式，过去还有很多人会看电视，但如今看电视的人越来越少，更多的是在手机上刷刷短视频。

媒介形态发生变迁，消费模式随之变化，广告的投放也遇到了更激烈的竞争。曾德龙曾经跟自己的客户说，今天巧克力品牌面对的对手不再是好时（Hershey）或雀巢（Nestle），对手其实是抖音上的所有信息流。面对浩如烟海的视频信息，为什么消费者要停下来选择观看你的视频？重要的是让消费者产生期待，不觉得自己的时间被浪费。在注意力消费时代，广告需要变得更主动，不能再一味等着被消

费者看到，而是要主动地把他们的注意力抢过来。

广告价值始终存在，做出差异化个性是关键

尽管曾德龙认同广告人的生存环境确实变得比从前艰难，但他却依旧相信"广告总还是会有它的角色"。我们现在看到的很多广告并没有明确突出品牌的个性，这是它们无法产生区分度的原因。正如同世界上并不存在两个个性完全相同的人，曾德龙相信广告创意也不会走向枯竭，"品牌和人一样，如果一个人没有性格，你不会记得他，广告有一个很特别的性格才会让大家快速地记起来"。品牌需要通过广告为自己设定一个与众不同的个性，做出差异化个性是让他人记住自己的关键。

同时，曾德龙也表现出他对不健康的广告生态的担忧。广告始终有它的价值，但是现在的客户会把多少钱放在构思广告的核心创意上呢？广告的价值被低估了，原本花在做广告上的钱现在会被用于新媒体的投放、邀请有影响力的名人来代言。然而当品牌以"名气"为衡量指标来邀请名人代言，同样的面孔出现在各式各样不同的品牌中，"名人"对品牌的作用又与挂名何异？

曾德龙直言，许多品牌在邀请代言人时并没有在名人与品牌自身之间找到关联性，只是单纯想要借助明星的名气，这并不是一种有利于行业发展的健康生态。品牌在邀请名人时基本上有两种心态：一是提升品牌的价值，二是将品牌的价值货币化。不幸的是，大多数商业项目与大品牌会直接默认进入第二种思维模式，将明星牢牢地放在第一位。

如何实现名人与品牌的共同增值呢？答案是重新构建名人参与广告策划的目标："对于常规的商业广告片来说，明星和他们的经纪人通常会按照品牌货币化的思维模式尽量减少拍摄时间，但当涉及故事片或电视节目时，这种情形就颠倒了。"明星会试图说服导演和制片人尽可能地优化内容，从而增加他们的曝光率，共同提升自己与品牌的价值。

除广告费用外，与品牌合作的名人和业内人士通常更关心扩大活动边界和提升曝光率的机会，比如增加自己的粉丝受众，或者与他们欣赏的导演合作，尝试一种

不同的舞台与风格。曾德龙以BBDO为玛氏的德芙巧克力策划的《愉悦至上》微电影广告片为例，团队邀请了女演员周冬雨来主演戏剧短片。值得一提的是，短片全部由女性工作人员制作，并邀请了一名广受好评的独立电影导演。在找到切入角度后，策划不仅有了目的，还有了公关价值，这增加了名人在项目中的主人翁意识和参与感。"她拍摄的部分原因是因为她在乎，不仅仅是因为她得到了报酬。最后，我们得到了周冬雨的全力配合，甚至还拍了加场，对于这样一个炙手可热的名人来说，这几乎是闻所未闻的。"

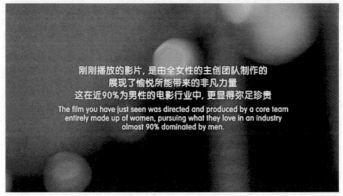

《愉悦至上》微电影剧照

　　疫情来袭，人们比任何时候都更需要快乐。但是，德芙没有试图定义什么是快乐，而是告诉消费者，无论世界变得多么黯淡，德芙都是所有人与众不同的快乐的守护者。本作品由全女性的主创剧组制作，作品播出后，3天内浏览量超过1亿人次，获得超过43 000条评论，微博热搜排名第一，获得16 000次的抖音话题参与。

中国广告需要"小而美"，讲飞越文化鸿沟的好故事

在全球互通程度与日俱增的时代中，广告也在逐渐走向全球化。面对从国内本地化到广告全球化的转型，广告业和广告人应该如何应对全新的挑战？曾德龙认为，在这种环境下，讲一个好的故事很重要，好的故事具有跨越国界和文化差异的穿透人心的魅力。韩国电影《寄生虫》获得了第92届奥斯卡金像奖最佳影片，成为奥斯卡史上首部非英语最佳影片。曾德龙认为，这是一个信号，说明语言其实并不是问题，制作出具有跨文化影响力的作品的重点是说出一个故事，说故事的方法可以打动人。在他眼里，《我不是药神》就是一个很好的故事。

好电影为什么越来越少了？归根到底还是商业的因素在影响着作品的诞生。相较于过去"为了讲故事而讲故事"的纯粹，现在电影故事进入一种工作室模式的杂糅生产，生意人为了迎合各类喜好和趋势往里面增减元素。现在中国当然还是有很多好电影，但他们开始走向小众，不再面对普通大众生产，这是曾德龙觉得颇为可惜的一点。

"为何中国的广告创意在类似戛纳这样的国际广告赛事中难以得奖？"曾德龙认为，中国广告面对的问题其实和电影行业类似。

2022年，曾德龙代表BBDO中国担任戛纳国际创意节直销狮（Direct Lions）奖项的初审评委，在此之前，他也有丰富的担任国际广告赛事评委的经历。他从评委的视角分析了中国参赛广告作品的痛点："他们在包装大创意的时候太贪心了，好像要拿出所有的东西给评审看，但其实不是这样简单的。"

曾德龙还补充说明了衡量广告质量的标准。作为评委，他认为好的创意需要具备三大要素：一个清晰的工作简报、一些令人惊讶的亮点、一个能打动人的包装。

好的创意能让旁观者马上看到客户的诉求是什么。好的工作简报可以清晰展现广告的目标和诉求，能让评委快速对广告执行效果形成直观感受。此外，他希望创意能跳出常规表达方式，能更大胆、更跳脱、更幽默，能让他拍案叫绝："哇！这是我一直想做却不敢尝试的！"

除了以上两点，曾德龙认为创意的包装也很重要。为了更好地传达创意，创作者应当使用最能唤起共鸣的表达方式，讲述最能打动人的故事。

《寄生虫》电影海报

《寄生虫》是由奉俊昊执导、宋康昊等主演的剧情片，于2019年5月30日在韩国上映。该片讲述了一家四口成天游手好闲，直到长子金基宇靠着伪造的文凭来到富豪朴社长的家里应征家教，两个天差地别的家庭因此被卷入一连串的意外事件之中的故事。2019年，该片获得第72届戛纳电影节金棕榈奖最佳影片。2020年，该片获得第92届奥斯卡金像奖最佳影片。

《我不是药神》电影海报

《我不是药神》是由文牧野执导、徐峥等主演的剧情片，于2018年7月5日在中国上映，由真实事件改编。该片讲述了神油店老板程勇从一个缴不起房租的男性保健品商贩，一跃成为印度仿制药"格列宁"独家代理商的故事。该片以草根群像式的现实刻画，生动展开小人物坚韧的生命故事，被《南方周末》评价为"一部用诚意来打破所谓制度壁垒并靠规矩的拍摄手法来赢得观众的作品"。

对评审而言，每位评审一天要看400多份作品，几天就是几千份，在如此巨大的工作量之下，如果一份作品在10~15秒内不能让评审看懂，他们会马上快进到下一份作品。曾德龙认为，中国广告行业最大的问题是没有弄清什么是会抓住评审眼球的。过往的中国广告总是想要追求"宏大"、强调"不同"，但是何不换个思路，讲一些打动人的小故事呢？"聚焦小事、简单易懂"，这是曾德龙对未来中国广告业加入不同元素的期待。

人是广告之本，审美品位是人的灵魂

面对AI可能对广告行业产生的冲击，曾德龙显得非常乐观。他认为AI确实是非常好的工具，可以让我们得到更多时间、拥有更快的工作节奏。特别是在视觉呈现方面，AI可以大大加快我们的速度。但是，AI替代不了人的创意视角和核心想法，广告工作仍然需要具体的、有喜怒哀乐的人去拆解、规划和分析客户的工作简报。

曾德龙鼓励新入行的广告人无需紧张："你需要知道人的价值在哪里，你的价值在于你的眼光和品位。"因此，学广告绝对不只是学习"广告"方面的知识。曾德龙认为，只有去经历、去尝试、去感受，才能在不同的切身体验中积累审美、提高品位。

创意热店会不会成为未来广告行业的主导模式？曾德龙在这个问题上犯了难。其实很早之前香港的广告界就出现过"好的广告人从大公司出走，跳出公司框架限

制独立创办小公司"的现象，但是问题在于这些公司少有能长期维持下去的。创意热店普遍存在的症结在于创作依靠个体灵感，个人的创意很难以技巧的方式传授给他人，因此客户即使交予委托，其实也更多是为了买个人的创意。广告公司的英文是advertising agency——恰如其名，广告公司本质上是人才的代理处，人是最根本的生产力。因此，当个体人才流失，这样的小型公司就面临着名存实亡的窘境，大多会选择将创意热店卖给更高层级的大公司，最终再次成为4A公司的一部分。

相较于4A公司，创意热店的报价往往更便宜；而相较于创意热店，4A公司则具有更专业的法律资源和更丰富的客户基础。二者各有所长，曾德龙认为，未来4A广告公司与创意热店仍然会同时存在并发展。

致未来广告人：珍惜你的时间

访谈的最后，我们问曾德龙老师："对于现在正在广告领域学习，或是未来即将进入这个行业的学生，您有没有什么建议？在未来的广告行业竞争中，什么将成为脱颖而出的核心竞争力？"他谈了以下几点心得。

首先，要有热情，要真心爱上充满活力与创造力的广告行业，成为怀揣满腔热情、踏实肯干的人才，如果你不怀着满腔热情去做，不仅自己痛苦，其实也是在浪费客户的时间。

其次，要有自己的与众不同的特长，把自己不一样的能力带进广告行业。不管是喜欢编程，还是喜欢写诗、擅长插画，其实都可以成为你在进入广告行业时的个性化标签。曾德龙认为，每个个体也都是一个品牌，每个个体也都有自身的不同，我们要去寻找属于自己的超能力。

什么样的技能可以成为广告人的"撒手锏"呢？一般是他人做不了或是做得不如你好，它更像是我们的"一道斜杠"，即使暂时蛰伏着不被展现，我们也知道拥有的这个超能力会在某一天、某个场景里成为我们敢于去尝试不同事情的勇气。

最后，要有坚韧的耐力与不屈不挠的毅力，曾德龙戏称这一点为"要脸皮够厚"。广告行业真正困难、真正考验人的是概念诞生后到落地执行的这个过程，很多人都可以给出一个不错的创意，但是能坚持把想法付诸实践才是更重要的。

路漫漫其修远兮，在求索之路上，许多年轻有为的广告创意者刚刚踏上征程。在广告行业面临着"谁杀死了广告人"的诘问时，曾德龙希望所有广告人意识到他们的未来仍可期：仍有机遇在前方等待，不要高估智力的价值，也不要低估努力的价值。访谈最后，曾德龙先生赠予了未来的广告人他最想说的一句话："珍惜你的时间。"这是所有建议的前提，也是最真诚的祝福。

（采访者：田修齐、叶小忆、尹悦、陈子盈、王海滋）

Chapter 8

永不熄灭的热情之火，为梦想努力的创意人

——达彼思中国（Bates China）首席创意官、总经理路童

2005年，路童Tong Lu（Kent）辞去了建筑师助理的工作，以实习生的身份在智威汤逊上海（JWT）开启了广告生涯，至今已有19年时间。从智威汤逊上海（JWT）实习结束后，路童进入了上海腾迈广告有限公司（TBWA）。在TBWA的时候，路童负责麦当劳的业务并开始在广告界崭露头角，其间屡获业界大奖。之后，他回到智威汤逊团队，负责汇丰银行和戴比尔斯等客户。接着，他转战李奥贝纳、盛世长城和麦肯光明，先后负责可口可乐、宝洁和凯迪拉克等客户。在多年的创意生涯中，路童与团队分别凭借不同的广告作品

斩获了国内外多项广告大奖，其中包括IAI国际广告奖、中国4A创意金印奖、中国金瞳奖和中国广告营销大奖（CAMA）等。

在访谈中，我们明显感觉到这位在广告界屡获奖项、如今升迁为达彼思中国首席创意官兼总经理的广告天才，在生活中是极为亲切的人。与路童在咖啡厅见面时，他穿着朴素的灰色卫衣，留着一头浓密且略长的黑发，一见面便非常自然地和我们闲谈起来。他的嗓音低沉且富有磁性，让人充满信任感，他用幽默的语气生动地讲述自己的故事，营造出轻松愉快的交流氛围。在咖啡厅寒暄片刻后，我们便移步至路童的办公室展开正式采访。在办公室访谈的过程中，路童毫无保留地与我们交流他对于创意以及广告行业的看法，并将自己多年的广告从业经历娓娓道来。

创意的萌芽，梦想的开始

在被问及当初为何加入广告公司时，路童诚恳地表示，一开始他对于广告业的想法其实很简单，就只是想把广告这件事情做好。回忆起上海广告业的繁荣年代时，路童的语气中带着憧憬："当时上海长乐路，一直到淮海路那一条街，走几步路就是一家很好的国际广告公司。那个时候，我还没有入行，每天在街上走的时候，我就在想，如果有一天我可以在这里工作该多好。"

为了申请智威汤逊，路童花了不少心思。当时申请的时候，他把自己的作品做成了一本书，然后把这本书寄到了智威汤逊的上海总部，但过了好几个月都没有回复，于是他就继续寄，直到收到回复为止。

在那个广告业的繁华年代，广告人找工作的方式都带着自己的"小心思"。路童回忆起当时前台收到过的一些奇奇怪怪的简历，比如，他以前在广告公司收到过一个盒子，打开盒子后飞出去一个光盘，竟然是一份简历；甚至还有人寄一块砖头到广告公司，表示抛砖引玉。路童认为，那个时候大家的思考非常多元化，会想出各种证明自己的方法。

投了几次简历后，路童顺利进入面试，当时面试他的是业界知名的Andy Chan，路童至今还记得Andy Chan当时对他说的话："我确实挺喜欢你的东西，但是我们现在不需要招募更多的员工，你愿不愿意过来做实习生？"路童当时毫不犹豫地答应了。随后，Andy Chan给路童安排了一个实习的期限："那我给你两个星期的时间，如果你可以的话，我延长到3个月，然后可以的话，我再延长到6个月。"

之后，路童很快辞去了原来在建筑行业的高薪工作，在智威汤逊开启了自己的职业生涯。也许很多人不太能理解路童为什么要放弃一个月薪上万元的工作，反而去做一个月薪只有几百元的广告实习生。但无论旁人如何看待他的举动，路童表示自己从未后悔过，广告是他的兴趣，是他梦想的职业，当广告业的大门向他开启时，他觉得钱已经不太重要。

一切的成功，源于勤奋的开始

在最开始做广告的时候，路童感觉非常辛苦，回想起刚入行的时候，他感叹自己什么都不懂。在第一份工作中，他连分镜脚本（指电影、动画、电视剧、广告、MTV等视频拍摄的分镜画面）怎么画都不知道。一切都是一点点慢慢学习。

2005年到2006年，是压力非常大的一年，当时团队在每天晚上10点钟做总结，每个人要给出50个想法，如果所有想法都不过关，那就先下班，第二天早上11点再开会，每个人继续给出50个创意。这样的高强度工作也帮助路童不断提升自己的能力。为了想出一个好的创意，即便是在下班回家的公交车上，路童依然在不断地思考，不断地记录自己的想法。回到家后，他就坐在沙发上冥思苦想，甚至睡觉的时候身边也会放一个本子，想到什么就立马记录下来。虽然在智威汤逊过得非常辛苦，但是路童非常感谢这段经历让他的能力获得了飞跃性的提升。

在路童看来，这个行业之所以能永远有亮点，是因为只要不断地鞭策自己，就一定会有更新、更好的想法出现。所以年轻的时候要多鞭策自己，只有不断提高对自我的要求，不断地训练自己的能力，才有可能获得更优秀的能力。

追求顶尖品质，了解品牌需求

回忆起自己的广告生涯，路童表示开启他广告生涯大门的钥匙——智威汤逊让他受益良多。路童说："在智威汤逊学到的东西和我在学校里面学到的东西不一样，它让我重新去了解广告是什么样的。"智威汤逊在全球80多个国家和地区设有分支机构，在广告、品牌策略、数字营销、公关和媒体等领域提供广泛的服务。在路童看来，智威汤逊是一家以创意为本的公司，每个人都在想怎样让自己的创意变得更好。这让他在进入这个行业之初，就养成了追求顶尖品质的工作习惯。从那以后，工作中的路童总是反复地问自己：这个是最好的了吗？

在广告行业奋斗多年，路童也总结出了和品牌方对接的要义——了解品牌方真正的需求和目标，他认为广告人作为乙方，需要非常清楚地了解品牌方现阶段想要达到的目的是什么。广告人需要找到最大程度帮助品牌方达到目标的方法。只有清楚了解这些因素，才能制定出最适合品牌方的推广策略。

在媒体环境日益嘈杂的今天，社交媒体上存在大量的热点话题和争议事件，每个人都可以在网络上发表自己的观点，有许多自媒体账号通过点击量和曝光率来获取收益。在信息碎片化、舆论浮躁化的时代，品牌推广方案需要具备独特性，以吸引并留住目标受众的注意力，让品牌在众多信息中脱颖而出。与此同时，他也强调，任何创意和策略都必须围绕品牌的核心理念和目标展开，不能只是为了制造轰动而脱离品牌本身的特点。他直言，有的年轻人"只满足自己idea中的好玩和新奇的感觉，而忽略了解决客户需求的重要性"，而只有把握住了品牌方的核心需求，才能让品牌推广方案真正地发挥作用，达到预期的效果。

作为拥有丰富经验的广告人，路童认为要想服务不同的品牌，主要还是围绕"学习"两个字。他以自身的经历为例，在为凯迪拉克做广告之前，他对汽车广告的了解不深，也不知该如何去制作，可是就在一个机缘巧合之下，麦肯（McCann）向他抛出了橄榄枝。随着不断深入地学习，路童为凯迪拉克服务了长达五年时间，创作出多个令人记忆犹新的广告作品。路童总结道，每当负责不同品类的广告时，学习都是一个必经的过程。而解决用户的痛点或者需求的核心则在于如何通过学习到的知识去挖掘适合的创意方案。路童很享受这个过程。他认为自己是一个充满好奇心的人，面对不同的品牌和未知的领域，他非常乐意去探索为品牌创作出杰出广告作品的方法。

Tracy-Locke广告公司前董事长Morris Hite曾说："广告是商业的生命线。没有广告，商品就无法被消费者知晓。"路童认为，广告行业最大的魅力之一在于它提供了一个让从业者展示自己才华的平台，广告人通过自己的风格解决客户的问题。广告行业的商业价值也让他爱上这个行业：通过自己的知识和才华，广告人可以塑造客户的品牌形象，让客户的产品得到更多的曝光和认可，最终实现销售目标。

策略决定方向，坦然面对竞争

路童提到，曾经有个前辈跟他说："策略是没有好坏的，策略只有对与错；创意没有对错之分，创意只有好与坏。"因为创意怎么做都可以，只有好与不好的问题；但是策略一旦有问题，创意再怎么做都是错的。策略和创意在战略层面和战术层面的不同，也决定了它们在实际执行过程中的重要性和作用。

路童在团队中通常会负责判断和做决策。他解释说，这是因为在团队的早期阶段，他需要对所有事情有一个整体的了解，从而能够从战略层面做出决策。他通常会先与其他团队成员讨论并制定一个战略方向，然后再着手考虑具体的创意方案。路童会与创意团队密切合作，讨论如何最好地实现战略目标并生成创意。他指出，虽然自己不可能亲自执行所有的任务，但通过参与团队的讨论和做决策的过程，他便可确保所有人都在朝着共同的目标努力。

要成为一个优秀的创意人，前端的策略思考能力是必不可少的专业素质。路童进一步解释说，一种全局性的思维，不是只专注于自己的专业领域。他指出，过去的许多人都只关注自己的领域，不愿去拓展自己对于其他方面的关注，比如，有些人只欣赏美术，不愿意读文案；有些人则只写文案，不管美术。这样会有很强的局限性。所以即使术业有专攻，作为团队的一分子，每个人都必须全面地、整体地看待自己所负责或者参与的项目。在路童的团队中，他会训练负责文案的人去看画面，训练负责美术的人去写脚本，因为他们"做的是同样的事情"。随后他举例说明："负责美术的如果不理解文案想表达的东西，他们该怎么完成任务？"

当被询问是否会害怕被其他人比下去的时候，路童表示不会，并说："说实话，我从来就没怕过。"面对这个话题，路童显得沉稳而自信。在广告行业残酷的竞争中，路童的态度显得格外的坦然："我会拿出我所有的能力。"他认为，只要认真对待，即使输了也无所谓。

从产品和品牌出发，用音乐描绘形象

在回顾为凯迪拉克服务的五年时间时，路童表示他最喜欢的作品当属2017年发布的"创乐之城"。创乐之城是路童为凯迪拉克XT5所做的广告，当时他了解到凯迪拉克XT5车型与其他车型最大的不同就在于：普通的车一般只有5个档位，而XT5则有7个档位，因此操作起来会比较顺滑。路童从这个差异点联想到"节奏"，他认为XT5车型有一个属于自己的节奏，因此他将XT5车型与音乐联系在一起。除此以外，路童认为，凯迪拉克这个品牌作为一个美国文化的象征，在多个艺术形式中都能发现它的影子，特别是在流行音乐文化中多次被不同年代的人们所传唱。结合这两个因素，路童便决定凯迪拉克XT5的广告将以音乐为主题来创造。

回忆这个作品的创作经历，他提到俄国作家陀思妥耶夫斯基。这位作家有一名助理，负责记下作家说的话并帮他把想法整理成书，他们一起经历了很多事，最后成为情侣。路童以此为灵感，在这则广告中，以一位在纽约追梦但多次受挫的音乐家以及他的助手为主角。音乐家的助手一直支持他的梦想，但当他又一次失败时，音乐家将负面情绪带到了他们的恋爱关系中，导致两人分手。于是，他的助手驾驶凯迪拉克XT5离开了音乐家，而当她漫无目的地在曼哈顿漫步时，她突然获得了一个灵感。她注意到城市中隐藏着许多不同的节奏，比如街头篮球的声音、教堂钟声和冰球场倒计时的声音。她希望通过这些声音来完成作品，于是便带上录音设备，驾着XT5把去过的地方的声音都记录下来并寄回给音乐家。音乐家收到录音后深受启发，在此基础上创作了一首歌并取得了成功。这样的音乐视频不仅突出了凯迪拉克XT5的卓越性能，也将其全新的发动机功率与变速箱的动力节奏融入了这座摩登城市完美乐章。

除了精心设计故事情节外，路童在背景音乐的选择上也有一套严格的准则。他表示，XT5在当时的定位是一款鼓励创新的车型，因此为了让音乐与车型的理念相符，他们需要寻找音乐行业中具有创新精神的人以符合产品调性。最后在深思熟虑下，他们采用了当时当红歌手洛德（Lorde）的 *Royals* 作为整个广告的主题曲，伴随着美妙的歌声和旋律，凯迪拉克成功进军流行文化。[1]

1.《对话DDB创意群总监路童：我始终相信广告的力量》，https://www.adquan.com/post-9-289520.html，2019年12月13日。

THE BEAT OF MANHATTAN
创乐之城

我只在电影里看到过戒指

我们不在乎，我们在梦里开着凯迪拉克

亲爱的让我来创造，创造，创造

《创乐之城》的广告片段

　　继曼哈顿篇之后，凯迪拉克《创乐之城》系列也推出了上海篇，同样以音乐为主题，用丰富的画面和出彩的音乐效果来展示凯迪拉克XT5的优越性能和特殊设计。

创意本质不是天马行空，是逻辑与解答

在过去的采访中，路童曾经说过："创意表现的本质在于问题的逻辑创造与解答。"他进一步解释说，创意表现需要精准的逻辑，而不是漫无目的的天马行空。他以数学题为例，指出每道数学题的解答中都有一个答题的逻辑，这个逻辑可以用来解决一系列问题。广告创意也是如此，通过创造一套自己的逻辑，用广告来表达这个逻辑，可以为产品、品牌赋予意义和价值。

这种理念也多次在他的广告作品中表现出来。例如，在凯迪拉克《勇敢的开始》中，他就另辟蹊径，通过创造一个新的逻辑把奥运精神和凯迪拉克的品牌理念结合起来。在路童看来，奥运对人类来说是一件伟大的事情，而选手们的这些勇敢表现则是从"第一次"开始的。比如，他们第一次参加训练、第一次走上赛场、第一次冲刺奥运会……在经历这些"第一次"时，这些选手并不知道未来会发生什么，而这种开启未知的"第一次"能够诠释出勇敢的姿态。至于"所有的伟大"，路童认为，这个伟大就是他们勇夺金牌的那一瞬间。而以此为基调，路童开始制作这则广告片。

为了探寻这些"第一次"，他们去了各个冠军刚开始训练的场所，其中就有刘翔所在的学校，并拍摄了"开始的地方"。接着，他们收集新闻报道的音频资料，包括现场的解说和观众的欢呼，并将这些声音在训练场地上播放，让声音和画面结合起来。通过这个独特的视角，凯迪拉克的短片成功地将两个时空重叠在一起，让人们从不同的角度看待竞技精神。在举国目光聚焦于运动健儿摘金夺银之时，短片展现了金色时刻背后的故事，致敬每一个伟大背后的勇气，不仅关注辉煌瞬间和伟大成就，更展现了每一个伟大的起点。[1]

1.《一个传统广告人的非传统表达》，https://kdocs.cn/l/ccUAv25bM7TP，2019年11月19日。

凯迪拉克《勇敢的开始》广告片段

凯迪拉克《勇敢的开始》获得2016年中国国际广告长城奖银奖，2016年中国4A创意金印奖影视广播类佳作奖、创意工艺类最佳导演佳作奖，2017年第17届IAI国际广告奖影视类银奖。[1]

1.《一个传统广告人的非传统表达》，https://kdocs.cn/l/ccUAv25bM7TP，2019年11月19日。

创意需要洞察，但不需要约束表达形式

在谈到和路雪的时候，路童表示与凯迪拉克广告要追求的宏大叙事不同，和路雪是一个快消品牌，该品牌的广告更注重年轻人的喜好与产品功能点是否有趣。路童回忆起当时的创意思维，他表示在炎热天气时吃雪糕会让人满血复活，于是结合王者荣耀中角色的血条与复活机制，他与团队设计了和路雪好多圈与王者荣耀的联名广告。吃完雪糕满血复活，然后化身为游戏中的角色，路童认为这样的创意是比较轻巧、好玩的。

和路雪《好多圈》广告片段

在探讨这次的联名推广营销与传统广告是否存在不同点时，路童表示两者并没有不同点。因为他认为任何营销都是方法，就如画画一样，用铅笔或者VR画，本质上只是换了一个工具而已。但是要画什么东西，才是创意人需要思考的。这可能是广告的核心，也就是创意的核心。不论是拍摄一条TVC，还是在抖音拍短视频，或是通过在电梯、地铁上投放广告，在路童看来这一切都是工具，哪一个工具对他的创意有帮助，他便使用哪一个，最主要的还是想法与核心概念。

路童认为，当代广告人通常将广告的表现形式分为传统广告和数字广告，但这种分类方式有些偏颇。他认为传统广告和数字广告的执行方法不同。传统广告的根基是核心和创意，但这并不意味着数字广告不需要创意。在路童看来，广告就是广告，广告的核心在于创意，而不是执行方法。就像画画一样，不同的画笔只是不同的表现形式，重点在于创造力。

在谈到最近甚火的AI时，路童认为AI的出现让我们有更多的时间去思考精神上的东西，并且更多地关注我们的创意思维。当你使用AI画画时，你需要给它指令或者关键词，所以重点还是个人的想法，AI只是一个新的表现形式。可是AI的出现必然会导致一场行业的革新，而这一革新可能会导致一部分人失业。不过，路童认为AI的出现反而让人们更多地关注背后的想法，而不是执行能力。因为机器可以帮你执行任何你想要的东西，而唯一要关注的便是背后的思考。

AI的出现究竟是利大于弊还是弊大于利呢？路童表示不清楚，但是针对这一话题，他引用了彩虹合唱团说过的一句话："每个人都可以有五分钟的高光时刻，都可以成为五分钟的明星。"路童觉得新技术肯定是好的，但究竟怎么使用，可能还要再去尝试。他说："作为一个创意人，你会自然地去拥抱新鲜的东西。"

因此，路童并不排斥与同事使用AI一同创作广告。他也了解到如今许多化妆品、香水广告都已经开始使用AI直接渲染图片了，而且现在很多广告的画面尺寸要求和以前不一样了。对此，路童表示这样或许还能在极短的时间内设计出广告呢！但是，若AI拥有创意思维，那么其实要考虑的并不是它能不能取代广告这个行业，而是能不能取代人类。如果它能完全替代人类思考，那我们就没有存在的意义了。所以与其担心会不会被取代，还不如主动拥抱新科技！

从国际到本土，定制差异化广告

"昵称瓶"的想法最早来源于澳洲。2012年，可口可乐在澳大利亚发起了一场名为"Share a Coke"的营销活动，将澳大利亚最常见的150个名字印在可口可乐的瓶子上，消费者还可以在社交网站上定制名字，并分享给好友，这一营销活动获得了空前的成功。当时可口可乐想要做全球整合营销，希望将"昵称瓶"的营销手段推广至中国。但在此之前，中国从未有过在包装上做营销的案例。

当路童和团队拿到这个策划案的时候，他们的第一反应是行不通。因为中国人的姓名重合度不像澳洲那么高。在澳洲，假设在瓶身上印上Tom的名字，叫Tom的人可能都认为是自己的名字，但中文的名字则相对独特，重名的概率比较低。

为了能够更好地使"昵称瓶"这一想法在中国落地，路童和团队进行了大量的思考和调研。他们发现，在网络时代刚刚兴起的时候，"网络聊天"风靡，许多年轻人喜欢在网络上交朋友，而线上联络的方式使得线下面对面交流的机会减少。基于这样的洞察，路童和团队希望赋予瓶子更多的社会属性，让瓶子成为连通人与人的媒介。在此基础上，他们提出了"破冰"的想法——"破冰"其实就意味着打破"网聊"带来的距离感，通过线下互动来拉近人与人之间的关系，而且朋友之间经

可口可乐"昵称瓶"广告片段

常会相互起一些"昵称"来展现关系的亲密。于是，路童和团队就将这样一些标签化的昵称，如"高富帅""白富美"等印在瓶身上，作为中国定制版"昵称瓶"。

可口可乐"昵称瓶"在中国一经推出，就获得了巨大的成功，"火"遍全国，这也是国内首次在产品包装上做营销的策划案。看到可口可乐"昵称瓶"的成功，绿箭、江小白等品牌也相继模仿，可见可口可乐"昵称瓶"开创的营销模式在行业中发挥着巨大价值。[1]在路童看来，形式并不重要，大家都可以做包装营销，但广告内容出彩才是能展现创意的地方。因此，在全球整合营销当中，为目标市场定制差异化的广告策略是必不可少的一环。

建立情感联系，打造"品牌资产"

轩尼诗作为来自法国的品牌，要打开中国市场，就需要贴近中国文化，与中国传统文化和个人生活建立连接。路童发现，中国市场上，洋酒通常被贴上"夜店""嗨唱""成功人士"之类远离日常生活的标签，他希望打破这种印象，增强轩尼诗与中国消费者的情感联系。

路童回忆轩尼诗广告时称，这是一次很特别的体验。当时轩尼诗的广告主题为"品见初心"，路童向品牌方提出了多个想法，但直到最终交稿的前一天，都没有一个想法被品牌方所接受。交稿的那天，路童偶然通过自身的经历联想到"朋友"这个元素。他继续细化这个想法，在与品牌方多次沟通后，最终"朋友"这个元素被敲定了下来。

但是如何通过品牌代言人李宇春和朋友之间的互动来表现主题，一时间成为困扰他们的难题。路童认为，应该回归到我们日常与朋友相处的过程中比较难忘的时刻，并将这些时刻与轩尼诗的饮用场景结合起来。在此基础上，路童和团队创作了一系列的广告故事。其中一个广告片段是非常具有中国文化特色的。

在创作遇到瓶颈时，李宇春放下纸笔，转身来到亮着"HENNESSY VSOP"灯

1.《对话 DDB 创意群总监路童：我始终相信广告的力量》，https://www.adquan.com/post-9-289520.html，2019年12月13日。

牌的餐车前。李宇春熟稔地和老板打招呼道:"老板,老样子。"年轻的老板则笑着说:"今天挺晚的。"随后,音乐响起,一群朋友围在露天的桌子旁吃烧烤、喝洋酒。

"轩尼诗"作为一个洋酒品牌,在广告中体现出"亲民性",这与品牌对中国消费者的洞察是分不开的。

轩尼诗广告片段

作为一种调和酒,路童希望把轩尼诗"调和"的理念内化为"节日的相聚就是在调和人们的情感",从而建立品牌与消费者之间的情感联系,让轩尼诗走进中国家庭。在为"轩尼诗"制定广告策略的过程中,路童和团队希望把"邑往情深"这个想法打造成"轩尼诗"的品牌资产。他们的设想是:在往后的很多年里,每到中秋,"轩尼诗"就可以围绕"邑往情深"来讲述自己的品牌故事,内容可以围绕不同的团圆故事展开。对路童来说,这是很有成就感的事,打造"品牌资产"不仅为某一个节日的营销指明方向,还相当于为该品牌开辟了一条新的道路。事实上,打造"品牌资产"的品牌并不少见,例如,可口可乐的春节营销主题就是"把乐带回家",这种广告策略对于"轩尼诗"进驻中国市场大有裨益。

广告界的危机，对未来广告人的培养

作为一个资深广告人，路童在广告领域拥有深入的研究和独到的见解。他认为广告需要考虑到不同国家的文化背景和风格，以便更好地传递信息和营销产品。但他也担忧4A广告公司的培养机制和人才储备出现问题，导致广告业出现接班人短缺的危机，他担心如果没有年轻一辈的人才接力，广告已死恐怕将会成为现实。因此，他呼吁业界应建立完善的培养机制，以确保广告业的可持续发展。

在品牌和流量之间，路童认为品牌是第一位的，流量是第二位的。他指出，过度追求流量可能会伤害品牌形象，因此需要在品牌和流量之间取得平衡点。他强调广告的创意和想法非常重要，但也需要考虑观众的感受和体验。广告应该是让观众享受的，而不是让他们厌恶或避开的。

广告是能让人享受的，路童提到了"广告饕餮之夜"。"广告饕餮之夜"把海内外众多富有创意的广告片汇聚在一起播放六个小时，让喜欢广告的人看个过瘾。这个活动出奇地火爆，观众在过程中是享受的、愉悦的，每个广告都富有创意和美学。如何让广告更吸引人，让人享受其中呢？这是一个广告人需要不断思考的问题。

他认为广告人应该拥有开放性思维，涉足不同领域，以丰富多彩的方式展现自己的才华和创造力。广告不仅限于海报和视频，一句话也可以是一个好的想法。但广告人不能只顾表现才华而忽视了传达广告的核心信息。

在当代社会，创造力和表达能力一直是非常重要的素质。无论是在学习还是在工作中，这些素质都起到至关重要的作用。然而，路童也指出，这些素质需要不断地去锻炼和实践，而不是空谈。尽管身处局限性的环境中，我们也应该专注于自己能做到的事情，而不是去抱怨和指责环境。这是一种乐观的态度，也是一个广告人需要具备的能力。

三分的输入，七分的输出

作为新人，如何学习广告？路童首先建议广告新人大量观看广告，深入分析广告，不仅要思考镜头，还要思考广告中的寓意、传达的信息以及创意的来源。要先理解广告在讲什么，其含义是什么，然后再分析这个广告的创意是如何诞生的，解决了什么样的问题。他认为针对性地看大量广告可以帮助广告新人更快地去了解如何去做好一则广告。他提出，在这个过程中可以给自己一个目标，比如，这个月看500个汽车广告，下个月再看其他门类的广告，比如快消品或者游戏行业，以此来快速了解不同类型广告的表现特点和技巧。此外，路童认为如果想形成自己的广告风格，那就需要更广泛的积累，他家中有超过20 000张的电影光盘，他认为自己现在的创作灵感很多都源于这些年少时观看的影视作品。除此之外，他也一直保持着阅读的习惯。他建议广告人应该多去看电影、看书、旅行，从他人的经验以及个人的经历中积累素材，日积月累地去丰富自己的数据库，从而在面对不同制作需求时都能有创新的想法。

有输入，就需要有输出。路童说，也许很多人积累了丰富的知识，但是在运用这些知识时却只能发挥出一小部分，也就是只能把七分的积累转化成三分的表现，这是一件很可惜的事情。所以我们不仅需要积累，更需要去学习表达，力争能以三分的知识积累，发挥出七分的作用。

做广告需要能力，但更需要热情

虽然当今有许多学习广告的渠道，但近年来路童发现相较于过去，当代年轻人在广告热情方面表现出较少的冲动和决心。当代年轻人表现出一种"随遇而安"的态度，既不会特别追求，也不会过于拒绝。换言之，他们缺乏对于某一特定目标的极度追求和执着。这可能与当代社会价值观的变迁和年轻人的生活经验有关。对于这种现象，路童似乎有些失落。

谈到文凭与个人能力的关系时，路童认为文凭只是一块敲门砖，也许会拥有更多的机会，但最终能不能在广告行业中获得成功，还是要看个人的能力。路童承认，那些在名牌大学毕业的人，接受知识和反应的速度似乎比较快。因此，路童认为学历可以作为一个筛选标准，但只是在广告行业成功的一个非必要和非充分的条件，如果一个人拥有优秀的理解能力和广告实践经验，那么他依然可以在广告行业取得成功。

拓宽行业视野，更新既有观念

"只有观念更新以后，个人的作品才能更新。"在华东师范大学的讲座上，路童使用了很多国外广告的例子来介绍广告的变化，就广告短片而言，路童认为中国和外国还有一定的差距。这个差距不是作品的差距，而是观念的差距。

路童还聊到在釜山国际广告节做评审时感触最深的金奖作品。金奖获得者是一对来自欧洲某个国家的伙伴，两人通过工作结识，后来其中一个男孩子想到一个很棒的想法，于是二人齐心协力地将这个广告做出来，并用这个作品参加了釜山国际广告节。在路童看来，他们身上有一种信念的力量支撑着他们去创作广告。从想法到实践，他们不仅追求将广告的想法落地，还始终保持着对广告创作的热情。而在中国，路童坦言自己很少遇到怀有这样热情的年轻广告人。在他看来，中国年轻广告人可能缺乏将想法落地的执行力以及到国际舞台上与其他国家选手同台竞技的渴望。

要想达到观念的更新，一方面，学院要拓宽学生的行业视野；另一方面，学生要打破专业的框架约束，挖掘自身的多元可能。

作为釜山国际广告节和中国青年广告奖的长期评审员，路童直言自己的点评较为"犀利"。他发现学院与业界之间存在着裂缝，这个裂缝是每一个刚刚毕业的同学工作之后都会面临的挑战。但是学校与业界人才培养理念的差异性并非一朝一夕就能改变的，而弥补这条裂缝是未来很长一段时间内中国广告人才培养需要关注的重点。另外，路童也坦言，在当代广告制作周期不断被压缩的当下，大多数4A广告公司在一定程度上放弃了原本的培养机制。许多新人在公司内部只能一味地去追赶工作进度，没有机会通过沟通或者工作坊的方式去针对性地提升个人能力。对此，路童表示十分苦恼，但他希望先尽自己所能，将自己的工作经验分享给高校的同学们，帮助同学们了解行业实况和提升能力，从而慢慢解决当今4A广告公司内部缺乏有效的人才培训机制的问题。

在了解到广告学这个专业会被划归到商学院或者传播学院后，路童认为广告学子不必把自己限制在既有的框架当中。在他看来，广告专业的同学，可以学策划，也可以拍片，只要是喜欢一项技能或者一件事情，那就应该大胆去做，广告人不应该故步自封，只学某一个框架内的知识，而是应该海纳百川。

（采访者：陈泽铭、罗宜庭、陈佳芊、蓝淼淼、林芯瑜）

Chapter 9

纯粹的创意人，真实的广告人

—— 佛海佛瑞上海联合创始人、董事总经理、执行创意总监黄峰

黄峰，毕业于中国南京艺术学院，后在巴黎继续深造。他曾在巴黎的知名创意公司TBWA和NEXTEO任职，与Fred和Farid合作创办了Marcel巴黎。黄峰以其对中西方文化的理解和丰富的创意经验，在中国广告行业取得了重要的成就。

黄峰是佛海佛瑞上海的联合创始人和董事总经理。他在2007年加入佛海佛瑞，并先后担任公司艺术部总监和创意总监，负责了许多知名品牌的品牌包装和创意广告，包括奥迪、Wrangler、Orangina Schweppes、法国兴业银行、蓬皮杜艺术中心、迪卡侬集团等。到2012年年底，佛海佛瑞巴黎已经发展成为一个拥有200名员工的创意营销公司。

2012年，黄峰将佛海佛瑞引入上海，并赋予FRED ＆ FARID一个中文名字佛海佛瑞。在他的领导下，佛海佛瑞上海赢得了许多国际和中国本土客户，包括奥迪、保时捷、天猫、淘宝、vivo、积家、惠普等，并创造了多个有影响力的创意作品。黄峰领导的团队获得了多个国际广告节的大奖，包括戛纳国际创意节等。

一次质的飞跃：从设计岗位到创意岗位的转换

黄峰受到创始人Fred Raillard和Farid Mokart的作品的影响，对广告行业产生了浓厚的兴趣。Fred Raillard为Xbox制作的《人生苦短，及时行乐》的片子给他留

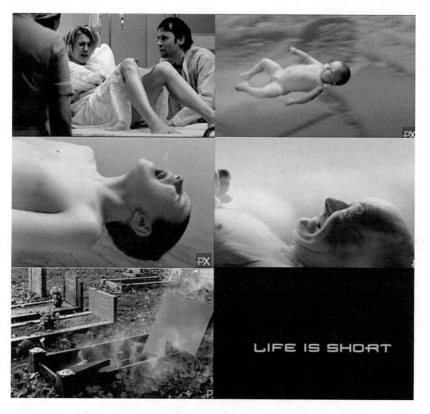

Xbox广告《人生苦短，及时行乐》

人生何其短暂，从出生到死亡仿佛就在一瞬之间。所以人们才会常说"人生苦短，及时行乐"。这支拿下2002年戛纳金狮的Xbox游戏机广告，用夸张的手法呈现了一个人的一生，仅仅用了50秒！广告中的整个"成长"过程可谓一气呵成，每一个细节都达到了极致，而紧随其后出现的文案——"人生苦短，及时行乐"让整部片子得以完美升华，最后才露出品牌Xbox的logo，让人恍然大悟：原来这是游戏机的广告。[1]

1.《拿下戛纳金狮的超经典Xbox广告：过完一生只用50秒！》，https://www.digitaling.com/projects/21389.html，2002年6月。

下了深刻印象。这支片子仅仅用了50秒就展示了一个人从出生到死亡的轨迹，深刻洞察了"人生"与"游戏"之间的联系，前面在不断强化人生短暂的概念，最后给出了及时行乐的结论与行乐方式，这样的创意将广告与产品结合得恰到好处，点燃了黄峰对创意行业的热情。黄峰之前主要从事设计工作，如设计logo和VI等，但当他看到这样的作品时，他意识到自己追求的是更激动人心、充满激情、能够冲击人心的创意生活。他也希望能够创作出令人兴奋的作品，即使只有短短30秒的时间，也能够深深触动人们的内心。

黄峰是一个喜欢求新求变、敢于不断挑战自我的人。当时黄峰选择做广告创意是因为他非常接受不了在某一种固定风格里面去连续工作，从事广告则不一样，每次都可以制作不同风格的项目，"今天可以做时尚类的，明天可以做娱乐类的"，正是这种变化让他感受到广告就是自己真正想从事的行业。

原创的创意加上好的内容，才是好的广告

在黄峰看来，广告创意的核心是其独特的原创性，原创性就是广告创意的生命。他认为，对比国外的消费者，中国的消费者更喜欢新鲜，市场变化很快。而具有原创性的广告创意其实就是"有突破的、新的、以前没有见到过的"广告创意，黄峰认为这样的广告创意才是好的创意，才能够更好地抓住市场契机。同时，黄峰自己也"希望做一些独特的、别人没有做过的创意"，追求独特性其实就是在追求原创性，在进行创意设计时，就是要从一张白纸开始，创造出完全不一样的点子。

广告的原创性不仅为广告创意的设计与执行提供指导，同时还引导着后续广告传播的方向。黄峰对广告创意的原创性的强调展现了其对人类原创性创意的自信，因此当面临人工智能的挑战时，不同于其他人的手足无措，他持有的是一种积极乐观、淡定从容的态度。他认为广告的原创性核心创意是人类所特有的，依靠的是人类的灵感与创造力，人工智能只是能够帮助执行的工具。原创性在广告行业中是十分重要的。

对于具有原创性的广告创意，行业内的人都很愿意去尝试和接受。结合以往法国Cristal创意奖[1]的评审工作经历以及担任金投赏商业创意奖评委的经历，黄峰认为，评定一个广告是否优秀最重要的是其原创性和创意。创意是指创造出独一无二的、此前别人没有见过的东西，而原创性则关注概念本身的独创性，原创性的高低取决于与其他案例的区隔度。在谈及数字营销时，创意的原创性也被黄峰再次强调，在他看来，数字营销是否有效的一个重要标准就是创意是否具有原创性。

好的内容需要有好的创意。传统广告时代已经结束，社交媒体时代的广告追求小而精，无论是传统广告公司、创意热店，还是原来作为广告主的公司，都在争先抢夺内容营销这一重要的赛道。随着互联网的迅速发展，各种信息纷繁复杂，各种广告层出不穷，消费者的注意力越来越分散，同时消费者也在不断成长，他们对于广告内容和广告创意的要求也越来越高，如何在消费者注意力停留的几秒钟内吸引消费者并留住消费者？除了优质的广告内容，具有原创性的广告创意同样也是关键。在谈到未来广告行业的发展时，黄峰也提到原创性会是一个未来的趋势，原创性将会在行业中形成一个筛选机制，那些缺乏原创性的个体将会被淘汰，而保持创新和具有原创性的个体将会获得长足发展。2015年央视春晚公益广告《名字篇》成功体现了内容与创意在广告中发挥的关键作用。凭借着深刻的情感内容和新颖的创意，经过四轮筛选，《名字篇》从12个创意公司提出的125个创意中脱颖而出。黄峰在2019年接受《现代广告》杂志的采访时谈到对佛海佛瑞上海的期望，尤其强调希望能够以创意弱化消费者的"广告垃圾"的观念。[2]佛海佛瑞上海曾针对饿了么提出可食用筷子的方案，在展示品牌形象的同时，对核心信息和品牌价值观进行输出。这样一个新颖的创意最终起到了很好的品牌传播效果，调动了消费者积极参与传播的热情，增强了品牌在消费者心目中的地位。

在整个访谈过程中，黄峰多次提到了创意的原创性。作为资深的广告创意人，

---

1. 2018年12月，Cristal邀请来自22个国家的评委相聚勃朗峰边的Samoens，进行了为期两天的评审工作，黄峰是唯一一位来自中国的评委。
2.《黄峰：认清脆弱现实，依然追求伟大》，https://zhuanlan.zhihu.com/p/56071725，2019年1月31日。

2015年央视春晚公益广告《名字篇》

2015年春晚期间，由佛海佛瑞创作的公益广告《名字篇》选取了10个真实中国人的名字以及其背后的故事，它朴实的语言和平凡的人物，让观众放下手中的手机，安静地看完了这与所有中国人息息相关的名字的故事。该广告在播出当晚感动了无数人，引起了无数的共鸣。[1]

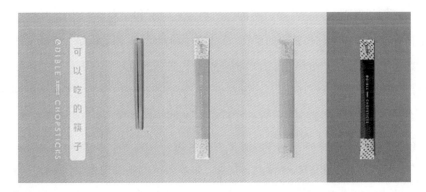

饿了么广告《可以吃的筷子》

中国每年生产约800亿双一次性筷子，这些筷子只能被使用一次，短短25分钟的使用时间结束后就会被丢弃，这些数量的一次性筷子等同于消耗380万棵树木。以此为切入点，佛海佛瑞为饿了么打造的创意广告《可以吃的筷子》，引发了大量媒体的自发传播，同时也让饿了么的品牌形象得到很大提升。该创意作品获得了2018年金投赏商业创意奖银奖。

1.《CCTV 我的名字 春晚公益广告》，https://www.digitaling.com/projects/13695.html，2015 年 2 月 25 日。

黄峰始终将原创性作为创意创作和评判的标准，同时对未来广告的发展，黄峰也格外强调原创性的重要性。广告创意的生命力在于原创性，这句话在黄峰的思想中得到了充分体现。

广告创意不是天马行空，而是戴着镣铐跳舞

广告创意创作不同于艺术创作。在艺术创作中，艺术家可以无边无际地去想象、去创作，不受严格的约束和限制，通过特定的风格表达自己对世界的看法。但是广告不是纯粹的艺术，广告首先是一个商业行为。在广告创意创作中，商业性是一个需要着重考虑的因素。黄峰认为，看重商业性并不是意味着广告创意和商业目的是冲突的，也不是意味着更看重广告的创意或是更看重广告的商业性，而是意味着广告这个行业就是要通过一些创意来促进商业更好地发展。处于商业环境中的广告，在进行创意创作时，几乎所有的客户都会有限制和要求。"否则，那就不是客户了，变成了花钱给你做艺术的了。"黄峰这样调侃道。"创意就是一个戴着镣铐跳舞的状态"，黄峰用"镣铐"来比喻商业性给广告创意创作的限制，用"跳舞"来比喻广告创意的艺术性。同时，在他看来，广告商业性给广告创意带来的限制恰恰能够激发创意，"好的创意人不害怕客户的限制和要求，而是害怕客户的反复无常。只要限制被明确沟通并不反复改变，它并不是值得害怕的事情"。在广告创意创作中，广告创意人应该积极接受限制，在商业性所带来的限制约束和艺术性所带来的自由放纵之间找到一个平衡点是重要的。一个真正的好的创意人应该在这些限制内去创作出优秀的作品，并且将限制视作帮助其进行创作的因素。当没有这些约束和限制时，反而会使广告创意创作无从下手。

同时，进行广告创意创作要有一个非常清晰的目的，要有一定的指向性。黄峰认为，"只要商业目的和需求明确，我们就能找到好的创意解决方案并达成目标"，商业性的目的与需求能够为广告创意创作找到目标与前进的方向，"只要商业目的很清晰，哪怕就是要销售这个产品，强调该产品便宜的特点，我们也可以找到一个很好的创意方案去有效传播这样的信息"。或是要吸引消费者参与互动

2016年淘宝新势力周宣传海报与视频

　　2016年淘宝第三次新势力周，以"看我"为活动主题，提出"让自恋的90后继续自恋；让90后的怪癖继续怪癖；让每个人制造属于自己的风格，每个风格者都是流行的制造者"。此次活动邀请了89个各行各业的90后网红进行视频和海报拍摄，视频中每一个人在其短暂的1秒钟内发表自己的宣言，90秒视频的最后一秒是"看你"。淘宝希望通过这次活动展现淘宝品牌的年轻调性与独立个性。[1]

————————

1.《我们想让中国品牌获得国际认可|专访佛海佛瑞联合创始人黄峰》，https://www.pitchina.com.cn/index.php/Mobile/Work/workDetail/work_id/5117，2018年1月21日。

并引起情感共鸣，或是要输出核心信息并促进品牌传播，或是要增加产品销量，可以尝试比较原创、新兴的方法和手段去达成目的。需要先倾听品牌的声音，思考品牌所面对的人与市场所能接受的东西，从中找到适合的演绎风格，用最佳的手法去创造出有新意、有价值、有内涵、有品质、与品牌或产品相契合的广告作品。

一个好的广告创意既可以有其创新性，同时还可以具有较好的传播性，以及与需求较高的匹配性。佛海佛瑞上海与阿里一直有着密切的合作。与阿里的第一次合作是淘宝新势力。淘宝当时面临着严重老化的危机，而市场上逐渐涌现出更多更小众的电商平台，它们凭借着更年轻的调性，越来越受到消费者的喜爱，淘宝亟须进行品牌年轻化。于是，"以新势力为契机，将淘宝品牌形象年轻化"成为此次广告创意的最终目标。根据淘宝的消费者主要为90后这一特点，以及与90后的沟通，佛海佛瑞上海从"我很重要"这一90后的特点出发，做了一支90秒的视频和90张海报。这次活动的效果显著，成功助推了淘宝品牌年轻化。

广告的商业性对广告创意创作来说，既是一种约束限制，也是一种方向引领。广告创意创作中没有绝对的自由，好的广告创意需要在限制的框架下才能得以进行，同时也受到限制框架的积极影响，从而找到创意创作的目标与方向。

若能找到特别的洞察，创意执行将事半功倍

黄峰认为，在广告创意中，核心信息的提炼是非常重要的，其中还有两个值得重点关注的要素——洞察与创意的执行。洞察即如何从大多数人的观点中，找到一个小众或未被深入探讨的角度。寻找尖锐的洞察至关重要，因为在创作之前，它需要达到多个目的，包括与目标消费者建立情感共鸣、传达核心信息等。创意的执行则涉及如何讲述故事、承接故事，以达到核心信息的目的。核心信息是品牌价值、产品卖点以及与消费者进行情感共鸣的切入点，将这些要素整合输出是非常重要且具有挑战性的。

黄峰深信广告创意和内容营销的成功离不开独特的洞察力和创意灵感。灵感的

迸发往往依靠发散性思维和独特的洞察角度，而洞察力则关注品牌需求、消费者洞察和情感共鸣。对黄峰而言，找到犀利准确的洞察角度是发挥创意和吸引眼球的关键，是广告创意中不可或缺的重要因素。

在如今这个消费者日益挑剔的时代，寻找特别的洞察已经成为创意执行的必然要求。但是在黄峰看来，常见的洞察却总被广泛运用，无法再引起消费者的兴趣。"在创意中，找到特别的角度会事半功倍。"与此同时，黄峰也深刻地意识到，犀利的观点可能很难被大多数人所接受，但它可以成为一个引领行业的新兴观点。因此，广告人要在创意执行的过程中取得成功，必须超越同行品牌的共性洞察，不断通过调研与思考，去寻找那些与众不同、独具特色的洞察角度。

关于设计品牌故事和内容的表达，黄峰对"故事"的力量充满信心。在广告创作中，核心信息的把握至关重要，因为只有抓住核心信息，才能与企业和消费者进行精准高效的沟通。对于大多数人而言，故事通常指一个时间线，包含人物、起因、事件和结局的叙事方式。然而，在创意的世界里，故事的定义可以更加广泛。

佛海佛瑞曾在2018年为爱彼迎品牌在长城上策划了"奇屋一夜"住宿体验项目，邀请选自世界各地的四名幸运儿入住长城。佛海佛瑞和爱彼迎打算通过这一前所未有的零距离入住体验，向全世界展示长城的建筑及文化魅力，并通过多方努力来共同保护长城，进而促进中国旅游的可持续发展。虽然这次活动因特殊原因被取消，但爱彼迎品牌想传递的"建立文化与文化之间的联系"的理念得到了广泛传播。[1]黄峰认为这场活动恰好符合"广义上的故事"，通过展示品牌所做的一系列"疯狂的事"，吸引了消费者的关注。通过创新的讲故事形式，佛海佛瑞突破了传统的故事叙述方式，创造了新的表达形式。如今"讲故事"的关键在于以不同的方式传播和输出核心信息，可以尝试各种创意手法和形式，不再局限于传统的电视广告或故事叙述。只要是大家未曾尝试过的、原创的方法和手段，只要能够实现核心信息的输出，黄峰都愿意大胆尝试。

1.《黄峰：认清脆弱现实，依然追求伟大》，https://zhuanlan.zhihu.com/p/56071725，2019年1月31日。

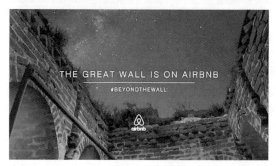

爱彼迎"奇屋一夜"活动

　　在"奇屋一夜"活动中，选自全球的幸运房客们将会住进长城烽火台中带有中式淡淡禅意、别具设计风格的卧室，并置身于全方位绵延不绝的古长城景致中。开放式的屋顶将会在晚上把蓝丝绒般的夜空都收入其中，让房客们拥有仰视星月完美的角度。夕阳西下，房客们将在长城的烽火台上享用特别的晚餐。伴着晚餐，爱彼迎的"体验达人"将为房客们演奏一场专属的古典音乐会，带给房客们全方位的感受。选择长城不但因为它是中国的一个特殊符号，而且因为城墙在符号学里面是阻碍两种不同文化交流的代表，所以他们设计了"beyond the wall"的概念，表达了"在城墙之上，感受到两种文化碰撞交流"的愿景。[1]

1.《黄峰：认清脆弱现实，依然追求伟大》，https://zhuanlan.zhihu.com/p/56071725，2019 年 1 月 31 日。

数字营销的成功关键是创意，媒介仅是渠道之一

在佛海佛瑞的数字营销过程中，内容营销被视为至关重要的一环。在这一领域中，黄峰犹如一位探险家，引领着国内内容营销的潮流。关于内容营销，黄峰的看法尤为独到，而关于数字营销的其他方面，尤其是社交媒体营销，黄峰也在交流中表达了其独特的见解。

当今消费者对于传统广告的疲态，黄峰早已熟知，他深信现代消费者不再满足于几秒钟的平庸广告，而是追求有价值、有故事、有互动的内容。正因如此，具备引人入胜的故事、有趣的信息以及自带价值属性的内容营销才如此受欢迎。然而，在现在的广告行业中，内容营销亦并非万能之策。在黄峰看来，吸睛的视觉表现、娱乐性与趣味性兼具的段子、令人沉浸式体验的事件等元素同样可以吸引观众的注意力，会是"观众愿意看下去的营销方式"。

不可否认，内容营销对现阶段的广告界而言非常重要，黄峰认为，身为创作者，"应该去积极地拥抱内容营销，去创作出大家没见过的、能够为大家带来新鲜感的内容"。与此同时，黄峰更希望广告人在创作内容的时候，依然不忘原创性，时刻牢记提高内容的质感和原创性，而不是一次次地去制造所谓的"广告垃圾"。

在表达对社交媒体营销的见解时，黄峰强调了社交媒体的特殊性。对黄峰而言，社交媒体仍然是一个媒介，只不过是相对传统媒体而言比较不同的媒介罢了，这是渠道上的差异。广告人应当根据社交媒体的特点来设计创意，针对各媒体与各平台的属性去执行创意，而非将其简单地视为创意的一环。如今的数字营销涉及面广泛，因此要充分考虑媒体的属性，与创意相辅相成，以实现更好的社交媒体营销效果。

纵使营销的成功关键在于创意，但作为广告创意执行渠道之一的"媒介"依然扮演着重要角色。在微博等社交平台逐步取代传统媒体的这十来年，黄峰与佛海佛瑞对于社交网站的重视只增不减。然而，黄峰意识到不同行业、不同公司类别所针对的社交媒体渠道不一样，这取决于客户究竟在哪里，因此他并不会随波逐流，而是会更有针对性地面向受众。2012年，佛海佛瑞的所有客户都集中在微博上，微博顺理成章地成为佛海佛瑞的重点渠道。但是社交媒体的发展变幻莫测，既然是一

个媒体，就必须注重观众的变迁。如今微博的定位已发生变化，似乎唯有发生大事件，微博热搜"爆"了，才会引来一大批观众前去观望，"广告行业的受众已经不会再选择通过微博去认识佛海佛瑞，作为广告行业的公司，微博宣传的效益已经不

招商银行广告《世界再大，大不过一盘番茄炒蛋》

招商银行为了推广自家的留学信用卡，设计了这则广告，广告由两段视频和4张海报组成，形式比较新颖，讲了一个有关母爱的故事：初到美国的留学生要在聚会时做一道番茄炒蛋来招待朋友，但他不知道该如何做，于是在北京时间凌晨4点发微信求助自己的妈妈。为了教会儿子做番茄炒鸡蛋，妈妈从睡梦中爬起来，在厨房录了一段视频。最后男孩的番茄炒蛋很成功，获得了外国小伙伴的集体点赞。[1]该广告由于剧情存在逻辑问题、与信用卡无关等原因遭到不少网友的批评。

1.《被招行的"一盘番茄炒蛋"刷朋友圈了，有人辛酸，有人质疑》，https://36kr.com/p/1721969934337，2017年11月2日。

高了"。黄峰表示，佛海佛瑞现在更注重的是微信公众号和小红书的渠道经营，同时也会关注数英网等垂直类平台，微博则已经搁置。

那么，我们该如何衡量数字营销的结果？黄峰给出的关键词是"平衡"。任何营销都离不开三个目的：为品牌达到传播目的、让消费者产生共鸣、达到客户的传播要求。2017年火爆全网的招商银行"番茄炒蛋"视频营销恰好是一个反面例子，该广告通篇没有任何招商银行的产品露出，甚至没有出现专门与产品产生强连接的信息。在黄峰眼里，这样的传播是没有意义的。如何在内容与营销中找到平衡，是广告人亟须恶补的一门课。

黄峰认为，营销手段的差异离不开"媒体"的变化，区别只是在不同的媒体上采用不同的形式执行创意。数字营销其实也和黄峰反复强调的"洞察"与"创意"息息相关，其重点在于洞察力和创意形式的原创性与新鲜性，同时必须加强对不同媒体环境的适应性。简言之，无论今天采用何种营销手段，成功的关键皆取决于创意的独特性和创新性。如果广告人始终沉溺于复制他人形式的舒适区，数字营销将失去其意义和价值。

人工智能之后，创意是人类的最大优势

为帮助不同的客户拓展创意的全新可能，佛海佛瑞上海与全球五十多位AI艺术家携手合作，从影片到海报，从品牌体验、概念店，到产品设计，展开全方位创作。为了呈现其中崭露头角的AI创意作品，佛海佛瑞举办了AI作品展"Aimagination"，于2023年6月1日开放，集结了佛海佛瑞全球创意人才库的优秀作品。该展览的理念是：怀着对人类想象力的无限敬意为各位呈现Aimagination，AI只是工具，不论它如何进化，人类的想象力才是它背后的唯一真神。

黄峰带领复旦大学访谈小组的同学们参观了这个展览，他在向同学们介绍展览作品的同时也在认真回答同学们关心的人工智能方面的问题。黄峰对人工智能在广告界的发展十分关注和了解，这次Aimagination展览邀请合作的艺术家来自法国、意大利、美国等国家，一定程度上展现了各个国家的艺术家对AI的应用水

平，他们的艺术风格各异，有时尚生活风、插画艺术风等。黄峰特别提到了艺术家Benjamin，他用AI帮耐克设计了一些很有想象力的空间，曾被许多媒体报道，他也是最先用AI进行创作的艺术家之一，当时掀起了比较大的浪潮。展览的最后是两个100%用AI创作的影片，讲述了两个完整的故事，但这两个影片的产生实际上是基于操作者给出的逻辑，AI完成了后续的创作和生成。

Benjamin用AI完成的设计作品

"建筑之美"难道是耐克全球最美店铺？其实这些让人惊艳的耐克店铺并不是真实的建筑，而是由Benjamin Benichou在Midjourney AI中生成的虚拟设计。大部分设计以经典黑白为基调，在建筑外观和橱窗陈设上做出极具创意的变化，和日本京都的建筑风格相得益彰，让人迷失在现实与虚幻中。

所以，关于人工智能发展背景下人的作用，黄峰的观点是：广告创意在传播中起着核心的作用，它指引执行设计的方向，创意是核心概念的创造，无法被人工智能代替。黄峰在之前的采访中说，有一句话叫作"think with your heart"，大数据代替的是比较理智和规律的东西，难以代替的是激情，人工智能可以代替很多行业，但是很难代替有惊喜、出自内心的东西，在未来它可以用来辅助，但不能完全替代创造性的工作。[1]给人工智能指令是人类的责任，人工智能背后的操控者是人类。虽然人工智能可以创造原创内容，但人类的原创概念是无法被取代的，并且人工智能可以更好地被利用来实现人类对新概念的想象。人类是有创造力的，创造了许多工具，推动了人类文明进步，而人工智能是其中一个强大的工具。

　　关于人工智能在广告创意上的运用，黄峰带领佛海佛瑞走在前列。2023年4月，在TNF100公里越野跑开赛前，佛海佛瑞上海与The North Face携手将问题抛给了无所不答的ChatGPT与Midjourney。这一次，他们得到了一万个答案。借助AI的力量，他们制作了一条长达2小时42分的视频，在微博上发布。[2]

　　佛海佛瑞利用Midjourney，延展出了"一万个重回山野的理由"系列海报，以及TNF越野赛线下巨幅海报。"一万个重回山野的理由"用一种略带黑色幽默的方式告诉人们，算法能给出上万个理由，但只有人类才能用脚步丈量山野，只有人类才能真正沉浸在大自然中，用心灵和身体去体验它。

佛海佛瑞上海与The North Face合作的TNF 100
公里越野跑活动海报

1.《我们想让中国品牌获得国际认可|专访佛海佛瑞联合创始人黄峰》，https://www.pitchina.com.cn/index.php/Mobile/Work/workDetail/work_id/5117，2018年1月21日。
2.《The North Face：用AI给出10000个重回山野的理由》，https://www.digitaling.com/projects/246602.html，2023年4月。

谈及自己偏好的风格时，黄峰说，他喜欢很多不同的风格，时尚的、接地气的，或者是大众真实的。黄峰说，他会去尝试还没尝试过的风格，希望去挖掘新的风格。比如说，接下来想去做哪些项目，或者是吸纳新员工的时候，会有意地去保持更多元的发展。

从ChatGPT语言类到Midjourney图形类人工智能，包括图像生成和视频生成等领域在内，佛海佛瑞公司有专门的团队和专业的电脑设备，会提供账户让员工体验和使用这些技术，也会定期进行一些培训。这些培训涉及多个方面，包括技术、法律等，佛海佛瑞公司会从各个方面帮助员工接触相关信息。但是他们的想法和创作无法被替代，当想要创作作品时，他们可以选择使用不同的工具或者借助人工智能的帮助，但最终的结果和效果取决于自己的品位、知识体系和想象力，这些因素是最重要的。人工智能可以提高效率，但是培训一个人工智能也是一个漫长的过程，幸运的是，全球有很多人可以帮助你一起进行训练和探索。

黄峰对于人工智能的态度是很积极的，他相信，创意是人类的最大优势，人工智能作为一种强大的工具可以为广告行业所用。所以黄峰和他的团队积极拥抱人工智能，已经尝试过的AI广告作品效果不错，未来也会从各个方面推动人工智能与团队的接轨。

中国品牌的广告创意之路，任重而道远

黄峰坦言，中国品牌在广告创意方面的国际竞争力很差。中国品牌的做法通常是先扩大业务规模，然后通过广告来塑造品牌形象。然而，国外的一些案例显示，原创性和创新对于快速塑造品牌竞争力至关重要，不一定需要大量的品牌广告。特斯拉和苹果等公司通过原创性和强烈的品牌力获得成功，而其他一些品牌则通过创新的品牌和产品定位取得竞争优势。在营销和广告传播中采用创新方式，能改变消费者对品牌的看法。然而，并不是所有品牌都需要原创性，比如超市品牌，重要的是找到自己的价值观和特殊性。大部分中国品牌在国际竞争中缺乏创新性，主要依赖广告来弥补产品研发原创性的不足，这也增加了广告原创性的难度。不过，黄峰

1989年，丰田为了庆祝50周年，推出了一个全新的标志，一直沿用到今天，这就是今天我们熟知的牛头标。新的标志包含了三个不同的椭圆形组合。丰田表示，该公司的设计师为新标志设计了五年，以确保其在全球所有市场上都取得成功。1989年10月，丰田的旗舰豪华车Celsior（其为雷克萨斯LS在日本本土的对应版本）首次采用了这个新的三椭圆形标志。随后不久，所有后续的丰田车型都使用了这个标志。

Toyota 车标

举了一个寄托于广告弥补产品研发原创性不足的成功案例——Toyota，这是中国品牌可借鉴的广告创意。尽管 Toyota 在原创性方面可能不如其他品牌，但在价格上具有竞争优势，并且在品牌塑造方面坚持了自己的特色。Toyota 使用了简约设计风格，以三个椭圆形成一个头部的标志，体现了东方设计哲学。Toyota 在品牌经营方面有长期的坚持，并创作了许多成功的品牌广告。从标志设计，到有趣的广告和创意，Toyota 在建立品牌形象方面取得了成果。

2012年，黄峰归国创立了佛海佛瑞上海。在中国广告行业中创意热店涌现、4A广告公司转型的环境下，黄峰始终保持初心。他觉得最重要的就是自己想做什么，他希望中国品牌获得国际上的认可，这是他的源泉和动力。黄峰说："中国的品牌如果要求更快，那我们就变得更快，顺应他们的需要，我们可以找到国际上有才华的导演或者摄影师，包括国际化的创意人，互动、内容或产品方面都可以为了这个目的做调整。如何把这些品牌，如LV、爱马仕，用打动中国消费者的方式呈现也是一种文化的融合，也是一件有意义的事情，也是我们的动力所在，比如说挖掘和提炼一个产品的精髓，让消费者有所启发。"

黄峰希望能为中国广告行业带来一些改变，他希望在中国市场的所有品牌做一些有意义的内容，去和消费者产生共鸣，越来越多的品牌知道自己存在的意义，用这些意义去启发自己的消费者，那么消费者才会越来越喜欢这些品牌，而不是因为打折、促销而购买。

黄峰敏锐地洞察到，广告行业面临着一些挑战和趋势的变化。这些挑战包括客户开始具备创意能力、竞争加剧以及技术革新对创意产生的影响。此外，媒体的变化使得更多人可以通过低门槛的方式进行传播，例如网红直播和短视频平台，这也给广告公司带来了竞争压力。传统的广告公司面临越来越大的挑战，但如果保持创新和原创性，就可以应对这些挑战。关键在于保持创新，并将创新置于首位，而不是只追求目的。因此，广告行业的趋势可能是朝着更加创新和原创型的公司发展，而那些非原创和技术导向型的公司可能会面临越来越大的竞争压力，而创新型公司则能够应对挑战。

黄峰认为，如果一个人进入广告行业是为了赚钱和快速升职，那么这可能不是一个很好的行业选择。然而，如果一个人对创作抱有真实的热情，喜欢创造和创意，那么这个行业将一直保持不变——一直是一个让人们创造不同事物的好地方。每天都有创新的内容和不同的挑战，这一点从未改变。因此，重要的是保持对创作的热情，不受经济环境或技术革新的影响。这并不是说广告行业是一个不能兼顾理想与现实的行业，任何一个行业，当你坚持把它做好的时候，都可以兼顾理想和现实。

总而言之，中国品牌的广告创意之路，任重而道远。在这个机遇与挑战并存的时代，中国品牌要做好广告创意，在借鉴其他知名品牌的成功经验的同时，更要保持创新、追求原创性。

确定自己想要什么，然后勇往直前

作为在广告行业工作已久的前辈，对于刚刚进入广告行业或是有意进入广告行业从事创意这方面工作的后辈们，黄峰分享了自己的经验："初入职场最重要的事情就是要知道你到底想要什么？到底在追求什么？是在追求物质还是某种自己想要的东西，还是追求和某一个人在一起？这是最重要的一点。"

黄峰与 Fred 和 Farid 的第一次见面是在塞纳河的一艘船上，他们那时候已经是创意界的传奇人物，看到他们的作品时，黄峰就感觉和他们完全是一类人，也想做同样的事情，一定有一天要一起工作。他希望每一天都用新鲜的、天马行空的想法刺激自己，始终保持兴奋和快乐的状态，创意是完美的工作方向。[1]

知道自己想要什么，这不仅仅是对广告新人们的箴言。确切地知道自己的追求是非常重要的。黄峰认为，在进入职场后可能会尝试不同的工作，会经历许多调动，更换工作的岗位、内容等，这些不断的体验和探索都是正常的。"在三十岁之前，如果你能弄清楚自己想要什么，那就算是成功的一步，因为当你真正知道自己想要的是什么时，你将会有巨大的动力去追求和实现它"，他认为在经历过寻找自己的过程后，清楚找到了目标，那么在未来就还有一大把时间把事情做好，同时以这个目标为导向，始终保持自己的激情和动力。有的人做广告创意是为商业目的，有的人是因为喜欢创作，有的人是因为喜欢为品牌卖产品，黄峰认为弄清楚自己的目的才是进入这个行业最重要的前提。

广告这个行业不是不可以兼顾理想和现实，黄峰认为任何一个行业只要真的热爱并且坚持去做，把事情做好，都是可以兼顾好理想和现实的，一旦没有想清楚就去做，一直抱着什么都试试看的心态的话，就永远没有办法找到自己的领域并且达到最顶端的水平。

创意需要训练，广告拥抱多元人才

黄峰曾在采访中提到过，作为一个策略和创意公司，实际上是为了解决品牌客户的问题，[2]他认为创意都是新事物，没有前车之鉴，因此是脆弱的。对于一个专业的创意人来说，想法被否定是一件正常的事。

"做创意要有专业精神，被'杀'一个没问题，你告诉我理由，我再改十个过来，十个不行再改一百个过来。一定要有想出新创意并且征服别人的信念。"[3]

一个人有没有创意并不是先天决定的，黄锋认为在日常生活中挖掘创意的能力是可以训练出来的。想要变成一个有想法的人，就要"逼"着自己大胆设想，只有

1.《黄峰：认清脆弱现实，依然追求伟大》，https://zhuanlan.zhihu.com/p/56071725，2019年1月31日。
2.《我们想让中国品牌获得国际认可 | 专访佛海佛瑞联合创始人黄峰》，https://www.pitchina.com.cn/index.php/Mobile/Work/workDetail/work_id/5117，2018年1月21日。
3.《黄峰：认清脆弱现实，依然追求伟大》，https://zhuanlan.zhihu.com/p/56071725，2019年1月31日。

天马行空地去想，最后在海量的想法中挖掘，才能找到具有创新意义的想法。

谈及自己的训练方法，黄峰提出一个主题：帮助可口可乐实现其产品和品牌在老年人之间的传播。围绕这个主题，先逼着自己24小时内想出100个想法，做不到的话就继续训练。通过这样的训练，就会发现原来有98个创意不够创新，尽可能想得天马行空，疯狂一点，养成这样的习惯就会懂得挖掘创意。

原创对于黄峰来说是一个绕不开的话题，作为一个广告人，最有意思的地方在于原创，每次原创的内容、创意被实现，这个时候团队里的大家是最开心的，"有原创的想法的这一批人会留在我身边一起走得更远"。

广告行业是一个各种专业背景的人汇集的行业，在招聘人才这方面，黄峰认为广告专业和其他专业都会有，比如一个文学专业的人，可能非常适合文案创作，尽管他可能没有写作广告文案的经验，但你可以看到他在文学方面的素养和对目标受众的了解，这使他成为一个潜在的候选人。同样，如果你需要一个优秀的设计师，而这个人刚好有设计专业的背景和经验，那他可能更适合这个职位，他在学校学习的专业知识可能使他更具竞争力。

然而黄峰也表示，这个行业并不仅仅只看专业背景和经验，还需要考虑需求和匹配度。每家公司和岗位都有不同的要求和文化，一个人可能适合某家公司，但并不适合另一家公司。例如，一个非常擅长写诗的人，可能在某一家公司受欢迎，但可能不太符合另一家公司的需求。

对于求职者来说，最重要的是知道自己的核心竞争力在哪里，重要的是要了解自己，如果要与其他人竞争，可以利用自己的优势。例如，广告系的学生和中文系的学生竞争文案写作，如果去拼文字功底，那就是在用自己的弱势对抗对方的优势，但如果考虑广告整体的系统性和全面性，基于对人性的洞察写出文案，那就比单纯的文字功底来得成熟得多。

（采访者：杨建英、杨宇航、潘洋婷、郑艺齐、金秀嫔、高俊）

Chapter 10

创意界的"文化混血儿",广告业的女性力量

——W+K 上海创意总监杨韵

杨韵(Vivian Yong)是一位具有多元文化背景的杰出广告人。她出生于香港,父母是印尼华侨,祖父母是福建移民,杨韵在东西方文化交汇的城市长大,后又前往英国接受教育。因此,她称自己为"文化混血儿"。在成长过程中,杨韵与来自不同国家、拥有不同宗教背景的人互动,接触到东西方丰富的文化元素和符号。这些都培养了她广博的知识和发散的思维方式。多元文化背景赋予的开放心态是杨韵与众不同的优势,使她能够在创意工作中寻找和拥抱更多可能性,为公司的发展引入新视角。自她担任执行创意总

监以来,W+K上海办公室在业绩、规模、人才和客户多样性上都有显著增长。疫情期间企业发展整体大环境并不乐观,但在杨韵及其合伙人的带领之下,W+K不仅避免了裁员,还赢得了多个新客户。

采访当天本是W+K员工休息的一天,但当我们进入公司时,仍有不少员工在工作岗位上忙碌着,杨韵也是直到采访开始才停下手中的工作。当时,她穿着花色的裙子,面露灿烂的笑容,一步步朝我们走来,而采访的地点是一个开放的休息室,里面摆放着W+K其中一位已故创办人肯尼迪亲手雕琢的"创"字雕塑。她并没有前辈的架子,而是像分享故事一样笑着谈起她的过往、谈起她对广告的理解、谈起她每一件视若珍宝的作品。

助创意长成一棵树，让广告能够打动心

在来到W+K之前，杨韵的广告生涯正处于暂停状态。当时她处于倦怠期，好像失去了投入广告的热情。直到以短期自由接案者的身份加入W+K，她才再度找回了激情。她是这样评价当时的决定的：一个不想做广告的人来到一家不想做广告的广告公司。

关于W+K为什么是一家"不想做广告的广告公司"，她讲了公司成立之初的一个经典小故事。1982年的愚人节，在波特兰一座大楼的地下室里，W+K公司正式成立。在创始人丹·韦登和大卫·肯尼迪的办公桌上，放着的是几盒名片、两部借来的打印机、一部座机电话，而在他们办公桌前，坐着的是公司成立以来的一位大客户——耐克。1980年代初期的耐克，还只是俄勒冈州一家小小的卖鞋公司。杨韵描述了两家公司的创始人第一次会面的场景。耐克的创始人菲尔·奈特对丹·韦登直截了当地说："我讨厌广告，但我觉得我需要一些。"韦登愣了一下，说："这可有意思咯。"两家公司的交流就是从那个时候开始的。这也定下了公司做传播的基调——不做推销式的广告。菲尔·奈特所讨厌的广告正是推销式的广告，这类广告一味地以生硬的方式展现产品的特点，只能让人们感受到冰冷的金钱交易。就好像一个商人想要卖鞋，却只会索然无味地吆喝着："来买鞋吧！这个鞋子很好。"菲尔·奈特和丹·韦登不想做这种无法与受众产生共鸣的无趣推销，他们都希望做出创新大胆的广告。而后来的事实证明，W+K在广告上的大胆创新为耐克的发展起到了巨大的推动作用。公司在广告制作中运用生动的讲故事技巧，并捕捉和融入了流行文化，使耐克屡次通过广告抓住了消费者的心，W+K团队制作的2020年耐克春节广告《新年不承让》就是典型案例之一。

创始人丹·韦登的一段话启发了杨韵，引起她的共鸣：无论在什么时代，无论是在电视上、飞机上还是网络上卖广告，广告人做的事情其实很简单，就像是古代人围着篝火讲故事，听众总有一个共同的需求——你来打动我。W+K重视与观众内心的连接，这深深地打动了杨韵，使她重新投入广告行业中。在她眼中，这就是W+K的特别之处。

因此，在创作时，她始终坚信：广告是打动观众的一种文化的输出、文化的内容、文化的作品。W+K大楼里的所有人都在寻找,什么东西真的能打动人心。"打动",一直是杨韵不变的理念。

将文化融入创作,给创意加点"料"

一踏入W+K上海办公室,人们总会在一面巨大的肖像墙前驻足停留——这面墙被称作"家乡食相",上面挂着办公室每个员工的肖像照,风格色彩强烈、表情姿态各异。最特别的是,每个人的配饰甚至衣服基本都由"食物"构成,这些食物是他们各自的家乡美食:被制成礼帽的菠萝油,代表着港式茶餐厅文化;被做成盔甲的红烧肉,飘着浓郁的上海风味;而充当着"头发"的芝士辣椒意大利面,则是来自美国俄亥俄州的当地经典菜式……杨韵介绍,这个创意来自他们团队的一名设计师,将W+K的惯例——全球各分公司办公室都会陈列自己员工的头像,和中国一大特色——饮食文化相结合。而创意执行的过程离不开团队共同的努力,这些配饰都是在美术组、设计组、人力资源组的配合下,大家自主设计和纯手工制作而成的。

"家乡食相"员工肖像墙

2018年，W+K上海办公室决定用一个名为"家乡食相"的概念来改造员工的肖像。这个概念很简单：每个员工从家乡挑选一种食物，咨询艺术总监或设计师，然后制作一套突出他们最喜欢的食物和脸庞的服装。由于W+K上海办公室是一个文化大熔炉，员工来自20多个国家，因此图像丰富多样，充满个性。

每个人不同的"家乡食相"，既是他们独特性格的夸张化呈现，也是不同文化留下印记的生动体现。这面富有视觉冲击力的员工肖像墙是W+K创意团队多元文化背景的一个侧面：大家接受着不同文化的浸润，吸收着不同文化的元素，容易诞生出有不同文化特色的想法，碰撞出不一样的火花，进而创造出非凡的作品。此外，哪怕是单独某地的文化，也可能会有很丰富的文化层次。

杨韵以她的"食相"举例，香港的茶餐厅就是不同文化交汇的结果。比如，据传菠萝油的原型来自俄罗斯，后又根据香港的口味做了调整改良，而餐厅中常见的格子桌布据说源于法国南方——总而言之，在杨韵看来，创意的生成离不开不同文化间的交流碰撞。

与之类似的是杨韵与团队一起建立的"火锅文化"。她将拥有不同文化背景的人们聚在一起创作的过程类比为在汤中放入不同食材的火锅。每个人往火锅汤底中放入自己喜欢的食材，往往能使其更加鲜美。同样，每个人来自五湖四海，有不同的文化背景，有自己特有的"超能力"，多元背景和思维碰撞往往能带来奇妙的反应。在杨韵看来,对于广告创作来说,最重要的不是其他,而是人。可以说,有人才有作品。在团队中,每个成员都有自己对文化的浓厚兴趣,例如音乐、游戏或电影。他们不仅具备广告经验,更重要的是他们在各自的领域内拥有专业知识和广泛的知识储备。在参与品牌创意构思时,他们的灵感真正源于文化本身,而不是从其他广告中提取。这种多元的背景和兴趣使得他们创作的作品更加独特,很少呈现出传统广告的特征。团队成员的不同背景、专长和兴趣点的聚集,为团队带来了丰富的创意资源。他们的创作环境就像《家乡食相》所展示的那样,每个人都能以自己独特的方式参与创作,贡献自己的才华和想法。这种火锅文化的思维方式让团队成员能够彼此尊重、相互协作,共同追求卓越的作品。

当论及文化背景是如何影响产出的作品时,她表示,广告从业者可能确实都会有相关经验,但更重要的是他们对自己背后文化的浓厚兴趣。当广告人帮品牌想创意的时候,他们的灵感来源正是从各自文化中抽取出来的,会带有其文化背景的影子,也更能迎合不同文化的观众。

然而仍需注意的是,不同的文化背景有时会给创作带来文化差异甚至冲突。在杨韵看来,冲突是不可避免的,关键在于是否有心态上的开放性,这也是他们招人时格外注意考察的一点。若能对外来的新鲜事物始终保持一种好奇心与愿意探索、乐于接受的态度,深信差异能够带来不一样的角度、创造出独特的价值,那么就能产生出足够动力去解决语言不通或是思维不同带来的不便与误解。杨韵以他们团队日常的开会过程为例,尽管员工们多元的文化背景会使交流过程变得有些吃力,甚至需要翻译在场,但大家都有一个共识——差异是有价值的,"我们的答案永远会比大家都是来自同一条街的,来得快乐和精彩吧",因而他们愿意去克服一些可能的冲突与困难,专注于让不同文化将作品打磨得更有特色、更具新意。

是广告人,也是各种"迷"

除了多元文化背景以外,多样的兴趣爱好也是杨韵无比看重的一点。他们有一个不成文的规定,即创作的过程中禁止拿其他广告作为参考,否则只会做出同质化、没新意的作品，也无法超过原版本身。那么灵感从何而来？那就是电影、音乐、游戏，流行的东西、打动人的东西、各平台大火的东西……其实就是各种兴趣圈层。这些东西既然能够吸引、打动某个员工，那么往往也具有吸引、打动更多人的潜力，具有激发讨论、引起共鸣的潜力。杨韵提到，在招人的时候，他们公司往往会对面试者的兴趣爱好进行连环发问："平时喜欢做什么？""什么东西占据你最多的时间？""你沉迷什么？"……他们公司的人也远不只是广告人这一种身份，还有车迷、游戏迷、电影迷……各种各样的"迷"。杨韵自己的兴趣爱好就十分广泛。她复杂的文化背景让她得以接触到不同领域的各种事物，培养了多样的爱好——英美流行歌、日本动漫……这些爱好给她日后思考创意的过程提供了丰富的灵感来源。

"REACTLAND"真人跑步游戏试穿活动

　　"REACTLAND"会带来一种身临其境的体验，安装在中国各地的商店中，消费者将在跑步机上奔跑，成为游戏的英雄。玩家可以控制自己的化身在代表鞋子属性（柔软、轻盈和有弹性）的奇幻土地上奔跑。消费者会试穿鞋子、拍照，并在踏上跑步机之前创建一个头像。使用手持控制器跳跃，目的是在游戏中尽可能远地前进。他们走得越远，他们的排行榜就越高。玩家在体验中留下了一段定制的10秒钟视频，该视频在"REACTLAND"中运行，并在社交媒体上分享。

为了推广耐克新研发的耐克EPIC REACT跑鞋,耐克中国曾与W+K上海携手打造了一款真人跑步游戏"REACTLAND"。如何通过短短3分钟的试穿让消费者直观感受到其材质的柔软、回弹、耐久和轻盈四大特性?在REACTLAND的世界里,你一下就能找到答案——这里充满了云朵、弹簧、枕头等象征其特性的视觉元素,还有云端的长城、跳动的比萨斜塔、奔跑的自由女神像等暗示其奔跑感受的世界地标。消费者只需拍照生成专属游戏形象,再穿上耐克REACT跑鞋,就能畅游世界。REACTLAND挑战了传统的试穿模式,将产品信息与娱乐性完美融合,带来了一种全新的试穿体验。在其中,我们不仅能看到世界各地不同的文化特色,也能感受到兴趣爱好的力量——对动画、对游戏的兴趣与探索,促成了这一新颖无比的体验形式,这也是这次活动的最大亮点。

让创意于品牌核心中生长,才能真正与受众产生共鸣

不论资历深浅,创意行业的工作者可能多少都思考过这个问题:如何平衡团队创意和客户需求之间的关系?杨韵给出了一个意料之外的答案。她认为这是一个伪命题。平衡客户需求和团队创造力这种说法本身就把创意与客户放在了对立面。然而,不论是广告公司还是品牌市场部等客户,两者的根本目标其实是一致的,就是服务品牌。因此,杨韵认为,创意工作的目标不是为了服务客户,广告公司和客户其实都站在一起来服务品牌。所以,在沟通的过程中,哪怕创意团队和客户有争吵、有辩论,只要双方都能明确"服务品牌需求"这个共同的目标,就是在朝同一个方向努力,就能解决操作上的矛盾,而无所谓平衡不平衡。

不过,在明确共同目标后,更为实际的问题随之浮现——品牌需求是什么?品牌到底需要什么样的创意?怎样才能找到这样的创意?在杨韵看来,这些问题的解决都离不开品牌核心。品牌核心去除了一切繁杂的表面的东西,是一个品牌之所以存在的理由,是品牌需求的基础。广告人因而被杨韵类比为"人类学家"或"文化的探寻者"。在深入了解品牌的历史、文化、价值观、所处环境等方面后,广告人需要回答:最后挖到的品牌核心是什么?品牌在跟它的消费者沟通时,这些消费者

的核心需求是什么？用文化研究的精神，创意人在表象的密林中寻找品牌核心，创意就在品牌核心的土壤中诞生。

这也解释了为什么在W+K团队的作品中，常常可以看见文化背景和广告创意的结合。他们设计了以中国为基础的活动，并将其推广到全球市场。关于成功进行全球品牌整合和本地化调整的秘诀，杨韵认为离不开品牌核心。比如W+K团队创作的耐克2020年春节广告《新年不承让》，就是全球品牌在中国成功实现本地化调整的典范。这支广告片以"长辈给红包"这一充满年味儿的习俗作为切入点，讲述了一对姑侄在春节期间因为给红包而产生的"竞赛"。姑姑发红包，女孩推红包，两人每年春节都要因此展开激烈的追逐。即便女孩穿着耐克的跑鞋健步如飞，姑姑也要追到天涯海角把红包给出去。直到女孩长大、姑姑变老，角色互换，当春节女孩准备把红包塞给姑姑时，才发现姑姑也穿上了耐克的跑鞋。最后，影片在女孩追姑姑到天涯海角的画面中结束。

《新年不承让》是耐克为推广同名系列跑鞋制作的，这是耐克有史以来第一部中国春节广告。为什么耐克多年来一直没有做中国春节广告呢？杨韵解释道，这其实和品牌精神与春节的性质有关。春节，人们一年中最慵懒的日子：回家过年、走亲访友，吃饭、喝酒、打牌、睡觉，或者全家一起看电视……好像也没有人会想要在这个时候去运动。春节的性质似乎与耐克的品牌精神格格不入。可是，在中国春节成为兵家必争的营销节点的背景下，耐克能做春节广告吗？是否能找到某种东西，既是春节的又是耐克的，既真实而又不违背品牌信念？

耐克的品牌核心是一种运动精神、比赛精神。从品牌核心出发，杨韵及其团队深入挖掘红包文化的场景细节，找到了"春节推让红包"的习俗，并将它变成了一个跨世代的比赛。从人物到道具、背景，影片中的设计元素无一不充满浓浓的春节味道。然而，影片故事传达的亲情和运动精神却是跨越文化的。不了解中国文化的人看到影片时，或许会对陌生的异国习俗感到新鲜，但不管是中国人还是外国人，都会被核心的情感和价值所打动。当然，这离不开前文提到的"火锅文化"。在多样背景的加持与多元想法的融入下，影片中的中国春节变得不再只是某种中国人才能懂的情感，而是可以捕捉到一些更核心、更具有共通性的东西，为创意的构思带来了不同文化的视角，因此能够提炼出普遍的

耐克2020年新春广告《新年不承让》

　　创作团队将春节拒收红包的做法变成一场跨越二十年的追逐比赛,电影的两个主角——姑姑和她的侄女——之间传递的烫手山芋红包讲述了耐克的"竞技精神",巧妙地向观众传达了最好的礼仪就是尽最大努力,最伟大的礼貌就是不客气。

人类情感。

杨韵认为，创意很多时候来自限制。在耐克的这个广告中，限制是创意必须符合品牌核心，但同时又要与中国春节相关。如何在其中找到共通点？杨韵说："所有创意都不可能跟品牌的核心精神脱节。"在她眼里，所谓W+K不做广告，是指不做推销式的广告，创意团队最后做的还是为品牌核心服务的广告。因此，全球品牌的整合与本地化问题，本质上就是耐克作为美国运动员，跟中国运动员之间的沟通，是国际化的品牌核心和当地人群之间的交流。

因此，杨韵的作品虽然丰富多彩、花样翻新，但总有某种恒定的、打动人心的价值贯穿其中。杨韵不愿称之为个人风格，她认为个人风格其实不是一个很重要的东西，因为不同的难题有不同的解决方法，强调所谓"个人风格"反而非常容易被局限。但杨韵和她的团队都相信两点：第一，评价创意的根本标准是是否符合品牌核心，作品如果不能代表品牌，其实是无用的、自私的作品。耐克是运动员、宜家是解决家居问题的设计师、蒂芙尼是珠宝师……创意工作的关键在于找到品牌的核心精神。第二，所有的创意，无论是开心的、激动的、搞笑的、认真的，都离不开抓住人性的真实性。创意工作的根本还是回到品牌核心，即如何把品牌的理念、精神、价值观表达出来。只有在品牌核心的土壤上生长出的创意，才能真正与受众产生共鸣。

创意扎根于对现实的洞察，广告离不开与生活的碰撞

杨韵认为广告是一门洞察人心和人性的学问，真正好的创意里面一定有对现实中人性的观察。所有的创意最终都离不开品牌的核心诉求，而每一个品牌创立之初都是为了解决人们日常生活中遇到的某些问题。面向人们的广告创意，取自人们日常生活的现实，"打动"二字精巧却不轻巧，如何让平凡普通的生活在与品牌的结合中碰撞出有创意又有情感的广告，是W+K广告公司所有人都在不断寻找的方法论。

生根于现实生活的好创意，是一扇引领热爱广告行业的创意人入行的门，是一

次品牌诉求和用户需求的双赢，也是一次跨越国界和文化壁垒的人性和声。

当谈起对自己影响最深的广告作品时，杨韵如数家珍，其中耐克在1995年的一支广告给她留下了很深刻的影响。那是一支视频广告，名为《如果你让我去运动》，这支广告一直被视为女性力量经典之作。在当时，倡导女性运动的概念远不及现在流行，社区和学校甚至很少有为女孩设置的运动器材。耐克的广告，告诉世人：

> 如果你让我去运动，我会更喜欢自己、更有自信。如果你让我去运动，我得乳腺癌的概率将减少六成，将比较不会承受忧愁之苦。如果你让我去运动，我更有可能远离殴打我的男人。如果你让我去运动，我比较不会被迫怀孕。如果你让我去运动，我会了解什么是坚强。

这条广告被《今日美国》（USA Today）的读者评选为1995年年度最佳广告。直到今日，仍然广泛传播。这则广告是杨韵的偶像、W+K广告公司的第八位员工Susan Hoffman负责的，谈起这则广告幕后的努力，杨韵的眼里充满了敬意。在制作广告时，为了劝说人们让女孩去运动，他们寻找了很多数据和案例，但这些数据仅仅是冰冷的数字和文字，没有创意的帮助，数据无法进入更多人的视线，广告最基本的传播效果也难以很好地完成。而负责人最后想出的方法是，让女孩们自己来讲述这些数据。这是她们的声音，是她们的诉求，里面有一句非常经典的话："如果你让我去运动，我会了解什么是坚强。"这则广告打动了很多人。这则广告也跨越国界，打动了当时还是文案策划的杨韵。这则广告最终取得这样的效果，是创意的力量，是文案的力量，也是对现实的人们真诚的关怀的力量。杨韵曾离开过广告行业，最终选择回来，选择来到W+K广告公司，也正是因为这些广告的创意让她为之震撼，让她深深触动，原来广告还可以这么有力量，原来文案还可以用这样的方式来传达。

深受公司文化和理念影响的杨韵一直把"打动人心"作为创意的最重要的目的之一。访谈中，杨韵提到自己很喜欢W+K团队制作的宜家的"别问我为什么长大"，它兼顾了创意的表现形式、贴合品牌核心诉求和对现实人性的关怀。宜家的

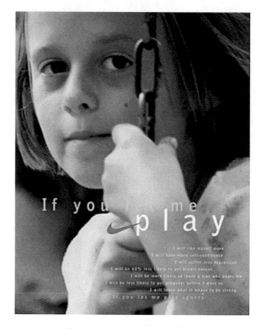

广告短片《如果你让我去运动》

1995年，耐克"Just do it"运动系列发起了一系列针对性别歧视和倡导性别平等的广告活动。耐克在广告中谈到了组织体育运动对女孩的好处，以及它如何使她们受益并改善她们的生活。广告由不同年龄的女孩来表达体育运动的好处，它如何增强她们的自信心、保护她们免受某些伤害、驱赶抑郁症，让她们变得更坚强。

核心是家居设计师，理念是"让大众可以享受更好的日常生活"——设计不只是为了美，而是为了解决家庭的问题。在这则短片中，宜家携手新裤子乐队上线单曲《别再问我为什么长大》，聚焦有娃一族的共同烦恼。"我不会说话，我不想说话，咿咿咿呀呀，占领你的家"，通过富有共情力的音乐、诙谐幽默的演绎方式，MV呈现出宜家如何充分发挥家居专长，通过提供灵活实用的解决方案，让飞速长大的"小怪兽"与整个家和平共处，帮助家长从容应对孩子成长过程中的挑战。

杨韵提到，短片的受众是有娃一族。在歌曲MV中，宝贝以异于常人的速度一天天变得巨大，破坏力也日益惊人。床不够用了、厨房不够用了、沙发也不够用了……家具怎么买都赶不上他的长大速度，这个是父母的感受。父母从招架不住到慢慢找到和谐相处之道——与其不停地买家具去迎合他的长大，不如选择宜家。宜家的床可以拉大，桌子可以拉大，沙发可以组合，最后其实都是回应父母面对的难题，回应消费者的需求。

　　杨韵认为，所有的创意其实最终还是要回到这个品牌最核心的理念，以及观众最切实的需求。

宜家单曲《别再问我为什么长大》

　　宜家携手新裤子乐队上线单曲《别再问我为什么长大》，聚焦有娃一族的共同烦恼，通过音乐和幽默的演绎方式，呈现出宜家如何充分发挥家居专长，通过提供灵活实用的解决方案，让飞速长大的宝宝与整个家"和平共处"，帮助家长从容应对孩子成长过程中来自家居生活的挑战。

　　总会有一些事物、情感和故事能够超越民族、种族、国界和信仰，让所有人产生共鸣。寻找到不同区域的人的这种共通的情感和人性，是品牌跨越国界获得认同时不可或缺的一步。这一步也是杨韵迈出的最成功的一步。从小接触多地文化的她对文化的包容和相互理解有非常充分和细腻的认识。W+K作为一家美国公司，刚到中国时，经历了很多美国文化和中国文化的碰撞。在杨韵看来，创意广告最关键的地方永远是品牌的核心，它到底为了什么而存在。因此，除去核心以外的部分，都是可以根据各地文化和习俗来进行本土化创新的部分。正如"家乡美食"企划，各地的食物都是很本土的东西，但家乡美食却是全体人类共有的东西；宜家虽是瑞典的品牌，但让生活变得更好的理念却可以传达给全体人类；耐克虽是美国品牌，但即使在春节这个看似与运动无关的节日，家人对自己永不停歇的爱也能让其他地区的人体会到那份情感的重量。本土化和生活化是核心的装饰，所有的创意都基于品牌的核心理念，遵循这一点的本土化表达都会是锦上添花。所有的创意都是对现实生活的一次深挖和研究。

创意女性有很大的发展空间，用创造力争取更多的话语权

随着社会进步和平权意识的觉醒，女性在各个行业中的地位和权利得到了很大提高。不过，创意女性的话语权仍然有很大的发展空间。作为创意与营销行业中的杰出女性，在回答"如何促进女性的行业发展"这个问题时，杨韵提到了三个关键词：生产力、消费力和创造力。

杨韵认为，生产力是女性提高话语权的第一步。她永远记得三八妇女节的起源。一个多世纪之前，劳动妇女走出工厂、走上街头，用罢工维护自己的合法权利，让世界听到了女性的声音。所以，在她看来，女性生产力是女权的开始，女性有了生产力就有了力量。女权不是天上掉下来的，而是女性自己争取的。此外，杨韵认为女性的话语权与消费力息息相关。在围绕女性消费形成的"她经济"日益崛起的背景下，女性买什么、不买什么，越来越受到市场和大众的关注。女性通过消费来表达自己的需求和态度，从而影响市场和行业的发展方向。女性的消费力越强，在行业中的话语权就越大。最后，就是女性的创造力了。"我们创造了什么？这和以前男性主导的世界有什么不一样？"在杨韵眼中，问题的关键在于，女性越是从自身性别独有的角度和洞察出发，创造更多男性创造不出的东西，"我们就越能够得到更多的话语权"。

杨韵回忆起自己早年的经历。很多年前，她作为创意总监在美国的一家老牌公司开会。当时参会的基本上是四五十岁的中年白人男性，在清一色的"典型高管"

中，除杨韵外只有一两位女性，也都是美国人。她是与会人中唯一的亚洲女性。杨韵感受到很大的压力，因为英语并不是她的母语，她担心自己会说不出话、有口音。在大家都在激烈地讨论时，她在想：我应该说点什么？直到讨论到某个话题时，她产生了个好想法。于是，即便十分紧张，杨韵还是鼓起勇气开始讲话。她清楚地记得，她的声音在那样的会议里有多么与众不同。那是一个女生的声音，一个带有口音的中国女生的声音。为了清楚地用英语表达，杨韵慢慢地讲。整个房间里的所有人都把头转过来倾听她的发言，一切仿佛是在瞬间发生的。虽然她说得很慢，但每个人都听到了，听懂了，并且认同了。于是，她恍然大悟："我们声音的力量就来自我们跟别人不一样，所以它有价值，它值得被说出来。"在杨韵看来，创造不一样的东西，就是女性在创意行业的未来。

信息洪流冲击之下，广告业的变与不变

杨韵刚到上海的时候，还是所谓的微博2.0时代。从2012年开始，微信、B站、小红书、抖音等先后出现，软件更新换代的速度越来越快，互联网迎来了翻天覆地的变化。这些都代表着未来趋势——用户面对的信息量将越来越大。尤其是AI的出现，杨韵特别指出，它能够产生海量信息，进一步增强信息的碎片化趋势。

不断兴起的平台，越来越多的信息，争夺受众的注意力在这样的时代背景下越发困难。同时，随着大数据、算法的发展，各大平台内部之间还存在热度、数据的竞争。在这种环境中，广告行业与过去相比也越来越看重数据和销量，甚至有出现"唯数据、唯销量"的现象，在某种意义上可以算是被信息洪流所裹挟。

除了信息的碎片化以外，广告创意也面临着碎片化的现象。新媒体尚不发达的时候，广告受众主要集中在一个地区，但是大量新媒体平台的兴起让更多地区、更多受众可以看到广告。同时这些平台在算法的支撑下进行个性化推送，广告的投放更多是在算法运行后根据用户的兴趣爱好来进行的。用户也有了更加自由的选择，不喜欢便可直接点击关闭广告页面，这在某种程度上对广告创作提出了更高的要求。

杨韵指出，在信息量庞大、碎片化趋势加强且复杂变化的新媒体环境中，广告创作有两点是不变的：一是打动受众的出发点，二是广告与品牌内核的关联。碎片化趋势之中，广告创意无论如何都需要回到这个出发点——打动用户，同时使用媒介的时候还需要考虑广告创意与品牌精神内核的关联是否强大且有张力。坚守这两个不变，庞大的信息量还将转化为时代优势。

在杨韵看来，抓住数据和流量进行洞察，了解平台社区生态特性可以找到吸引用户的方法。"数据是事实，怎样从数据事实中找到背后的含义很重要。这意味着你能否反过来去理解这些数据，让数据变成你创作的方向指引。"后台数据可以帮助洞察消费者的需求，是辅助广告人做出打动人心的创意的工具，但关注数据的同时也需要关注媒介特性，如何从媒介多样手法之中确定一个既受大众欢迎又符合品牌调性的方式来创作、传播创意同样重要，注重流量数据的同时也不能忽略品牌内核，这是创作时摆脱"唯数据、唯销量"现象，也是制作出真正打动目标消费者的创意的条件之一。

（采访者：邬明路、潘雅明、周紫玲、张思羽、李河姈、宋乘协）

Chapter 11

广告界的狂人，创意界的"笨蛋"

——Jones Knowles Ritchie（JKR）执行创意总监梁景闻

梁景闻，马来西亚人，曾就职于盛世长城（Saatchi & Saatchi）、天联（BBDO）和奥美，目前在上海的杰亚佩茵品牌设计公司（Jones Knowles Ritchie）担任执行创意总监。梁景闻拥有22年创意经验，曾服务过可口可乐、玛氏箭牌、宝洁、联合利华、肯德基、新西兰航空、宝马迷你库珀系列、索尼、上海迪士尼乐园等富有影响力的公司和品牌。此外，他的作品曾荣获D&AD、戛纳国际创意节、One Show、CLIO、Spikes Asia等业界顶尖奖项。

初见梁景闻的时候，他穿着蓝色的棉衬衫和短裤，肩上随性地背着单肩包，身上带有广告创意人独有的精神，个人风格十分强烈。梁景闻热情地和我们打招呼，小组里的两名马来西亚同学，听见他说话的声音就倍感亲切。在切换访谈地点的途中，我们简单地交流了一下，氛围很舒服，最后我们在梧桐树下的一间街边咖啡店落了座，一切都是那么顺利，从一开始似乎就能预见访谈的顺利。梁景闻是个对广告、创意非常执着的人，他很乐于向我们分享他在广告行业漂泊多年的故事，以及他对于创意工作的想法。

途有好伴：岁月不改广告人的热血情怀

从业多年，这一路上，梁景闻遇到了很多与他志同道合的伙伴。对他来说，在奥美工作的那段时间是非常难忘的回忆，梁景闻说他周末是不休息的，周一到周五全都投入工作中，到了周末，用他的话来说就是要做些"好玩的东西"。当时的奥美聚集了很多国家的广告人，大家都想要用创意做出好东西。梁景闻旗下也有了不少"小朋友"，好友 Xiao Kun 加入奥美后，也叫来了他的好友，每个人都带着旗下的"小朋友"加入，越来越多的人加入他们这个大家庭。谁有好的创意，只要提出来需要帮忙，大家二话不说都会成组地去加入，这就是广告的魅力。通过梁景闻的描述，我们仿佛能够看见当时他们那么一群人是何等的意气风发。"如果队伍里只有十个人，要完成一个创意可能会很辛苦，因为一个人需要身兼多职，但如果有二十个人、三十个人呢？"答案不言而喻。这个队伍里的每个人都是带着好意来帮忙的，表面看似是几个人做出的作品，实际上他们的背后站着无数个人的身影，只要愿意敞开队伍的大门，每个进门的人都能为作品添上一分，渐渐地就完成了一个高分作品。在奥美任职的这段经历让梁景闻获得了无数奖项，虽然这段时间非常疲惫，但他觉得回忆起来都是快乐的。

在他身上，你能够感受到他从始至终都在热爱着广告创意这个行业，这样的热忱和疯狂似乎很难在现代的年轻人身上看见了，但这样热血的人，也不止他一个。在梁景闻早年的从业经历中，他认识了一生的挚友——Kit Ong。他们是通过以前的上司牵线认识的，梁景闻曾经愿意拿一半的薪水加入一家公司，而当时也有个跟梁景闻有着相同想法的人，那个人就是 Kit Ong。如今两人已经相识二十几年了，对于梁景闻来说，Kit Ong 就是他的灵魂挚友，他们经常会一起交流创意，其中一人刚说上半句话，对方就能够接下半句话，两人都能够轻易地理解对方的意思，而就是这样两个年纪加起来快一百岁的广告界"老头"，仍然致力于在创意领域发光发热，并且梁景闻还想要在戛纳创意广告节夺下大奖。

拿下大奖，乍一听挺令人惊讶的，但似乎没有那么遥不可及。虽然说广告行业是一个以年轻人为主力军的行业，梁景闻也自嘲已经是个"老头"了，但他从来没有停止过学习，他就是想要证明"老人"在行业里还是有可取之处的，他们不仅有资历，还有实力。岁月的增长并没有让梁景闻的脚步停下来，而是给予了他游刃有余的能力。

不安于做公司的"老人"：从痛苦和危险中"赚"快乐

和很多人的职业生涯不一样的是，梁景闻是一个不甘于"太安全"的创意人。从麦肯到盛世长城，从盛世长城到天联，从天联到奥美，直到现在走进杰亚佩茵，梁景闻的"跳槽"之路总是令人意外——他似乎总是在"从高往低"地"步入险境"。但对梁景闻而言，选择一家公司重在自我的挑战与成长，尤其是"危机感"的挑战。

梁景闻选择离开马来西亚来到中国本来就是一个令人惊讶的选择，因为很多人认为"中国人不会做广告"，梁景闻却认为这是一种傲慢，他选择"改变自己"。即使梁景闻的中文当时并不好，但是他说："管那么多干吗？我就要去。"也因此，他没有直接选择自己的老朋友、老东家天联，他的朋友挽留他，但居安思危的敏锐性使得他选择拥抱危险并提升自我。他选择了会"杀作品、不买单"的奥美，因为他要打磨出好的作品。事实上，他做到了，梁景闻在奥美拿下了比他在马来西亚时更多的国际奖项。

这种不断改变环境、不断从头开始、不断重新磨合的痛苦对梁景闻而言早已习以为常了。就像他决意来到中国一样：虽然煎熬，但是绝不言弃。因为永不甘于后退，所以痛苦；而在痛苦之中打磨自己的创意、自己的作品的这种态度，贯穿了他的每一次新的公司选择。

梁景闻很坚定地说："你在一个太安全太舒服的地方待久了，你就会开始懒惰了。这是不行的。"他要用这种永不满足、永不安逸的精神，将险境化为乐趣。

事实上，痛苦对于梁景闻而言意味着新机遇。在盛世长城的痛苦中，他学会了创意为王；在奥美的痛苦中，他学会了从"骂"中找寻创意突破和保护的平衡点。梁景闻在尝新中生活，他虽不愿失败，但也不畏惧失败。他曾经想出一个创意，通过让很多警察站在特斯拉的车身后来呈现特斯拉的安全，却因为没能及时

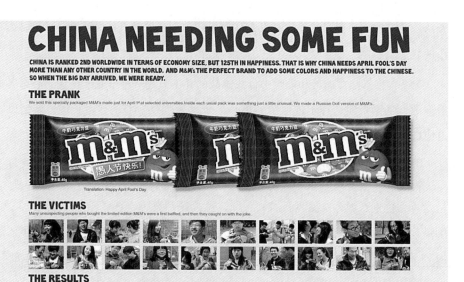

M&M's巧克力豆系列的愚人节活动策划

活动中，玛氏M&M's巧克力豆推出了一种特别包装，上面印着节日限定的字样，里面套着一层又一层的包装，像俄罗斯套娃一样，给购买者带来了惊喜和意外。广告画面中，每个人拆开特别包装后，都露出了惊讶和高兴的表情，享受着愚人节的乐趣。这个活动体现了玛氏M&M's巧克力豆的品牌理念，为中国的年轻人增添了一些色彩和幸福。

落地，而目睹一模一样的创意在当年几乎包揽了全部奖项。这让他学会了"好的创意不要等，不要因为预算不足而等待"，要更加勇敢地尝试和落地自己的创意。正是这种百折不挠、从失败中吸取经验的心态，使得梁景闻永远走在挑战自我的路上。

梁景闻说，他永远不会满足于自己现在的水平和成就，永远会要求自己做得更好、更多、更不一样。他说，他不喜欢在一家广告公司待太久，因为那样会让自己变得安逸和保守。他说，每三年就要换一个环境，去学习新的东西，去认识新的人，去接触新的客户，这样才能让自己不断进步和成长。他很佩服像R/GA这样的广告公司，因为它每十年就会改变自己的方向和风格，从做电影片头、做广告到做活动、做设计，始终走在时代的前沿。

创意是一片游乐场：永不放下对广告的热情

支撑着梁景闻在痛苦和危险中自我挑战的并不只是一种不安于现状的心态。追根溯源，从梁景闻选择走进他拿到第一个全球大奖 D&AD 的盛世长城，就足以看出他这么选择的理由：他对创意的热爱。

在麦肯里，梁景闻无法得到做创意的快乐："一个很大的国际广告公司，我做很大很大的品牌，但是感觉怎样说，哎，没有做出好作品，没有做出影响别人的东西。"而从进入盛世长城开始，他持之以恒地用自己的创意去玩广告。盛世长城"不同团队轮流顶替上一个团队"的特殊制度，使得创意人敢放开来做自己喜爱的创意。盛世长城对梁景闻的影响是深远的，至于他离开盛世长城的理由也是如此："我现在还可以做好玩的东西，不一定要在盛世长城，我已经长大了，我可以靠自己。"这种做好玩的东西、玩广告的热情，这种直率的热爱，或许正是他所自述的："我本人就是喜欢广告，这是没有办法改变的，我就是走这条路的。"

梁景闻觉得钱对他而言并不重要了，没有钱没关系，他和 Kit Ong 拿着一半的薪水走进盛世长城，直到离开也没有达到他在麦肯的薪资水平，"但是没事，我开心。我永远找最好的广告公司，里面有最好的老大（老师），有最好的作品"。或许这是他热爱广告的最好的体现。

梁景闻对热爱的理解很深刻，他认为这种超越名利的对广告的热爱才是一个广告人能做得出彩的真正原因。"我感觉很多时候我们看到钱就忘记了我们的初衷，就忘记了我们首先应该做好创意，不是赚大钱。你有好作品，名会来，钱会到。你每天想钱，你没有想到好作品，这些东西反而不会来到。它是一步一步来的：好作品、出名、钱。"同时，也只有有了热爱，才能在提案阶段用努力打动客户，能够让客户相信你是真心要做好一个作品。同时，热爱会使得一个广告人真正投入作品中，能够不自觉地、自发地督促自己做好一个作品："你爱一个客户，爱一个作品，你就感觉自己多做两个小时是值得的，不睡也是值得的。你这样做，没有一个客户不喜欢你。"

他很提倡做自己喜欢的品牌："你最喜欢哪个产品？做！喜欢耐克就做耐克，喜欢迪士尼就做迪士尼，喜欢德芙就做德芙，喜欢士力架就做士力架。"在迪士尼那

梁景闻团队为上海迪士尼乐园策划的万圣节活动

上海迪士尼乐园在万圣节期间，一般都会举办一场别开生面的"万圣趴"，让游客们体验万圣节的魔力和惊喜。乐园还有一系列精彩的万圣节主题活动，如唐老鸭万圣夜反派巡游、宝藏湾幽灵海盗、"不给糖就捣蛋"、反派阳台漫步、万圣夜惊舞派对等，让游客们感受反派们的霸气和魅力。上海迪士尼乐园的"万圣趴"是一场充满乐趣和创意的狂欢盛宴，吸引了无数游客前来参与。历年来该活动都是由梁景闻团队策划的。

么多动画人物里，他最喜欢的就是唐老鸭，因此当他接到迪士尼的案子时，即便迪士尼一贯是以米老鼠为主角的，但他秉持"怎么就不能是唐老鸭呢"的理念向迪士尼发出提案。当时他在现场以唐老鸭说话的方式引起了甲方的注意，接着将唐老鸭作为宣传片主角这个想法提了出来，他展现了自己对于这个提案的热情，成功获得客户的认可。说到提案，就不得不提梁景闻说过的一句话："你得让别人听你提案，而不是上去说方案。"在广告行业中，除了需要热忱和创意，你还得懂得把它们表达出去。岁月给予梁景闻游刃有余的能力之一就是让客户相信他，为他的创意和热情买单。梁景闻曾说过，提案就像是现场说一段脱口秀给甲方，你需要关注你的观众有没有把注意力放在你的身上，每个人当天可能都有各种各样的事让他们分神，但你唯一要做的就是让台下的人把目光集中在你身上，将你的创意和热情展现给他们看。因此，每当他去提案时，他就把现场当作一个舞台，他会观察底下的"观众"的表情，对他们想听的内容进行预判，而不是照本宣科地说方案，"当客户一想到你那么热情，也会愿意为你买单"。梁景闻用"热情"的提案方式，巧妙地将自己喜欢的角色从配角变成了主角。坚持一个自己喜欢的角色，坚持一个自己喜欢的品牌，就是在坚持自己对创意的热爱。

"最重要的就是找到你自己最爱的东西，让你爱的不是工作，是一种热情，是一个游乐场，你的游乐场。"梁景闻相信，只有把这种喜欢与行动紧密结合起来的热爱，才能真正成就一个创意人。

极致的疯狂：创意旅程的个性风格

梁景闻做广告常常不按常理出牌，敢于挑战自己和客户的极限。有一次，他为一款防水防摔的相机做广告，甲方最开始要求做一个电视广告，可是梁景闻认为电视广告后期可以进行特效剪辑，太虚假，不能真实有效地传达产品理念。梁景闻想到了一个更好的创意：把相机扔进洗衣机里洗，然后将整个过程录下来。

这个创意是从他的执行创意总监那里得到的灵感，他的阿姨曾经不小心把他的诺基亚手机洗坏了。梁景闻觉得这个创意不仅很有趣，也很贴合实际生活。他和执行创意总监约好第二天凌晨五点在公司见面，在公司策划这个实验。他们在天联的办公室里做了十次实验，只有两次失败，剩下的八次都成功地拍下了相机在洗衣机里旋转的画面。他们拿着这个视频去给客户看，跟客户说不要做电视广告，要做一个现场实验，在线下的活动上把相机扔进洗衣机里洗给大家看，然后把这个视频放在YouTube上，在店里当作展示片播放。客户被他们的创意打动了，同意了他们的方案。梁景闻觉得这是他最大胆的作品之一。他说："如果你问我为什么这个是我最大胆的创意之一，一是拍东西没有问过客户，拍完后给客户看；二是客户要你做这个，我们偏不做。"

防水相机广告

这是Olympus μ770SW相机的广告，它是一款具有防摔防水功能的相机，适合各种极限环境的拍摄。广告中，主持人在一场活动上，将相机投入洗衣机中进行洗涤，以证明其耐用性。洗完后，主持人将相机捞出，发现它仍然可以正常工作，还用它拍了一张照片。整个过程被直播到YouTube上，引起了网友们的惊叹和好奇。这个广告以一种大胆而有趣的方式，展示了Olympus μ770SW相机的优异性能和品质，吸引了目标消费者的关注和兴趣。

梁景闻是不在乎工作时间的，早前在他和他的伙伴眼里是没有周末这个概念的，周一至周五干活、想创意，周末就出去做有趣的东西。他兴奋地分享自己对产出创意的疯狂程度：他会在凌晨4点钟打电话给他的伙伴，告诉他自己的新点子；拍摄上海迪士尼广告的时候，他在园区里面连续三天没有睡觉。他说："人们看完烟花离开后，我才可以进去拍。迪士尼只允许10个人小组进去，拍到明天早上。我们要尽量不打扰到别人。"他认为这种牺牲是值得的，因为拍出了一个好作品。他说："做什么东西要挑战自己，不要太安全。"虽然这样的状态是有些"疯狂"的，但是这让他保持了自己的竞争力和优势，而且不断督促自己，不被广告行业所淘汰。

后来，梁景闻来到了中国，在奥美工作了四年。在奥美，他遇到了一个印度人。他认为对方也是一个"精神病"。这个印度人很有写文案的天赋，他在六个月内学会了中文，然后用中文写了一个网站，教别人怎么想出五十个创意。他在网站上分享了五十种创意方法，每种方法都有一个标题来解释这个方向，然后还有一些例子来证明这个方向已经被一些广告公司用过了。梁景闻觉得这是一个很好的创意资源，他也建议过对方把这个网站做成一本书，把它出版出来。

梁景闻最欣赏的是他带过的效果团队。他给他们一个任务，他们能出三个方案；他给他们四个任务，他们能出十个方案。所以那个团队是最厉害的，也是他最喜欢的团队。他说："我觉得好的创意人永远是饿着肚子的，永远觉得自己不够好，永远想着今天我要多花点时间想东西。"

梁景闻认为做广告要去好的环境学习。他很喜欢英国的本田设计团队，觉得本田的广告做得很好。他说："他们没有卖车，他们卖的是梦想。你去看看他们的本田广告，每一年都不一样，我很佩服。真的要去一个好的地方学东西，要跟一个好的老师，要找一个好的客户。后面就是你自己来安排了。"

他认为对新人来说，找工作一定要去找那些能够提供好的学习机会的平台。梁景闻认为最好的工作状态便是奔着学习的态度，去到一个工作环境，而且最重要的是让同事或者上司误认为自己"没有"家，自己的家就是这个广告公司，全身心地投入其中。

产出好点子的秘籍：对创意保持"饥饿"

在盛世长城任职期间，梁景闻便认为自己的工作模式就好比在打一场游戏，如果做不好一个广告，无法得到客户的认同，就会被淘汰，而随后就有其他人替补上去。因此，在他眼里，广告就是一个创意为王的行业。另外，在当下这个"眼球经济"盛行的时代，信息发达，知识爆炸，广告泛滥，我们在互联网上所争夺的是人们的注意力，因此，无法吸引人们视线的广告并不是一个好的创意。而且，梁景闻认为，对于消费者而言，他们的时间也是非常宝贵的，如果浪费3分钟看了一个无趣又缺乏创意的广告，消费者可能会对品牌心生"怨念"。因此，无论对广告人、品牌方还是消费者而言，创意永远是最重要的。

那什么样的创意才算是一个好的创意？每个广告人心中应该都会有这样的一个问题。梁景闻认为一个创意就如同一个故事，故事是否精彩就是看它能否让人记得、能否得到传播，倘若我们的创意能够像一则新闻一样，引起跳广场舞的大妈们的关注和讨论，那就是个非常棒的创意。另外，他并不赞同广告创意要像个艺术品，是不需要每个人都明白的，甚至对大部分的人来说是晦涩难懂的。他强调广告应该是个可以让消费者都明白的东西，"消费者是我们的衣食父母"，广告最终是需要落地和转化的，所以创意要足够"简单"，让人们都可以明白，但也要足够有趣才能得到消费者的心。

梁景闻用马来西亚国家石油公司做的一个经典广告作为案例，那是一个关于初次心动的故事，他觉得这个点子很不错，因为大部分的人都会有初恋的经历，所以它能够引起人们的共鸣。如果这个故事是发生在18岁这个容易情窦初开的年纪，那这个广告就会变得非常普通了，但是故事发生在一个7岁的华人小男孩和一个7岁的马来西亚小女孩之间，感情更童真和纯粹，也更有趣。他非常认同他在盛世长城时前上司的一段话："如果你的想法很简单，那就用有趣的方式去表达出来；如果你的想法很有趣，就请保持简单的表达方式。"

只要是能够说服对方的创意就是一个好的创意，而不好的创意肯定是会被拒绝的。但是，当一个创意被拒绝之后，你就要放弃吗？他认为不是的，虽说工作中会面对来自客户、上司，或者是同事的否定或拒绝，但我们要学会保护自己的创意，可是也并非以傲慢的态度不去理会他人的想法，而是通过不断地追问去进行优化。

在向客户正式提案之前，梁景闻会向别人阐述他的想法，如果他们不理解或不赞同，他不会就此停下并否定自己的心血，而是会思考是什么让他们不明白或不喜欢，解决了一个人的疑惑后就找下一个人再重复这些步骤。在这个过程中，梁景闻会持续地对创意进行打磨，所以最终向客户呈现的是经过多人"审视"和优化的创意，即使面对品牌方的疑问，脑海中早就有了答案。所以，梁景闻觉得一个广告人永远是"饥饿"的，对创意一直保持一个不满足的状态。这种"饿"的精神不仅仅体现在一直提出新问题和正面应对他人的质疑，还体现在对创意保持开放的态度。

"饥饿"的广告人并不会狂妄自大，基于对好的创意的渴望，他们能够非常慷慨大方地邀请别人一起完成这个广告。梁景闻在天联期间，其获奖作品的名单中常常会看到参与人数多达20余人，这是因为当某个人想到一个好的创意时，他们就会大方地邀请同事们一起加入，大家都渴望参与好的创意，所以那就干脆让大家拿出各自擅长的部分。

为什么梁景闻作为一个年近半百的广告人还能够在广告界保持活跃？维持"饥饿"的状态就是他的答复。他认为"饥饿"能让人保持谦卑，一个"骄傲"的广告人很容易对学习产生抗拒，从而被瞬息万变的市场趋势所抛弃。不仅如此，梁景闻感觉有时候好的创意就是在那种最饿的状态下产生的。梁景闻提到他的昔日同事肖坤。肖坤最开始不会讲英文，但他很大胆，他的电脑设置语言全部改成英文。他学习如何使用专业的平面设计软件。他对创意永远保持饥饿的状态，屡获国际顶级广告大奖。

如今，创意的表现形式已经发生了巨大的改变。他认为目前需要的是能够适应社交媒体的"快"广告，所以他愿意摒弃制作传统的电视广告，加入杰亚佩茵去尝试不一样的东西，也愿意接触新鲜事物，"饥饿"让他不断产生突破自己能力的欲望，所以才能顺应这个时代的变化。

对创意的"饥饿"使他在和客户沟通的时候，也处于一个汲取和学习的状态，他不怕挑剔的客户，并且还觉得如果成功把他们搞定，心情就像赢得了个大奖似的。

敢于做笨蛋的创意人：以谦卑的姿态发现创意

梁景闻从小就喜欢想各种各样的点子，有些看似很蠢，有些却很聪明。他总是对自己的想法充满好奇和兴奋，不在乎别人怎么评价。他认为，"笨蛋"点子往往是那些能够马上付诸实践的想法，而且不需要投入太多的资金。他相信，"笨蛋"点子也有它的价值。

他说："每个人都会有'be stupid'（做笨蛋）的时候。如果你遇到一个和你一样'愚笨'的人，他也许会说：'嘿，你的想法很蠢，但我喜欢！'这样你就找到了一个支持者。如果你遇到一个很出名的人，但他却不理解你的想法，那你就错过了

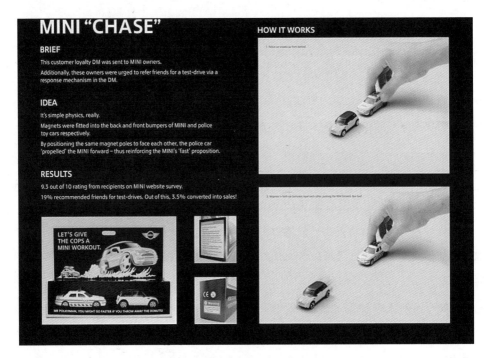

梁景闻团队为迷你库珀系列制作的广告

这是一个面向 MINI 车主和潜在客户的广告，旨在突出 MINI 的速度优势。广告中，MINI 和警察玩具车的后保险杠与前保险杠分别装有磁铁。通过让同极的磁铁相对，警察玩具车就会推动 MINI 向前移动，营造出一种被追赶的场景。这个广告形象地传达了 MINI 是一款快速而有趣的车型，吸引了目标受众的注意力和兴趣。

一个机会。所以你要找到那些能够欣赏和支持你的人。"

这些经历让梁景闻明白了一个道理：好的点子不应该等待，而是应该去实现。因为等待是很痛苦的事情，而且时机和资金并不总是会来的。他决定不再听从别人的意见，而是坚持自己的想法，并且寻找合适的机会和合作伙伴。他说："我一直在学习，有时候会遇到困难和挫折，但我不会放弃。我相信只有通过尝试和冒险，才能实现我的目标。"

梁景闻的目标就是做一个敢于做笨蛋的创意人。他认为，做笨蛋的精神就是保持愚笨的心态，不怕犯错或失败，因为每个愚笨的想法都有可能变成聪明的点子。他说："聪明的人可能只有两个好点子，而愚笨的人可能有很多点子。所有的点子

梁景闻团队为丰田Unser系列制作的广告

这是一部由梁景闻团队在2003年为丰田拍摄的电视广告，名为"Chase"。这部广告以一场惊险刺激的追逐戏为主线，展现了丰田Unser车型的超大空间。广告中，一群收债者追逐一个男子，却在Unser里面跟丢了。广告以"找到这个感觉，丰田！"作为口号，传达了Unser是一款让人满意的超宽敞的车型。该作品获得2003年英国D&AD大奖提名。

都有些许愚笨之处，但每个愚笨的点子都有潜力成为聪明的点子。"这个观点非常吸引梁景闻，因为它鼓励了他去尝试、学习和探索。

在谈及人工智能领域时，梁景闻也保持了"做笨蛋"的心态。他认为人工智能不是无所不能的，而是一种可以帮助人类创造更多可能性的工具。梁景闻在这个话题中展现了自己独特的思考，他不想跟随潮流受困于算法的规则，而是想要反过来玩弄人工智能，走上一条不同的道路。他说："真正聪明的不是人工智能，而是懂得运用人工智能的人。他们能够让人工智能发挥出最聪明的一面。"

（采访者：李依玲、郑佳欣、高雨遥、袁金玉、戴尔）

Chapter 12

创意的"坚守者"，价值的"拓荒者"

——Anomaly 创始人、执行创意总监周锦祥

周锦祥，出生于中国福建，幼时移居中国香港，随后跟父母一起移民新加坡，现定居上海。

二十多年的创意生涯中，他先后在新加坡、曼谷、上海的智威汤逊、达彼思和腾迈担任美术总监、创意总监、执行创意总监。获得200余项国内外的广告大奖，包括中国的第一座戛纳广告金狮子和第一座全场大奖，还曾被全球知名商业杂志《快公司》评为全球跨行业100位最具创造力的人物之一。

2013年，周锦祥和搭档一起创办Anomaly上海办公室。11年来，为百威、尊尼获加、苏格登、惠氏、红牛、Bottega Veneta、MINI等客户的商业问题提供创新和高效的解决方案。

Anomaly 公司内部办公环境

Anomaly 品牌标志

关于 Anomaly

"用创意帮助客户解决它的商业问题"是 Anomaly 的核心理念。这些商业问题可能是开发新品、渠道创新、品牌文化社区管理，也可能是更新门店、包装的设计，当然也可能是广告传播。很多时候，客户面临的是一个商业或生意问题，而不是一个广告问题。Anomaly 不把自己定位成一家广告公司，而是一个能针对客户的问题提供有效创新方案的创意伙伴。

在学习与求教中走向成熟

周锦祥在美院主修平面设计，直到最后一年才集中精力去做广告设计，也由此发现了自己对广告的浓厚兴趣。对于学生时代的作品，周锦祥如今已无太多印象，但他总体评价一般，由于平面设计的专业背景，周锦祥一开始习惯从设计而非广告营销的角度出发，最终导致作品概念不强。

大学毕业后，周锦祥重新做了一份作品集，围绕它开始了学习成长的过程。周锦祥首先制作了一份具有初步想法的作品集，随后寄给了不同广告公司的 ECD（执行创意总监），与他们交流沟通。周锦祥回忆，"基本上每个礼拜都会去找一两个人，持续了一个多月时间"；其间，作品集收到的大部分反馈是，有些想法是有趣的但还不够尖锐，有一定的潜力但还不够成熟，在执行上也不到位。通过不断的求教、反馈和修改，作品集一步步地完善，周锦祥也对广告业的核心知识有了进一步的认识。回顾这段经历，周锦祥认为行业资深人士的意见对新人而言是有所裨益的，新人在求教过程中不用太心存顾虑，周锦祥作为广告业新人时遇到了很多很好的人，他们尽管工作繁忙但是依旧乐意提供指导。

公司的创始人

周锦祥曾有在智威汤逊、腾迈等国际4A广告公司10余年的任职经历。2013

年，周锦祥担任Anomaly上海的合伙人和执行创意总监。从4A到Anomaly，周锦祥经历了工作模式和职场身份的转变。在传统的4A广告公司，创意的工作基本上都是接到一个传播的创意简报，然后思考怎么把它做得有趣和吸引人，如何做大声量。在Anomaly，很多时候，你收到的简报是一个问题，你思考的是用什么方法能更好地解决问题，创意不再是一种传播的表达，而是一个实际的方法。传统的4A广告公司都是大集团式的经营模式，很多大的经营决策都必须得到总部的层层批准，而小公司的经营者基本上都是创始人，他们在公司的人才投资、经营模式的创新上有绝对的话语权。小公司往往也没有复杂的层级，灵活性更强，效率也更高。

阿迪达斯"奥运"系列

这个系列旨在表达有整个中华民族和运动健儿在一起，没有不可能！在当时，北京奥运会的热度已超越体育范畴，成为国家大事，因为这是中国第一次主办奥运会。整个campaign的创意是体育国度，而在这个体育国度里，每一个人都是一部分，你看到每个赛场都由人组成，他们支持着运动健儿们把不可能变成可能。

谈及职业生涯中最满意的作品，周锦祥的回答并没有令我们意外。2008年，腾迈凭借为阿迪达斯策划的阿迪达斯"奥运"系列赢得了中国大陆广告公司自参赛以来的首座戛纳金狮奖，周锦祥担任创意/艺术总监。回忆起这个十多年前的作品，周锦祥认为，相比结果，他更满意的是团队创作的过程，尽管过程无比辛苦，"将近一年半的时间，几乎每个礼拜都有新的想法"；但也正因为过程是辛苦的，最后的大获成功也带来了极强的满足感。

找好团队，就是在找对的人

从创意团队的一名成员到创始人，面对身份的转变，周锦祥始终在探索一个好团队的底色和真谛。对于团队中的其他人，比起"同事"，他更喜欢"合作伙伴"这个称呼。每次寻找新人，周锦祥从不设立硬性、死板的考核标准，更多的是凭借"第六感"，通过长时间的聊天和了解来确认互相之间的磁场契合度。这样的聊天将持续多轮，除了工作以外，对方的兴趣爱好、性格都是周锦祥想要了解的内容。他认为，聘用一个人不能用先试试看的心态，不管对这个即将加入的人，还是现有的团队，这都是一个重要的决定。

周锦祥认为，一个团队的最理想的状态，就是能找到一群"对"的人。只要选择了对的人，他们便会自然地走到一起，成为一个好的团队。在挑选合作伙伴时，周锦祥强调了"拥有开放的思路，善于接受不同观点"的重要性，这一点正与Anomaly的文化意涵一脉相承。Anomaly凭借其"Unreasonable（不可理喻）"的特性存在于广告圈中，收获了"反常、偏离、古怪、例外、不规则、罕见"等一众标签。与同样采用扁平化管理的其他创意热店相比，在Anomaly，每个人的名片上都只有名字，没有其他在等级、头衔上的区分。

"去差别化"的氛围让大家始终都能放松、平等地沟通，合作完成作品。除此之外，"责任心"是周锦祥挑选伙伴时的另一个重要标准。他认为，团队能否快速磨合取决于成员是否都能负责地把自己的工作做到最极致。挑选合作伙伴，就是要找到一群人，大家都自发地想跟彼此合作，这在一个团队里是最重要的。

Anomaly公司的复合功能咖啡厅

保持开放和新潮，创意是广告的原点

周锦祥强调理解问题的重要性，在创作前期会投入大量的时间探讨问题的本质。当确认问题后，他偏向于开放的风格，从不同的营销角度、渠道、平台，追求解决问题的最好方法，然后在执行上将创意发挥到极致。

为了获取创意，他不仅关注潮流，还具备广泛的兴趣和对多方面信息的敏感度——关注广告所涉及的各个领域。这种综合的思考方式使得他能够在广告创作中保持开放、多样化的风格，并且更好地满足客户的需求。

而在创意的生产过程中，周锦祥强调了广告人运用"第六感"的重要性。所谓

上海Anomaly "学会爱你的经期和身体"主题分享会

Anomaly OPEN是新模式营销公司Anomaly创建的分享活动，邀请各行各业的"非常之人"来分享有关设计、艺术、建筑、文化、音乐、展览、数字营销、品牌建设、创业经历等不同主题的内容，构建自由分享与讨论的氛围，推动深度思考与探讨。从2018年至今，Anomaly OPEN已经主办了50余场线上线下的分享会活动。

的"第六感"，就是一种黏合能力，一种在混乱、跳跃的资讯里找到其独特逻辑的感知力。他相信第六感是一个广告人必备的品质，通过培养第六感，可以在没有太多相关经验的情况下，在创意的发掘和传达过程中更加敏锐地捕捉到受众的需求和情感，从而在广告创作中做出更好的决策。这种直觉不仅仅依赖于知识和经验的积累，更取决于广告人的个人感知能力和对于不同领域的敏感度。他鼓励广告人通过多样化的体验和尝试，培养自己的第六感，以更好地应对不同文化背景下的需求。

创作氛围是创意的孵化剂

细数过往，周锦祥曾工作于新加坡、曼谷和上海的智威汤逊公司，因此对全球各地的广告业都有着极为深刻的认知。他认为，虽然广告皆以创意为核心，但由于广告公司本身就代表着一个地域的文化，市场文化的不同将直接塑造广告公司内部的文化差异，其中最大的区别在于其创作的氛围——这一点对创意的表达具有重要的影响。

放眼亚洲，泰国的广告行业具有最显著的特色。泰国的文娱业极其发达，主流品牌都在寻找方法，希望通过娱乐消费者来让他们对品牌产生好感。因此，从前卫的角度来看，泰国的广告创作无疑都在前列。相比之下，新加坡市场偏小，很多品牌也不会有大的市场营销的投入。再加上文化也趋于按部就班，创意的空间相对比较小。而近两年，国内广告行业发生了较大的变化。新兴行业如雨后春笋，正积极、大胆地开拓崭新的传播方式，力求在新时代下创作出更具创意、影响力的作品，在周锦祥看来，国内的广告业仍有着十分广阔的创作空间。

Anomaly一直致力于构建创意文化，Anomaly OPEN空间是上海Anomaly创办的文化平台，通过举办讲座、活动和展览的形式为广泛的创意群体提供支持。Anomaly OPEN空间此前举办的展览包括字体设计师应永会、艺术家奶粉zhou和摄影师Rich Shuie的个人展览，并与Magazine B合作创造了一个沉浸式的阅览室。Anomaly OPEN空间于8月26日起举办展览"城市漫游者"，展览以临街美术馆的形式展出，邀请观众在人行步道上驻足浏览，成为"城市漫游者"的一员。

展览"城市漫游者"共分为两个部分，第一部分展出的是林山拍摄的大幅建筑摄影作品。林山是摄影师和建筑师，他的拍摄对象是上海的城市建筑与街巷。借助他作为建筑师的观察视角和建筑摄影的拍摄方式，林山为标志性的海派建筑景观与群落留下了"标准照"。林山说："我想用照片呈现这些想象的视角，希望这个擦肩而过的城市照片的展览，带给生活在这个城市里的人们熟悉而陌生的城市建筑之美和生活应有的颜色。"这些建筑是上海城市生活的底片，穿插在日常生活的片段中。林山的摄影还原了它们完整的轮廓，让我们得以一览其完整的建筑形态、肌理和比例，认识它们融合东西方的风格和具有时代特征的结构，也为我们赋予了超越街头的视角与距离。

Anomaly OPEN 空间举办的展览"城市漫游者"的海报

"城市漫游者"将人行道变为展厅

　　本次展览的概念来自德国哲学家本雅明（Walter Benjamin）阐释的"漫游者"，即那些注目现代城市景观的人。"漫游者"在熟悉的城市里发现那些有些陌生的图像，它促使我们从日常生活的动线中抽身出来，在游荡中俯仰拾趣，以新的目光观察塑造城市文化的元素与遗产，借此思考人与城市的共生关系。

展览的第二部分是李丹的建筑绘图作品。李丹是设计师和插画师，他同样钟情于上海建筑，尤其是艺术装饰风格建筑所展现的审美趣味。他的绘图提炼了上海天际线上由线条主导的高度秩序化的城市景观与工业遗迹，用细密严谨的刻画将建筑立面塑造为如电影《大都会》中一般理想的结构与形象。他的作品也融合了机械美学的精确、简洁和几何逻辑，让城市的历史表皮重组为既复古又有未来感的图腾。李丹说："让建筑和街道成为平面符号，让符号充满多样的理解，在理性与感性的交界处感受最珍贵的事物，这是我一直试图表达的画意。"[1]

与客户同频思考，相互选择

创意是广告的根源，但不是全部。周锦祥认为，如果甲方选择你当他的合作伙伴的话，他是希望你去帮他解决问题，所以你必须要主动去思考。他认为很多甲方会很欣赏与感激你站在他的角度去思考问题，因为你跟他思考的频率是一样的。很多时候甲方跟乙方会产生摩擦，就是因为你没有站在同样的一个维度，感同身受地去思考和面对问题。

为了更好地提出解决方案，周锦祥所在的公司在成立初期就有了独特的理念，即针对客户的问题提供综合性的解决方案。他们认为，传统的广告、公关和设计公司往往只专注于自己熟悉的领域，无法综合考虑客户的整体需求。因此，他们成立了一家公司，以解决这个问题为使命。这种思维方式使得周锦祥及其团队能够提供广告、设计、公关、渠道等多方面的解决方案，真正满足客户的需求。他们注重与客户建立长期合作关系，不急于追求短期利益。通过与客户的深入沟通与了解，能够更好地把握客户的痛点，并提供符合客户期望的解决方案。这种与客户紧密合作的方式也让他们与大部分客户保持着长期的合作关系，取得了良好的口碑和信任。在团队合作中，偶尔也会遇到与客户意见不合的情况，对此周锦祥往往会采取一种独特的思维方式来解决问题，即将自己视为甲方，从甲方的角

1.《Anomaly OPEN空间：举办"城市漫游者"展览》，https://www.digitaling.com/projects/221045.html，2022年9月。

度去思考问题。这种思维方式让他们能够更好地理解客户的需求和问题，并提供解决方案。他认为，站在客户的角度去思考问题是至关重要的，因为这样可以与客户建立更好的连接。

从需求出发，收获效益最大化

在广告投放的过程中，媒体渠道的选择和具体的投放策略都是非常重要的环节。当被问及这方面工作的经验和建议时，周锦祥认为，媒体投放的选择至关重要，因为它可以让广告最大限度地接触到目标受众群体。然而，他指出，目前很多媒体投放策略都比较笼统，缺乏精准度。如果媒体投放能够更加围绕核心目标展开思考，效果将会更好。他建议在制定媒体投放策略时要考虑如何最大限度地满足客户的利益和解决问题。媒体投放策略的针对性非常重要。他认为，很多时候媒体投放策略是根据客户的预设需求和标准来制定的，例如客户想要增加知名度，可能会选择在大型媒体上投放广告，如户外广告或开机屏。

但他认为还有其他思路值得思考。例如，在预算有限的情况下，如何用更少的资金达到最佳效果。他以之前他们为MINI汽车制作的案例为例，广告将MINI的招牌与餐厅的招牌结合，利用人们经常光顾的餐厅为MINI带来曝光量。这种创意和细致的媒体投放策略能够产生更好的效果。所以，对媒体的思考不应局限于大型媒体，还应该包括多个领域。他鼓励广告人思考如何与目标受众沟通，不局限于数字化渠道，还要考虑线下渠道，如户外广告或举办活动等。他认为通过多样化的媒体选择和创意的传播，广告的效果可能会更好，并带来二次传播的效果。

周锦祥还以年轻人为例，年轻人喜欢刷抖音、小红书等社交软件，所以很多广告人为了曝光率会选择在这些社交软件上面深耕，但是我们要打破常规，除了这些社交软件之外，还有很多可以接触年轻人的渠道，最需要思考的就是：线下怎么去跟这群人去沟通，是不是一定要做一个活动？还是有什么别的渠道？周锦祥认为这是从业者需要思考的，可能一个方案的投放效果不一定只是接触了目标群体，如果能有二次传播，那效益可能会更大。比如饿了吗外卖平台，周锦祥认为他们最好

Anomaly 为 MINI 设计的"停车场，再创想"

　　该项目将杭州黄龙万科中心 K-lab 停车场重新设计，运用色彩、内容和字体图形，把充满启发的导视语句融入环境，不仅让导视系统更加清晰，还给原本冷冰冰的停车场增添了温暖感觉，为都市生活开发出更多可能性。[1]

1.《Anomaly：因"反常"而存在》，http://www.maad.com.cn/index.php?anu=news/detail&id= 8307，2019年11月26日。

的宣传渠道就是公司员工送外卖时穿的那件外套,几十万个蓝色的"外套"在路上跑,这种广告宣传效果是很好的。

不太参与内卷,但靠价值取胜

广告效果普遍为广告人所重视。周锦祥坦言,倘若广告效果不如预期,失落是难免的。在泰国工作时,周锦祥就经历过广告反馈不佳,从而感到失落与困惑的情况,多年以后依旧对这个教训印象深刻。当时他为一款低脂零食创作广告,为了强调商品吃了不胖的卖点,他设计了一则创意广告:一个女孩因体形较胖,被误认为是孕妇而坐上了救护车,了解情况后,救护车队长随即推荐了这款零食——"你应该换成它,这个没有脂肪"。

对于这个广告创意,周锦祥一开始"觉得有点小聪明",但没想到广告投放后遭受了一定的非议,甚至被指责涉嫌身材歧视。事后,周锦祥反思,他在设计时更多是从创意的角度出发,而没有考虑消费者的真实感受。广告是面对大众消费者的,不仅是在推广商品,而且可能会在无形中传播价值观或理念;这种价值观与理念可能是设计者有意为之的,也可能是无意产生甚至与设想相反的。当它们与受众的价值观产生冲突,就可能受到抵制,会产生负面效果。因此,广告人必须审慎考量广告的内容和价值观。

当然,在更多时候,广告其实是没有明显效果的,有时很难判定某一广告的影响力,因为大部分广告都"没有声音";没有声音不代表不好,而是不太好也不太坏的一般情况。这种情况才是很多广告人所面对的日常。

正因如此,广告行业的内外部竞争非常激烈,甚至有时会出现不正当的竞争行为,例如一些广告公司以低价来吸引客户。周锦祥认为,自己所在的公司之所以收费相对较高,是因为他们拥有经验丰富的专业人员。他们很少参与价格竞争,而是更注重为客户提供的价值。当遇到合适的客户时,他们会确保客户了解他们能够提供的价值,因此他们不太会卷入价格竞争中。他们致力于帮助客户解决问题并提供有价值的解决方案。他认为,如果产品或服务本身不具备相应的价值,客户也不会认为这是划算的。他强调了价值和价格之间的区别，认为最重要的是满足客户的需求，创造客户认可的价值。

"不可避免的浪费"是广告的关键词

周锦祥曾多次在采访中提到"广告价值的短暂"，他始终认为，电影、艺术或书籍的价值可以长久流传，但广告的价值可能在一年之后就不复存在了。一个设计师为品牌设计了包装和logo，这些作品很有可能会长久地陪伴这个品牌，几年、数十年，甚至一辈子，最后成为品牌的一部分血肉，深深地烙印在一代又一代消费者的记忆里，陪伴一批又一批不同的人长大。这些作品的"可活性"为其背后的创意赋予生命力。相比起来，广告价值的最大特点则在于其时效性——只在一个特定的时间段内发挥其效应。每一份广告的创意要耗费创作者大量的精力，每一次执行都要投入大额的资金，或许一部广告片的质量能比肩电影，却只能在几周甚至更短的时间内进行投放。从结局来看，虽然也有少数广告作品能深入大众记忆，成为跨时代的经典，但大多都在短暂的闪耀后消散了。

周锦祥很遗憾地承认，至少就目前来看，广告的关键词是不可避免的"浪费"和遗憾。"如何能让广告的创意具有生命力"是广告抛给所有广告从业者的问题，而作为一个具有数十年经验的资深广告人来说，周锦祥也一直在努力探求着这个问题的答案，他也渴望看到未来能有更多年轻的广告人朝着这个方向迈进。

新媒体时代，依旧在寻找最优解

广告行业中一直有一种论调，即"广告已死"。但在周锦祥看来，广告的形式会发生客观的变化，而营销是不会死的。只要有品牌需要推广，需要将自身推向更多人，就必须借助营销来达成。

即使是出身于设计行业，周锦祥仍旧不愿把广告和艺术联系得极为紧密。他认为，从商业角度来看，广告业就是服务业，是具有极强目的性的，广告的传播本质是其想为品牌和企业解决问题。同时，广告业与新闻业也有密切的联系。广告需要关注每天在世界上发生的事情，从中汲取养分、寻找突破口，并做出一些改变。

周锦祥也承认自己的职业生涯中遇到了很多次困难和挑战。他认为，做广告时遭遇的挑战大多不在其过程本身，而是在于当下这个创意是不是最好的。广告人的成就感在于怎么把一个平淡、无聊、难以解决的问题做到最好，而事实是，很多想法和创意在创作过程中被认为很优秀，但当作品最终出炉时，才发现它并不是最好的，这就是广告最痛苦的地方。正因如此，广告人的宿命或许是永远走在寻找"最优解"的路途上。

广告行业面临着从传统媒体向数字媒体的转型，这给广告业带来了机遇和挑战。周锦祥认为，这种转变主要体现在消费者习惯的改变上，即从传统媒体，如电视，逐渐转向手机等数字媒体。而其中最关键的是了解消费者的习惯变化，不要仅仅聚焦于技术层面的变化。了解消费者为什么使用手机、与手机屏幕互动的方式、停留时间等方面的信息，对于制定最佳的广告方式至关重要。他认为，并不是每个人都需要酷炫的广告，不同消费者有不同的需求和喜好。因此，在数字广告领域，他认为思考的重点在于了解消费者、洞察消费者的行为和喜好，从而制定出最有效的广告方式。

致新广告人：思考、洞察和渴望

第一份工作对于大多数学生来说都是一项非常重要的决定，周锦祥认为，最重要的是要考虑自己是否真的喜欢这个行业。在他看来，广告行业可能比其他行业更加劳累，因为需要经常加班、压力比较大、工作是不固定的。但是，如果真心喜欢这个行业，那么所有的劳累和压力都是值得的。另外，选择的工作应该是自己感兴趣的。如果选择的行业不符合自身的兴趣爱好，那么就会没有太多的动力去工作，很容易就会走上离职的道路。更重要的是，这也会让新人工作者错失很多其他机会。

周锦祥觉得，选择工作也需要考虑自身的长期发展目标。毕竟，这是职业生涯中的第一步，需要找到一个可以让自己不断成长的环境。新人进入职场时要有自身的职业规划，要分析这份工作能不能让自己的潜力得到发挥，能不能让自己的经验和能力得到快速的提升。

对于已经下定决心进入广告行业的新人来讲，首要任务是发散思维，而不是追求简约。要尽可能多地拓展思维方式，不必花费大量时间追求完美的效果。如果有一两个星期的时间，不建议把这段时间花在追寻一个完美的想法上，而是要尽可能多地思考，扩展思维，并从尽可能多的角度去思考一个问题。这有助于将来能够更好地思考问题，并找到更好的解决方案。尤其重要的是坚持这种习惯，这样做有助于新人在职业生涯中成长为一个更好的专业人士，并在职业生涯中实现更大的成功。

周锦祥认为："广告新人要在日常生活中接触不同领域的资讯，如了解不同行业的市场状况等。因为当你接触到某一个特定领域的品牌时，你必须有一些初步的了解，这会帮助你更深入地挖掘品牌价值。在这个过程中，你需要维持对周围事物的敏感度和好奇心。这样的习惯能帮助你更好地洞察行业市场，捕捉到更多的机遇，并在职业生涯中发挥更大的作用。"

此外，周锦祥多次强调了"激情"和"渴望"的重要性，这是推动广告人不断去追求更好的创意和广告效果的源动力。而经验则是通过长期的积累得到的，需要不断的努力和实践，需要耐心和时间。同时，大众的审美在不断变化，广告作品要随着受众的变化而变化，只有不断提高自己的技能以及适应环境的能力，才能更好地融入这个行业。除了保持热情，学会享受工作也是重要的一部分。周锦祥坦言，事业与家庭可能存在一定的冲突。年轻时，他会"把全部时间都留给工作"，即使在家也工作不停。而现在，他已经能够把工作和家庭分开，在家尽量不工作，而是把时间留给自己和家人。家中不工作的原则还体现在子女教育上。当被问到是否会有意培养孩子在广告方面的兴趣与能力时，周锦祥认为还是要尊重孩子的兴趣。"生活永远大于工作，所以要试着将工作视为人生的乐趣，从中找到快乐和满足。只有这样，才能感到工作的充实，激发工作的热情和创造力。"

（采访者：郭佳萌、权承斌、张小龙、史振东、吴畏）

Chapter 13

向内挖掘创意，向外传播创见

——YELL 广告公司创始人 Dissara Udomdej

Dissara Udomdej，泰国YELL广告公司首席执行官兼创始人，泰国顶尖公立大学泰国艺术大学的讲师以及Chula Unisearch的课程总导师。他既是广告公司领导模范，又是国际公认的广告创意人。

Dissara拥有近20年的行业经验，曾斩获众多国际赛事创意奖项，作品曾获得纽约广告节铜奖以及最佳创意奖等。他不仅多次在世界赛事活动中担任评委，还是知名的国际演说家。Dissara曾在伦敦国际奖中担任评委，在上海国际广告节发表演讲并担任伦敦国际奖创意联络人教练。从泰国到亚太，从国内走向国际，从创作到指导，他对广告创意有一套自己的评价体系，是国际公认的杰出创意人。

Dissara还是一名出色的广告公司领导者。2009年，Dissara洞见互联网经济的增长趋势，敢想敢拼的他决定建立一家数字广告公司，从此四个年轻人在出租办公室内创业的生活开启了，他们共享的一桶桶泰国YELLOW MaMa方便面正是Dissara与YELL之间故事的开端。Dissara认为YELL就像老虎，睿智冷静，能够在有限的施展空间内伺机而动、灵活捕猎，有着清晰的目标、缜密的策略和无限的活力。

采访Dissara时，他戴着一副黑框眼镜，身穿一件休闲白色T恤，给人一种扑面而来的年轻感，让人难以想象他竟然已经有将近二十年的行业经验。一边向内书写创意，一边向外传播创意，Dissara丰富的从业经验和卓越的个人成就令人感叹，他的年轻和活力令人意外。无论行业如何变迁，Dissara总是能守住初心，以健康愉悦的心态迎势而上。

广告创作不应被洪流裹挟，需要健康心态与坚定信仰

Dissara认为广告人一定要保持健康的心态，这样不仅能避免思维窄化，也有助于迸发创意。广告行业蒸蒸日上，广告人需要洞察互联网变化趋势，不断与潮流热点接轨，结合广告本土文化特点，坚持蓄势积累，这样才可能实现创意出圈。而广告创意的迭代又十分迅速，经得起时间考验的创意不多，持续的创意输出更是一种挑战。因此，广告人常常面临很大的精神压力，行业内卷带来的洪流席卷了众多业内人士。但Dissara指出，好的广告人不应该被洪流裹挟，因为处于高压状态下，广告人其实是很难想出好创意的，它使得思维窄化，阻止我们对创意的深度进行辨析。广告人需要的是一个创造性的思维框架，不仅应该从客户的角度，还应该作为一个合格的受众去思考，这种灵活的思维状态是以乐观健康的心态为支撑的。

在谈及自身的广告创作生涯时，Dissara说他在建立自己的"创意银行"时，也曾经历瓶颈期。瓶颈期对每个广告人而言都是必经之路，当创意不再接踵而至，面对周围伙伴和行业内的压力时，广告人的自我怀疑可能让其不知何去何从。而Dissara却是泰然处之，他认为遇到瓶颈期就像是地球每天都在转一样，是不可避免又自然而然的事，我们都是渺小的人类，没有阻止的力量。处于创意瓶颈期的我们可能会面临外界的许多压力，感觉十分疲惫，但是我们不应被此裹挟。我们能做的是坚定信仰，相信自己，回想当初进入广告业的初心与热忱，告诉自己我们总能渡过瓶颈期。今天没有解决，或许好的创意在明天等你。广告人需要健康愉悦的心态，放轻松，坚持自己的信仰和步调，而不是随波逐流。这不仅是渡过瓶颈期的秘诀与广告创意的催化剂，更是每个广告人的必修课。

做生活的有心人，在观察中发现灵感

作为杰出的广告创意人，Dissara始终认为，灵感始于生活，生活的有心人善于观察，广告人需要的正是一双观察者的眼睛。Dissara将自己的每次外出都当成一场人类观察，仿佛是在做田野调查一般，不仅是单纯的闲暇乐趣，他会去观察周围

人所做的事，揣摩他们的喜好和动机。在生活中持续观察和积累已经成为Dissara的潜意识行为，这也是他创意的源头活水。

有心人会发现Dissara创作的广告中时常融入电影元素，这不仅得益于他过去电影行业的从业经历，更是因为，他认为电影和广告都是对生活的创造性反映，而电影的语言是一种平易近人的讲广告故事的方式。广告人做生活的有心人，会对趋势变化越发敏锐，逐渐形成自己对不同地区风土人情的理解。对生活的观察和灵感又能用到广告创意中去，用电影的方式塑造出一个个活生生的场景和立体鲜明的角色，从而使得受众通过一种轻松的方式深刻理解品牌试图传达的内容。这不仅是广告人的生活，也是大众的生活，在共通的生活经验和感受里，好的创意能够得到更广泛的触达和更充分的理解。

2021年4月，YELL为法国圣戈班材料公司（Saint-Gobain）旗下韦伯胶水（Weber）推出一支神反转微电影广告《壁虎超人》。广告灵感源于超级英雄系列影片，讲述了一个男生被壁虎咬了一口后变成壁虎超人的故事，他的手指可以不断喷出胶水，缝合一切破碎的物品，一天，他的手指胶水用完了，正在苦恼之时，韦伯胶水出现了，超能力再次回归。影片的超级英雄创意幽默俏皮，不仅成功突出了韦伯胶水的功能优势，还戳中了万千网友的笑点。

《壁虎超人》

好的广告公司首先与客户同频共振，把故事讲给受众听

Dissara提出，广告公司"不仅应该将媒体推向目标受众，还应该将客户带入他们的空间"[1]，他本人在制作广告时也始终贯彻这一宗旨，始终有着很强的目标导向，客户需求和受众需求齐头并进，充分的沟通交流在其中扮演了很重要的角色。

每一次拿到客户的工作简报后，Dissara做的第一件事就是与客户和团队伙伴们进行充分的沟通，深度解构客户需求，与客户的思维共振。与一群生气勃勃的伙伴展开讨论对他而言是灵感碰撞的旅程，在这个过程中，他们更加明晰客户的诉求并确立合适的广告风格。Dissara认为，广告风格与客户诉求紧密相关，比如当客户想要在青少年群体中打造一个积极的产品形象时，广告有时需要融入一些幽默元素；而当客户的目的是重塑品牌形象并触达新受众时，广告风格又会有所调整，因此我们总是需要形成众多不同的风格。而客户也因为和YELL之间的愉快合作，对YELL的服务给出极高的评价。"在YELL，我们不是作为客户，而是作为一个'团队'一起工作，在那里，我们分享并学习一起找到最佳解决方案。在他们的支持下，我们可以无忧无虑地开展我们的活动。"[2]LazGlobal团队的Prarinya Maneewan女士分享了与YELL之间愉快的合作经历。

此外，在Dissara看来，广告行业最重要的是透视受众的需求点，实现与受众的有效沟通。在团队中与伙伴的充分沟通能够产生直击人心的广告场景，广告创作灵感纷至沓来。广告不能围绕广告人自身想表达的内容展开，而应该从受众想要从故事中看到和听到的内容出发。广告更像是一个研究的过程，研究如何将故事与客户的诉求点结合，如何讲出引人入胜和有心灵穿透力的故事，让受众享受故事，记住品牌。

好的广告公司制作的广告就好比客户与受众之间的媒介，以客户需求和受众需求为目标导向，通过与客户的沟通共振，实现客户对受众的深度触达。

1.《在元宇宙中工作》，https://bit.ly/3qjDMMn，2021年9月17日。
2.《泰国一家快速崛起的广告公司》，https://bit.ly/3libZJb，2022年4月26日。

以解决客户需求为唯一宗旨，公司组织结构扁平化

广告行业尤其是创意岗位的离职率一直是居高不下的，据CTR媒介智讯发布的《2019年中国广告市场趋势》显示，中国广告市场整体下滑11.2%，2021年和2022年传媒行业整体离职率在各行业中排行第二。而Dissara则自豪地提到，他们有60%的员工都已经坚持在YELL工作超过五年。他认为这得益于YELL独特的企业文化。

自2009年创立至今，YELL始终像一家初创公司一样饱含热情。在企业管理上，Dissara采取扁平化的组织结构，没有严格的上下级制度。在企业文化上，他们以解决客户需求为唯一宗旨，工作氛围轻松欢乐。"广告是关于人的"，Dissara如是说。YELL的办公空间没有私人空间，没有固定座位，没有行政室，没有特权。

Dissara在公司中与员工一起吃住玩乐，工作也是他们生活的一部分。他尊重每个员工的创意和想法，并负责激发他们对广告的热情。因此，Dissara总是能得到员工的正向反馈，他们积极上进，每天都在进步，因为他们知道在YELL，有无数机会和可能性在等着。

员工离职率较低也转换成了YELL客户黏性较高的优势。长期在职的员工会有一直对接的客户，与客户的相处好似交朋友，随着时间的推移，他们越发清楚客户的喜好，也更能精准把握客户需求，服务也更加细腻周到，久而久之，YELL便与许多客户达成一种和谐共生的关系。泰国最大的食品公司正大集团就与YELL达成了长达7年的合作关系，副总裁Anut Pruksawad对YELL给出了极高的评价："YELL热情地尝试了解我们的业务、我们真正的挑战以及我们的工作方式，然后灵活地应用其沟通框架来创造可操作的结果。"[1]

1.《泰国一家快速崛起的广告公司》，https://bit.ly/3libZJb，2022年4月26日。

泰国正大集团与 YELL 合作的广告

该广告是 YELL 为正大集团制作的一款香肠广告。YELL 利用名人效应与粉丝经济，以韩国高人气歌手 GOT7 成员 BamBam 为主要模特。如果在限定时间内购买香肠，将提供参加 BamBam 粉丝见面会的机会，如果购买 40 万铢以上的香肠，将提供近距离接触 BamBam 的机会，并提供各种周边产品。活动最低金额为 1 万铢，招募对象 900 名。YELL 为正大集团制作的这支广告，虽然没有公开准确的收益，但是其中的创意巧思四两拨千斤，只付出了极低的成本就获得了成倍的收益。

以感恩之心包容多样性，欣赏思维开阔的伙伴

YELL 从泰国当地走向国际市场，成为国际知名广告公司，每一名员工都像是推动 YELL 前进的巨大齿轮上的螺丝钉，发挥着不可或缺的作用。谈及对员工的印象时，Dissara 真诚地说，他珍惜和每一个伙伴的相处时间，大家能坚持作为一个团队一起工作，他始终抱有一颗感恩之心。他知道人无完人，他愿意为伙伴们提供良好的生活环境，带领他们共同进步。YELL 办公空间内设有一个篮球场，还有普拉提课程和健身空间，可供员工休憩和娱乐。"他们在工作上投入了太多的时间，而我总是告诉他们要放松。"Dissara 说。

世界本身就是充满多样性的，好的广告公司包容多样性，怀揣感恩之心培养员工的思维模式，广告受众的特征瞬息万变，广告人能做的就是坚定自己的思维模

式，同时又不断进行新洞察以快速适应变迁。

Dissara还提到，在广告行业变迁中，开阔的思维是能够经得起检验的。他认为，思维开阔的人常常有坚实的根基，通过灵活的学习，实现自我成长，从而适应环境变化，因此能在行业变迁中幸存下来。广告人需要与受众、社会、时代同频共振，在和现实生活的深刻联系中考验自己，而思维固化的人是做不到这一点的。

抓住机遇迎难直上，尽一切可能力求完美

当被问及最喜欢的广告作品时，Dissara沉思片刻，然后莞尔一笑，说出了一个熟悉YELL的人大都比较了解的作品：*The Only One*。*The Only One*是YELL在2016年为The 1 Card创作的创意短片。

现如今，人们对长广告的接受程度逐渐降低。但*The Only One*片长11分钟，却像一部微电影，让观众静下心来细细品味。从影片开始女主在男主去世后的一言一

The Only One 广告短片

行，到广告中出现的让人会心一笑的画面，伴随着男主已然离去的事实，故事的基调始终围绕着淡淡的悲伤。直至广告的同名广告曲 *The Only One* 响起之时，悲伤引爆，给观众强烈的心灵冲击。该短片在国际创意节 Spike Asia 上备受好评，之后还被翻译成中文，在中国的社交媒体上广泛传播，获得了很好的反馈。[1]

时隔7年，Dissara依旧高度评价这部短片。究其原因主要有两点：一是该短片的效果非常好，YELL的国际知名度也借此有了很大提升。这让Dissara和他的团队非常自豪。"在世界范围内，大家（通过短片 *The Only One* ）开始认可YELL这个公司，看到YELL在做一些非常棒的广告作品，开始有更多的人关注YELL。"这让Dissara感到他们的努力终于有了回报。

该短片深受青睐的第二个原因与当时的背景有关。2009年，YELL刚刚创立，接下这个广告任务对年轻的它来说是不小的挑战。而委托客户The 1 Card在泰国的知名度本就很高，如果这个广告无法取得理想的效果，难免会给YELL带来不小的打击。但好的公司不害怕冒险，困难总是与机遇并存。在种种困难下，Dissara和团队想尽一切办法，力求"做得更好"。

提及 *The Only One* 成功出圈的关键原因，Dissara觉得它与人们产生了情感的共鸣，在这种氛围之下，广告能够给人以强烈的心灵冲击，因此人们就会自然地沉浸其中。这也说明了年轻的创意迸发出的无限力量。

善用音乐愉悦受众，巧用音乐触达人心

动感十足的背景音乐是YELL广告创作的一大特色。YELL为商业广告制作过大量的广告曲，它很擅长以音乐为导向，在取悦受众的同时将宣传点融入其中，取得良好的传播效果。

Dissara认为，使广告获得理解的最有效的方式之一就是音乐。YELL与知名长视频网站爱奇艺合作拍摄的音乐广告片就是极好的例子。

1.《泰国一家快速崛起的广告公司》，https://bit.ly/3libZJb，2022年4月26日。

对泰国人来说，"爱奇艺"很难用泰语正确拼读，这可谓是爱奇艺在泰国宣传的一大难题。针对"爱奇艺"泰语发音拗口这一巨大挑战，YELL制作了音乐广告《你我爱奇艺》，让泰国受众在轻松愉悦的音乐中快速记住了爱奇艺的品牌名称。该音乐广告发布之后的24小时内浏览量就达到了700万人次，引起了泰国受众的强烈反响。YELL还针对泰国民俗文化为爱奇艺制作了街边摊广告，恰到好处的音乐加上泰式风情的街边摊广告使YELL与爱奇艺的合作圆满成功。

YELL与爱奇艺的合作

在曼谷，爱奇艺发起了一场非常成功的音乐活动，这次活动的目的是解决目标受众中的ai-chee-ye发音问题——因为"爱奇艺"很难用泰语发音。这次音乐主导的活动在12小时内获得了300万人次点击量。Dissara说道："近年来，我们开展了许多以音乐为主题的活动。在我们的每一个竞选活动中，我们都会先取悦目标听众，然后将相关信息融入歌曲中；语境是你不可忽视的最重要的事情。这是曼谷几场音乐活动成功的秘诀。"

Dissara认为，音乐是全世界人民的共同语言。不同国家的人民可能会因为文化差异难以理解他国的广告。但是通过音乐，人们可以跨越国别、跨越文化，共同感受到音乐传递的信息。也许我们不明白具体的内容，但我们可以感受到相同的氛围。在泰国，音乐随处可见。受到泰国文化的影响，YELL极为重视对音乐的巧妙运用。而且，Dissara认为，音乐在广告行业中是一个非常高效的元素。大部分客户希望借助广告让大众记住自己的品牌，在音乐中重复出现品牌名称的广告逻辑，虽然简单但是绝对有效，在这一点上，蜜雪冰城的主题曲已经为我们提供了很好的论证。

贴合目标受众文化习俗，创作富有特色的本土化广告

面对广告行业走向全球化的时代趋势，标准化的、通俗的全球广告还是差异化的、本土化的广告是许多国际广告公司面临的选择。标准化广告在不同地域传播同一广告信息，采取标准化的信息传播方式和统一的广告形式（包括画面、语言、文字等），便于建立统一的品牌风格[1]，更加节省广告制作费用，但可能因地区文化差异导致歧义乃至误解。区域性广告的受众限定在某个地区，多配合差异性市场营销策略[2]，针对性较强，但传播范围有限，制作费用较高。

在两类广告的偏好问题上，Dissara更希望广告能够有针对性地适应目标受众的文化习俗。他谈到中国广告和泰国广告的不同之处：中国疆域辽阔，上下五千年历史底蕴深厚，以博大精深的传统文化为优势；而泰国以文化的多元包容为优势，不太辽阔的疆域使得泰国的居民们相互间大都十分亲近友善，轻松、幽默是他们青睐的广告风格。比如，YELL为印尼知名共享出行服务商Go-Jek的上线订餐服务创作的创意广告片《Go-Jek：饿死了》。在短片里，饥饿成了一种危险的现象，而Go-Jek则扮演着通过送达餐品阻止危机蔓延的拯救者。[3]再比如，借鉴漫威影片《蜘蛛侠》情节的《壁虎超人》创意广告[4]等。但Dissara特别强调，无论中国还是泰国，在发挥本土优势的同时，都可以借鉴其他文化的精华。

YELL为泰国本土民众创作的广告以富有想象力的夸张剧情和动感十足的音乐为特色，非常契合泰国的文化习俗，因此此类广告的成功体现了贴合目标受众文化习俗进行创意表达的重要性。

---

1. 知网百科，https://xuewen.cnki.net/read-R2006080050007618.html，2023年6月16日。
2. 知网百科，https://xuewen.cnki.net/readitem.aspx?cid=r2006050660000417，2023年6月16日。
3.《专访YELL创始人Udomdej Dissara：把创意和音乐当作广告的利刃》，https://www.sohu.com/a/531701627_120494411，2022年3月22日。
4. 同上。

广告公司要有高度的社会责任感，把最好的作品呈现给大家

一个好的广告公司应该通过自己的创意和思考帮助客户找到最好的发展方向，确定最佳的沟通渠道，建立起受众和客户的有效连接。"如果客户期望获得高投资回报率，他们需要表现得像一个人，而不是一个品牌。"[1]Dissara在一次采访中这样说。Yell获得客户高度评价的重要原因就在于它不仅为客户提供标准和专业的服务，而且还会帮助客户发现简报背后的发展症结。最重要的是，YELL能提出切实可行的解决方案，帮助品牌利用眼前的形势，高效实现发展目标。"我相信YELL会满怀激情地找到客户想要的解决方案"[2]，来自泰国卜蜂食品团队的Anut Pruksawad先生对YELL给予了高度评价。

在今天高度娱乐化与狂欢化的社会，消费主义、工具理性、眼球经济盛行，广告表达失范现象屡见不鲜。许多广告公司在追逐商业利益时，创作出的广告可能确实足够吸引流量，但是也可能以对社会风气的损耗、对边缘群体的伤害为代价。保证商业广告的经济效益本身无可厚非，但是商业性和社会责任感，以及商业性与艺术性之间也绝不是非此即彼的关系。

把自己能够做到最好的作品呈现给社会，让客户和受众有更好的体验，是Dissara对广告的使命与责任的回答。Dissara认为，广告最重要的社会价值之一就是创作出优质的作品，而评判的标准并不只是广告为客户带来的可量化的经济收益，YELL始终以敏锐深刻的洞察、专业细致的服务和极富想象力的创意践行着这一点。

YELLcome Virtual Office，在元宇宙中工作

Dissara赞同完成工作是办公的首要目的，是否到线下办公室则不重要，因此他很欣赏元宇宙这一概念。传统的视频会议系统不能很好地利用空间技术，因此他提出"在元宇宙中工作"这一全新的革命性观点，并且研发了YELLcome Virtual Office。

1.《泰国一家快速崛起的广告公司》，https://bit.ly/3libZJb，2022年4月26日。
2. 同上。

YELLcome Virtual Office使用了一般用于视频游戏的空间音频技术，当用户在该平台靠近另一用户时，能够听到他的声音变大，给人身临其境的现场感。并且，更让人惊喜的是，和YELL的实体办公室一样，非YELL的人也可以来访问参观。这样的功能性设置不仅在很大程度上帮助解决了空间不足的问题，还能体验甚至优于传统视频会议的临场感。Dissara"在元宇宙中工作"的创意想法对广告界乃至人们以后的生活方式的影响力都是革命性的，人口密度过大、就业困难的问题也能得到一定程度的解决，泰国很多企业也都来学习过YELL的YELLcome Virtual Office。

此外，YELL的员工们对这个全新的"办公室"也充满了期待。他们觉得每个人都可以在YELLcome Virtual Office里面走来走去并且可以互相打招呼的设定十分可爱，显然，我们无需担心因为在元宇宙中工作而使同事关系、公司氛围变得疏离，人们只是建立了一种新的联系方式。

YELLcome Virtual Office界面

像传统电脑游戏一样，YELLcome Virtual Office界面以像素画风为主体。在虚拟的场景中，公司内部的布局都化身像素区域，仿佛进入了游戏世界。每个进入的员工和客户都拥有一个像素小人形象，在虚拟办公室中行走工作，工作、社交和游戏的魅力在这里共同展现。YELLcome Virtual Office能够给人们身临其境的感觉，无论是相似的环境还是视频游戏的空间音频技术，这些虚拟技术都为用户提供了真切的彼此接触的感觉。目前这一Virtual Office已经在YELL得到了非常熟练和成功的运用，他们表示不会吝啬于该技术的分享，并希望大家都有机会能够得到适应全新虚拟世界的可能性。

AI 给广告人带来自由与闲暇，催生优质的广告作品

根据贝恩公司的研究，将人工智能纳入工作流程可使成本降低约40%。[1]AI对生产效率的提升作用毋庸置疑。针对AI在广告领域的应用，Dissara认为最大的作用就是给广告人留下更多休息和思考的时间。广告业竞争激烈，广告人承受着较高的身心压力，AI的引入能够很好地帮助广告人减轻工作负担，让他们在拥有健康身心的同时开阔创意思路，产出更多更优质的广告作品。

针对部分广告人对AI技术的疑惧，Dissara认为AI的广泛运用是无法阻挡的，因此无需过于担忧。广告人可以做的是利用AI做对自己有益的事情。总体来说，Dissara对于AI在广告行业的运用持积极的态度，认为它是一个非常方便简单的工具。

作为泰国第一家拥有国际网络的广告公司，YELL推出了专门为广告行业研发的一个生成性人工智能平台，名为AI-DEATE LAB。Dissara在2023年营销技术与创新博览会上首次向公众介绍了AI-DEATE LAB。目前，AI-DEATE LAB在泰国山燕商场的注册者已经超过了6 500人。[2]

AI-DEATE LAB使用ControlNet技术，帮助模型学习草图或模板的结构，并通过各种技术，如姿势估计和DepthMap，训练理解数据库中品牌的身份设计、模式和风格的能力。同时，AI-DEATE LAB还支持原型设计以进行AB测试。[3]

YELL通过AI-DEATE LAB提升广告创作的效率和生产力，使创意人员能够专注于构思，提升广告作品的质量，这生动体现了Dissara对AI技术的积极态度。Dissara和团队认为人工智能对广告行业的改变是颠覆性的，因此他们更希望把AI-DEATE LAB分享出来，让各个广告公司受益，并推动广告行业整体的发展。目前，AI-DEATE LAB仍处于实验阶段。

Dissara认为AI对广告行业是非常有益的。面对AI可能会替代广告人的担忧，他认为AI近期不太可能会取代广告人。世界一直在变化，新兴事物也在不停地涌

---

1. "Creative Disruption! YELL Advertising's 'AI-DEATE LAB'"，https://cn.adforum.com/news/creative-disruption-YELL-advertisings-ai-deate-lab，2023年3月2日。
2. 同上。
3. 同上。

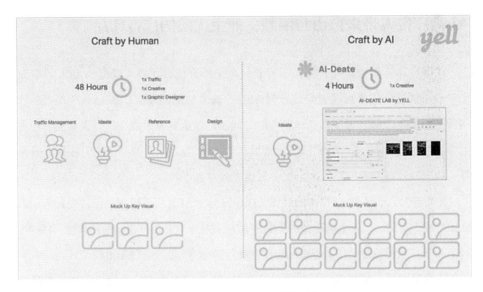

YELL AI-DEATE LAB 的运作思路

一些简单的工作由人类完成可能需要消耗很长的时间，从讨论再到设计的最终过程，流程烦琐，整个创意过程无法得到简化。而利用AI-DEATE LAB则能减少创造性工作时间并提高组织效率。原先需要48小时的创意产出过程，有了AI-DEATE LAB的助力，能缩减至4小时，大大减轻了创作人员的工作负担。AI能从减少、更换，再到重新思考，在各个层面上创造金钱和时间的成本转型。不仅能够删去冗杂的组织架构程序，还能利用AI的特性提供更为丰富多样的视觉效果，为创意生产提供多样的可能性。

现，这无法改变，我们必须要有快速高频率变化的能力。特别是在广告行业，每天都会有非常多的新事物出现。Dissara认为，如果我们一直在锻炼适应变化的能力并且勤奋学习，那么在近期是不会被AI替代的。

与部分人对AI取代广告人的担忧不同，Dissara并不认为AI对新一代广告人来说是一种威胁。Dissara认为新一代广告人就是在AI时代中长大的，会比他们更懂得怎么去运用AI，让AI来帮助广告人，而不是感觉压力很大。Dissara对AI更多的是接纳和期待。Dissara对新一代广告人怀有强烈的信心和深深的期许，他鼓励年轻人：“（希望你们）更好地运用AI，做一个更好的广告人。”

坦然面对时代变迁，脚踏当下稳步前行

短视频大热、碎片化阅读、AI技术方兴未艾……面对广告行业不断涌现的诸多变化，Dissara采取快速适应、坦然接纳的态度。Dissara认为时代趋势无法改变，

YELL利用二维码做的广告

在泰国，食品车既为泰国青少年提供食物，又为青少年提供连接空间。Dissara发现，到目前为止，这个横幅空间从未被大公司使用过，并且年轻人会购买横幅向他们的朋友或喜爱的明星、演员传达信息和良好的祝愿。在这则YELL为爱奇艺做的面向青少年的广告中，YELL利用街头的横幅与二维码，打通虚拟与现实，让爱奇艺进入年轻人的空间。活动成功的关键是横幅的位置。在人迹罕至的地区散布的15面横幅和在曼谷拥挤地区的15面横幅有很大的不同。Dissara说："虽然我们只挂15面横幅，但我们选择了曼谷一个靠近空中换乘站的地方。"每天有近40万名乘客乘坐空中列车。YELL确保了项目的可见度。但这不仅仅是一个街头印象的案例；YELL通过这些互动横幅上的二维码创建了一个虚拟的活动，以引起在线关注。Dissara说："我们不仅把泰国青少年最喜欢的演员放在食品车里，还把演员们的信息个性化。"这是吸引青少年入伙的策略之一。"然后，我们创建了一个附加在横幅上的在线活动。"泰国青少年喜欢为他们喜爱的演员打气和助威。当他们看到爱奇艺进入他们的空间时，他们看到品牌理解他们，就像他们的朋友一样。这种洞察力是吸引观众的关键。[1]

---

1. "How Just 15 Street Food Carts in Bangkok Gained 11 Million Impressions For iQIYI and Yell"，https://www.lbbonline.com/news/how-just-15-street-food-carts-in-bangkok-gained-11-million-impressions-for-iqiyi-and-yell，2021年11月12日。

但广告人最重要的仍然是与客户和受众开展有效沟通，抓住他们的核心需求。我们只需在时代浪潮中把握自己的总舵——洞悉客户和受众的核心诉求——做好自己便足矣。

YELL始终从客户和受众的核心诉求出发，不迷茫、不疑惧、不抱怨，像一只睿智敏捷的老虎，无畏风云变幻，始终朝着正确的道路稳步向前。无论是广告商业性和艺术性的权衡取舍、广告创作风格的单一或多样，Dissara都强调要着眼于具体的广告作品与客户和受众的沟通效果，明确客户所想和受众所想。

从一家泰国本土广告公司到国际知名的广告公司，Dissara带领YELL在诸多领域不断突破，持续成长。在国际合作方面，YELL近期与新加坡的Bacon Creative和中国上海上知营销策划有限公司展开合作，成功成为泰国第一家拥有国际网络的广告公司，增强了YELL服务亚太客户的能力和全球影响力[1]。在客户关系方面，YELL进一步加强与客户群的紧密合作，包括Lazada、Zoflora、爱奇艺和Mister Potato，并且已经赢得了多个项目的投标。[2]

"我们的目标很谦逊，我只是想让公司更有人性化，让员工快乐，同时也让我的客户有所收获。"[3]在谈及YELL未来发展的目标时，Dissara如是说。环顾四周，有许多公司把"改变世界"作为自己的理想，但是YELL更愿意活在当下，计划着短暂但可触及的未来。Dissara想让世界知道，YELL的创始人只是一个首席创意官，他只是用一种杀手般的心态，去帮助客户赢得胜利。[4]

（采访者：王兴兴、蔡燕姿、李嘉芊、兰语馨、金载书）

---

1. "Yell is making history as the first Thai agency with an international network"，https://www.adforum.com/interviews/yell-is-making-history-as-the-first-thai-agency-with-an-international-network，2022年10月12日。

2.《泰国一家快速崛起的广告公司》，https://bit.ly/3libZJb，2022年4月26日。

3.《专访YELL创始人Udomdej Dissara：把创意和音乐当作广告的利刃》，https://www.sohu.com/a/531701627_120494411，2022年3月22日。

4. 同上。

Chapter 14

把尊严还给广告人

—— 上海奥美集团前执行创意总监余子筠

余子筠，新加坡人，一位创意至上的经典广告大师。他从事广告业超过30年，长期在中国企业担任创意总监，组建精锐团队并培养出了不少业内人才。但用他的话来说，自己的广告前半生却是"瞎折腾"。1990年入行至今，他在新加坡、波士顿、伦敦、北京、上海的广告圈兜兜转转，许多叫得出名字的4A公司他都待过，无不是如"开挂"一般升职到ECD、GECD、CCO；那些广告人耳熟能详的奖项他也都拿过，可谓荣誉等身。

他曾任职上海奥美集团执行创意总监、上海电通首席创意官、葛瑞中国区执行创意总监、上海BBDO执行创意总监，合作伙伴包括上海IDEO等。多年来，他斩获戛纳创意节、美国金铅笔、英国D&AD、中国长城奖、龙玺广告奖、中国4A金印奖等国内外大奖。

现在，他是"WICKED牛鬼蛇神"的创始人兼首席讲师。WICKED，意思是邪恶的，不过当形容想法很WICKED的时候，会表示这个想法很鬼才。"我不是什么好学生，不安分，不守规矩，绝对的麻烦制造者"，按照余子筠的性格，把自己的学校叫作牛鬼蛇神，似乎并不令人意外。"你可以把它看作连通大学和企业的一座桥梁、一个培训计划、一所小型学校、夏令营或者是有点行为艺术色彩的创意黄埔军校。"热爱创意的年轻人需要一个方向正确的阶梯，而余子筠正打造着这样的阶梯。余子筠非常关注下一代年轻广告人的培育，常为学院奖、金犊奖与金铅笔奖等学生奖和龙玺杰青等担任评委。由于曾经在美国首屈一指的艺术中心学院留学，并任职波士顿和伦敦的广告公司，余子筠经历了与国内截然不同的创意培训模式。他相信，年轻学生的创意潜能应该在大学时期就尽早被发掘，并给予模拟业内实战式培养。他认为创意专业不应该只教学生一技之长，而应该给予充足的创作思考锻炼，以满足广告和创意行业的迫切需求。对余子筠来说，大胆的创意思维才是一个创意新人能带给行业最大的价值。现在的余子筠通过整理多年来积累的创意经验，结合对先前学员们普遍存在的问题的深入了解，总结出了一整套创意学习与实践的另类课程，致力于为行业培养创意人才。

对话的学问：影响文明进度的广告

广告是一门什么样的学问？对于这个问题，余子筠给出了自己的答案："广告是一门对话的学问。"美国总统选举时可以看到广告的身影，因为需要广告帮他们赢得选票；联合国的智囊团里有广告大师，他们负责思考和解决问题。显而易见的是，广告不只是文字游戏，还演变成了功能性的学科。

广告显然是一种智力游戏，而不仅是一种文字功夫。余子筠认为，拥有写作能力，譬如能够写金句、造梗等，这些都只是广告的表面层次。许多人提起广告，首先会想到双十一促销。它固然是广告，但其层级并不高。我们不得不承认大众对广告存在这样的误解——广告就是卖东西。我们之前提到过，广告是解决问题的学问，而很多人缺乏这样的认知，随着互联网和社交媒体时代的到来，现在火热的直播带货，使得大家对于广告的误解变得更加根深蒂固。

今天，如果尝试让 AI 去写一个广告，它固然能在短时间内生成足够多的文案，但却并不能保证质量，就好比一个挺差的学生写出来的应付老师的作业。余子筠对此表示担忧，一旦我们接受了这样的广告，认可了这种产物就是广告，那么我们可能需要停下来反思：我们所处的社会，是否处于一个科技先进、文明低级的状态？

《思考》（该图片由 Midjourney 生成）

广告是一门对话的学问。那么是谁和谁的对话？答案呼之欲出：是人与人之间的对话，是沟通的智慧。但余子筠有些抱歉地表示，今天，广告成了买卖的助推器，广告的层次与格局都没有达到它应有的高度，他们那一代人要为此负责。但也正因为他们搞垮了，担子由此落在了新一代广告人身上。

广告这种对话与沟通的层次应当是怎样的？这取决于每一个广告人的回答，取决于每一个广告人的选择与作为。广告的传播，人与品牌之间的对话，本质上都是人与人的对话。我们会根据不同的对象，调整对话的方式。与一个聪明的人对话和与一个无知的人对话，必然是不同的。高超的对话无疑是对社会智识的认知与肯定，是充满智慧与挑战的对话。未来广告人要选择广告所能达到的层次，应该把社会沟通提高一个层次，这是对文明的利好贡献。

余子筠认为，经过打磨的真正的创意会发光，或许在时代发展的洪流中，我们确实需要一点逆流而上的勇气。"有时候我有点自大，但我是真心诚意地觉得广告的影响是可以很深远的。"余子筠认为，"虽然广告被称为广告，但它其实更多的是一种传播的沟通学问、一种对话的学问，假设我们对话的学问掌握不好，一定会影响文明的进度和高度"。

这份对于广告的信仰和期望闪烁着纯粹的光芒，但勇气的兑现同样需要努力。逆水行舟，不进则退。总而言之，未来的广告人需要保持初心，需要努力与热忱，这是不可或缺的。

设计与创意：解决实际问题的广告

余子筠的求学，最早是从艺术设计开始的，这是他进入广告行业的起点，然后从艺术设计走向了创意。"其实我从来没有把设计跟广告创意分开，设计这个词，'计'是计谋，'设'是设圈套。我认为设计是把东西做得很漂亮，很吸引人，这也是在设置'陷阱'，吸引受众的陷阱。"

"设计和创意，本质上都是在解决问题。"最初进入广告行业，余子筠对设计与创意的认知是非常模糊的，年轻的他对设计只有极其粗浅的理解，没有任何人引领，设计自然而然地被等同于把东西做得漂亮。他不过是因为热爱画画，才兴冲冲地加入这个行业的。而很多年之后，余子筠发现，设计与创意之所以让他保持着长久的兴趣，不是因为他可以把东西做得漂亮，而是因为他能够用很有趣的方式解决一个问题，这种能力与过程是极具吸引力的，创意是极具吸引力的。

非常有趣的是，余子筠称，如果他在当下这个时代仍然是个年轻人，可能就不会选择学广告专业。由此他追溯到了他做广告的起点。在当时的新加坡，最了不起的，能够做有创意的东西的行业就是广告。当时新加坡的影视行业发展得不太好，也没有什么有意思的作品，反倒是广告还有一些有趣的东西。

"选择广告，只是因为广告能够为我提供一些创意上面的满足感，假设我有更好的创作空间，我觉得我可以跳出来，我可以参与其他的事，如果看到什么机会去做广告以外的创意，我也会迫不及待地去做。"他有些兴奋地说，以前他在北京，公司办公室需要装修，他认为装修是一个实现创意的很好的机会，他没有学过空间设计，也不是做建筑的，可是他有创意，他想给他的同事们创造一个环境，同事们可以在里面进行头脑风暴，做出好的创意。于是，他就设计了一张长条形的桌子，然后还设计了放包的地方。整个公司的创意人员跟客服人员要有好的交流，他们时常需要接触一些知识性的读物，因此他把开放式的图书中心放在中间。整个设计他都有参与，可是这一切跟广告业都没有关系，他只是在用创意解决一个问题。

创意是流淌在血液里的趣味。当谈及广告行业的深刻变革时，余子筠认为变化是必然的，创意才是广告的核心。反观今天，企业会利用大数据标签宣扬消费主义，利用技术不断提高收费门槛，这是为了金钱，是人性使然，是我们所能预料到的。但如果把先进的技术交给达·芬奇，我们甚至无法想象他能够用大数据等科技做出什么，但可以确信的是，他一定能做出有意义的东西，能够做出创意，会促进思考，能为人类文明增添精神财富的东西，世界或许因此能够进步。

广告人应该人人都是达·芬奇，当我们掌握了科技这一强大辅助工具，我们是否有创造力利用科技做出更有创意、更有意义的东西？科技飞速进步，我们更应当思考如何用这些技术和媒介去创造趣味的、有价值的事物，作为广告人，眼界绝不应该狭隘地聚焦于物质、金钱上。

余子筠将广告比作小贩做生意，能否建立一段长期的关系要看一个人懂不懂得做生意。就好比去水果摊，如果老板大大方方让你品尝，你自然也不好意思空手而归，但如果老板斤斤计较，连碰都不让客人碰，计较一时的得失，那就是不懂做生意。这当然也不是我们要做的创意。

文化差异：不同国家的 4A 公司历险记

在近 30 年的从业经历中，余子筠曾进入许多头部 4A 公司工作。谈到在不同 4A 公司的工作感受时，余子筠认为每个企业都有它自己的风格，一定程度上可以用国籍来区分，不同国家的风格泾渭分明。风格上的不同似乎也更加说明了：广告是一个与社会、文化紧密相连的行业，因此在这个行业诞生的巨人也自然而然地被不同的文化烙上了印记。

余子筠首先提到的是英国，英国广告公司对于"创意"的初心与追求是他在从业近 30 年后仍然偏爱的选择。他说："我们是一个创意行业，交到我们手上要解决的问题，就要用最有创意的方式去解决，英国企业是很强调创意思路的。"当然他也补充道，对英国广告公司的好印象可能是由于他在英国工作已经是很早以前的事，当时的广告业尚没有受到互联网的冲击，还是比较单纯的。

而当这场创意的环球旅行来到日本时，余子筠直言自己很不适应日本的企业文化。不同于美国或者英国广告公司，创意是在会议过程中直言不讳地讨论产生的，有什么说什么，日本的会议只是一个形式，创意的碰撞与诞生是在会前，会议中只需要保持沉默，方案获得一致的认可就可以解散了。大致的情况也发生在中国，很多企业的会议室只是领导的"一言堂"，即便是有想法、有创意的广告人也不愿意得罪大老板。

到了余子筠从业的后期，创意的消失与将就似乎成了趋势。广告成了应对客户的作业，甲方出题目，乙方给答案。作为一个广告人，创意的权利被剥夺了。但余子筠有自己的信仰，他仍然希望能够以优质的创意引领客户。他反复强调："我们是一个创意行业，可是有的时候我们该创意的时候却不创意，选择将就，应付客户，我们应该引领客户。"然而大多数时候，我们没有去引领，出于思维惯性和惰性，我们选择了最常规的解决方案，而最终的成果产出会被大众自然忽略，视而不见。因而身为广告人，我们面对创意需要的是挑战和勇气。

从观察到洞察：解决问题的关键

余子筠与自然堂有过多次的合作经历。自然堂曾在母亲节推出过这样一部有些特别的视频短片，它摒弃了传统化妆品推广的常规手法，通过简单的镜头展现了一次真挚的母女对话。它以传承独一无二的美为主题，既蕴含了中国传统价值观在其中，又鼓励现代女性自信勇敢。自然堂希望唤起女性重新审视美的定义，学会欣赏自己，因为每个人都是独一无二的，都有着自己独特的美丽。

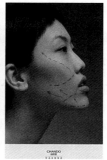

自然堂：母亲节策划

作为年轻人的时尚伙伴，自然堂密切关注着18岁的年轻人。因而在毕业季，自然堂推出了重拍毕业照的活动，通过改变传统的毕业照造型，鼓励年轻人展现真实的自我和青春个性，告诉年轻人，18岁的他们本来就很美。这个视频不仅在学生群体中广受欢迎，还引发了许多人对青春记忆的回忆和向往。

"母亲节创意传播——独一无二，你本来就很美"与"重拍毕业照——毕业照这么拍，青春才值！"两大创意主题项目凭借其对品牌精神的深刻诠释和对消费者的深入洞察，赢得了2018年One Show中华创意奖"跨平台整合品牌传播铜奖"及"移动端广告铜奖"两大奖项。余子筠对社会、对广大人群的细致观察与深刻洞察，

自然堂：重拍毕业照策划

让自然堂的系列营销总是能够直击人心。"其实好的广告，它都会让你产生自信，会让你对自己有一个满意的地方，会有一种追求、一种渴望。要打动人，就要首先认可自己，接纳自己，感觉到自己有底气、有自信。"余子筠说。

"每个人都像是一座银行，用每一天攒下财富，记录在数字里，更记录在生命里。"这是浦发银行的"人生银行"广告片的结语。余子筠通过展现普通人为生活、梦想和未来默默积累的过程，打破了大众对传统银行广告的形象，让消费者重新认识银行和储蓄对于人生的价值。短片以"你，是你自己的银行"为主题，表达了对每个认真生活的人的敬意，传递了浦发银行的财富观：除了金钱，每个人内心蕴藏的乐观和踏实的精神力量才是最珍贵的财富。这支广告片在浦发银行官方微博上线仅5天，就突破了300万人次的点击量，并引发了广泛关注。

"因为浦发银行希望可以通过银行的服务帮助客户逐渐积累财富，比如说薪水储蓄，用户只需要每月存入一部分，就可以积少成多。我们希望颂扬的是那些奋斗者默默耕耘、积累的精神，个人的财富并非仅仅是金钱的多少，而是沉淀在个人生活中的能力、品德和人格等。这些才是一个人最宝贵的财富。"

从母亲、大学生到万千普通人，余子筠细致地观察着这些不同的群体，得到了深刻的体会。他表示："广告之所以有趣、有吸引力，就是因为你能够接触到不同的品类、接触到不同的人群。探讨不同人的心态对我来说是一件很有趣的事情，也

浦发银行：人生银行策划

是吸引我做这一行的原因。我一直在解决不同的问题。"

贴满问题的小房间：创意的诞生

余子筠为腾讯创作的真情三部曲 TVC 大片曾感动无数网民。三部曲分别以亲情、友情和爱情为主题，连续三年在春节期间播放，受到广泛关注，吸引了数百万人次的观看和大量的互动。腾讯"弹指间，心无间"的广告语深入人心，不仅展现出品牌的情感诉求，更引发了大众对人际关系和情感沟通的思考。

从真情三部曲入手，我们跟余子筠探讨了创意的本质。什么是创意？余子筠认为创意就是两个旧的固有元素的新的组合，创新的关键就在于如何将这些元素组合起来，并为其赋予新的意义和价值。创意的质量和创新的成果不仅仅取决于创作者的能力、见识和创造力，更取决于他们对问题的独特理解和洞察力。那么，如此成功的创意是如何诞生的？余子筠向我们还原了三部曲诞生时温馨又神奇的场景。"我们弄了一间小房间，鼓励整个创意和营销团队把高中、大学时期有趣的事情、所见所闻、喜欢的流行歌曲等全都往墙上贴。什么旧的收藏、旧的记录，全都拿过来。"在这个充满特殊回忆的小房间里，各种各样的创意开始萌发。

"然后几周后，我们把客户也拉过来，客户也拿一些自己的东西过来，然后一起协作。"但这样的场景在现如今似乎已不常见，在广告行业的 15.8% 原则消失后，广告人与客户之间的感情渐渐变淡，取而代之的是比稿、压价，金钱上的交易。"像Nike和W+K，二者长期的合作让全世界的人都知道了'Just do it'，这才是一个正常的长期合作的关系，才能持续往前，才有情感可言。"当谈到现如今与甲方的感情问题时，余子筠似乎有些惋惜："现在的短期项目很难有这种关系了。长期合作，他们才愿意来一起听你讨论，把东西带进这个房间，花时间一起去协作。这样的关系才是制胜的关键。"

大师的茶几：创意从何而来

余子筠向我们讲述了一个有关大师的茶几的故事：

有一位著名的大师，他创作出了一件令人叹为观止的经典之作。在他的办公室里，陈列着一张特别的茶几，桌面是一片玻璃，然而，令人惊奇的是，这个茶几没有传统的茶几腿支撑，取而代之的是一堆堆A3大小的纸张层层叠放，巧妙地构成了茶几的"腿"。原来这些纸就是这一件经典作品背后被"杀掉"的400个想法，它们是被淘汰的想法、未被实现的创意和被舍弃的概念的集合。纸腿诉说着大师创作的历程，记录着他的努力、挣扎和决策。

连大师的作品都需要400个被淘汰的想法来做支撑，我们是不是该反思自己的想法是不是太少了？他向我们分享了一个方法：找一张纸，在上面画出20个格子。一个问题至少要准备5张这样的纸，也就是100个想法。画也好、写也好，逼着自己在短时间内给出一定量的想法。

"有量才有质！"余子筠说，"我鼓励学生用'剥洋葱'的方法去剖析遇到的问题，先去理解问题是什么，然后找到核心的心理诉求。之后，一定要用文字写一个概念出来，没有最好只有更好，越花时间越可能想到好的东西。"

我们问余子筠，如何看待一个创意的好坏，或者说如何去评判一个创意是好的？他给出的答案也非常的简单："让我妒忌。"余子筠说，他在做评审时就是在找，哪个创意能给他一种酸溜溜的感觉，让他能够不禁发出"为什么这个创意不是我做的"的感叹。

对每个创意人来说，每一个创意都好比自己的孩子，但孩子有可能是"别人家的好"。在做创意时，我们需要接纳他人的不同意见，尤其在讨论问题时，不能固执己见。应当以开放的心态倾听并接纳别人的意见，扩展视野和思维方式。

"但是当你觉得某个创意真的很好，过了三天两夜回过头看，还是觉得它最出众的时候，那么给客户提案的时候你一定要去保护它！"

太少还是太多：年龄的困境

从事广告行业多年，余子笋也会有感到灵感枯竭的时候。"年轻的时候，常常会卡住，是因为做得不够多，所以不知道怎么往下想，不知道怎么想一个案例出来。"余子笋说："现在反而是做得太多了，看过太多了，导致一下子浮现出来的都是见过的、似曾相识的。"

生活就像是一场修行，在不同的年龄会有不同的困境，但我们也无需因此焦虑。余子笋认为，虽然今天总比昨天会多一些感悟，这与对生活的洞察无疑是相关的，但更重要的其实是我们去接触什么、去接触多少。诚然，年轻人或许并没有足够的积淀，但他们与"年轻"的距离却是最近的、最身临其境的，这也是价值的体现。"不是说越老越好，没有这种事。"谈及如何克服瓶颈期时，余子笋建议可以"多看一些广告以外的创作"。电影、书籍、音乐……往往能带人们走进生活无法到达的地方，灵感的源泉往往就蕴藏在这些创作里，因此多看、多激发自己永远是一件在路上的事情。

人工智能，创意人的扶梯

2022年，生成式大语言模型ChatGPT3.0上线，随后是生成式AI绘图软件Midjourney的爆火，几乎所有从事内容生产的创作者都在惊呼，自己的工作可能要被人工智能所取代了。

实际上，早在2016年阿里巴巴就曾发布过一款用于设计海报的AI软件——阿里鲁班。这款软件平均1秒钟就能完成8 000张海报创作，可以在一天内完成近4 000万张海报的设计。2016年"双十一"期间，鲁班帮助天猫等平台的店铺完成了1.7亿次的活动宣传横幅设计，其工作效率是任何设计师和团队都难以匹敌的；在游戏领域，一款基于GPT-2的实时文字游戏AI Dungeon已经给行业带来了严重的危机感。该游戏于2021年上线，可以根据用户输入的内容自动生成故事情节和角色对话，由于用户输入内容的不同，产生的游戏情节和结局几乎可以完全不同。来到行业内部，2023年年初，可口可乐一支名为"REAL MAGIC"的创意广告，用AI辅助+实景拍摄结合的方式让经典的可口可乐玻璃瓶造型，随着名画风格的不同，变换成不一样的形态，跟主角产生互动。今天AI能做的事情超乎我们的想象，今天的AI正在像第一次工业革命中的蒸汽机一样，向人工动力的旧式机械发出挑战的号角。

可口可乐广告（该图片由Midjourney生成）

面对来势汹汹的技术革命，创意人应当如何应对？在生成式AI大行其道的时代，创意人该怎样面对？针对这个问题，我们和余子筠进行了深入的探讨。在谈到人工智能时，余子筠非常兴奋，他觉得自己作为创意人不仅没有被技术的发展吓退，反而因为要与人之外的事物沟通，做的事也更具有挑战性和趣味性，灵魂的参与度更高。

在阐述 AI 和创意的关系之前，余子筠先举了这样一个例子："在电动扶梯上，有人喜欢站在右边，一动不动地让机器缓缓地把他们抬上去。我却是那种爱从左边利用扶梯踏步向前的人。"余子筠认为，对于创作者来说，AI 就像一台扶梯，许多人选择站在扶梯右侧，让技术驱动的履带托着他们到达终点，也有人不愿意接受技术迭代，依旧选择费力地用双腿攀爬楼梯。对于创意人而言，应该选择从左侧踏步向前，利用扶梯带来的速度优势，更快地抵达目标。

此图片由 AI 根据余子筠的描述绘制而成

余子筠希望大家能从不同的角度去思考 AI 带来的改变，对于老板来说，人工智能的出现无非是以往需要 10 个人合作才能完成的项目，现在只需要两个人就可以应付，这是站在管理者的角度所考虑的成本优势，而对于创作者自己，AI 的价值在于帮助创作者腾出更多的时间来思考。得益于人工智能带来的效率提升，创意人将拥有更多的时间去考虑自己面对的问题，去思考创意背后的洞察力，去用心找寻创意的灵感。

AI 是创意人的效率工具，而非替代者

在生成式 AI 普及之前，创意不仅仅是一份需要"动脑"的工作，更是一份要将大量的时间耗费在素材搜集、作图、修改等方面的"动手"的工作。现在，这些重复性的基础工作可以交给 AI 来完成，以往需要花费美工人员几天时间才能完成的效果图设计，如今只需要用恰当的提示词形容所需要的画面，然后等待 AI 在几分钟内生成大量作品供你挑选。对于人工智能时代之前的业内创作，余子筠反倒有些不满："我们同行都在睁一只眼闭一只眼的情况下掉入这个黑洞里。"这里的"黑洞"指的是一些创意人在接到创意简报后，第一件事就是去找参考，然后把创意的过程变成在参考的基础上修图、再搜图、再修图、再搜图……在余子筠看来，这本质上只是在找现成的东西，偷别人做过的东西来用，只能叫作抄袭，绝非创意。

潮水退去，才知道谁在裸泳。随着人工智能的到来，以前那些用拙劣的手段模仿抄袭的创意人再也没有藏身之地了。现在，甲方甚至不用委托他们创作就可以实现自己的需求，那些只会动手拾人牙慧的所谓"创意人"的工作，正是要被 AI 所取代的对象。挑战永远会源源不断地接踵而至。这是一个真正考验创意人的时代，要是你缺乏思考和解决问题的精神、缺乏想象力和创造力，一直只是躲在技术背后当个"假创意人"，那么 AI 将会毫不留情地让你无处遁形。

进入职场的新人也有可能成为 AI 进军道路上的牺牲者。目前 AI 已经可以处理和取代很多沉闷的重复性工作，譬如收集资料、写方案、整合信息、处理数据等。这些正好也是刚刚进入创意行业的实习生或者新人需要协助自己领导完成的工作。当人工智能以更高效、更聪明、更不容易犯错的助手形象出现在领导面前时，懵懵懂懂的新员工显然不是一个具有吸引力的选项。在商言商，不仅是创意行业，几乎所有的领域都存在这一问题。新员工成长道路上的不断试错原本是企业必须要承担的人才培养成本，但现在人工智能的出现给了老板不承担这一成本的可能性。

在聊到人工智能对创意行业的改变时，余子筠跟我们分享了武汉传媒学院一个媒体融合基地班的同学们使用 Midjourney 进行创作的例子。

这个班上的十多名学生大多数来自播音主持专业，还有极少数的几位学生来自

其他专业。他们基本上都没有Photoshop和其他创意软件的使用基础，也不懂绘画。但是在Midjourney的帮助下，他们创作了不少具有专业水准的作品。学生们接到的作业命题是给一个救助流浪动物的公益组织做宣传，需要创作一系列海报来号召公众关注流浪动物，呼吁大家领养流浪猫狗。在使用AI进行创作之前，同学们先花了两周以上的时间用纸和笔构思想法，贴墙讨论和点评。最后才用Midjourney把好的想法执行出来。

阻碍大家使用AI创作的第一关是语言。由于Midjourney尚不支持中文输入，因此不论想要实现什么样的效果，都需要把自己的需求翻译成英文再输入AI界面，这就对使用者的语言水平提出了极高的要求。

Midjourney使用界面

解决了语言关，画面风格是更大的难关。有一组同学想要用废弃的垃圾组合成流浪猫狗的造型，以此来阐释"别让生命沦为垃圾"的创意理念，但AI在制作效果图时，往往会生成如雕塑般精致的动物模型，尽管也是由各种各样的垃圾组成的，却完全不能展现流浪动物楚楚可怜的一面，反而像是一件漂亮的艺术品，根本无法实现呼吁大家关注流浪动物的目的。为了让画面风格更符合期望，同学们不得不使用"黄昏时分""被人群忽略"这样细节丰富的形容词来为画面增添氛围，最终才实现了想要的效果。

画面有了，怎么让图片讲故事？另一组同学想要传递"宠物是追随人一生的伙伴"这样的理念，希望通过让小狗追随主人的校车、轿车、婚车、灵车的画面，来表现动物跟人的关系。但是在将需求提交给Midjourney后，生成的是一幅幅精美的人与宠物其乐融融的画面，尽管车辆和动物的元素都有了，但并不能很好地讲述

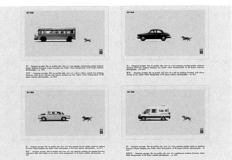

学生作品

故事。他们只能在一次次失败后，改变思路，只让AI生成画面中需要用到的车辆和动物等元素，再将其单独抠图后排版，创作出了一组既具有故事性又相互关联的海报。

跟我们分享了这些创作过程中的细节后，余子筠总结道：AI非常厉害，会生成一些让我们惊艳的画面，以至于我们有时会沉浸其中，忘记我们想要什么，忘记最初的创意，让我们失掉自己的判断力。这就是为什么我们需要事前做好充足的思考，明确自己对画面的需求，不能因为画面好看而放弃原本解决问题的想法。"我们不能听天由命，让自己沦为AI的奴隶，而应该把它当成工具去驾驭它。"

对于人工智能时代的创意人，余子筠有一些自己的看法。创意的工作其实可以分为"动手"和"动脑"两个维度，"动手"的工作将来势必要被人工智能所取代，而"动脑"思考才是创意人真正的尊严所在。对于余子筠来说，做创意真正的快感来自解决问题的过程，一层层地深挖问题，看穿人性，摸索出真相。既要深入了解，也要浅出表达，这背后是作为创意人，真正超越AI的地方。

用不卑不亢来形容余子筠面对人工智能的态度再合适不过了。"我不畏惧它会取代我，因为它厉害是它的事。我思考，我解决问题是因为我爱；我创造所以我在，不冲突。我怎么用AI来协助我创作，完全由我自己决定。"

人工智能可以替代人的劳作，但不能替代人的思考和积累。以借助AI绘画为例，画面好坏来自人的指令，指令优劣来自创作者的视野和对核心概念的透彻理解，视野和概念的掌握离不开其学识、创意素养，甚至世界观和价值观，环环相扣。这些都得靠经年累月、孜孜不倦的积累。那些能够打动人心的作品，靠的是创作者投入的心力。

在人工智能时代，更应该坚持学习，坚持观察，坚持阅读。要多看世界一流的各类创作，关心天文地理和时事动态，打破语言障碍，像海绵一般吸收养分，锻炼批判性思维，提升分析能力、观察力和沟通能力，把解决问题作为每个设计项目的首要任务。

面对AI的冲击，余子骁提出："现在，毕业生入行就要具备思考和解决问题的能力，因为只靠动手操作软件的时代一去不复返了。高校老师们也得改变教学方向。大学教育不能让年轻人只学会技术，成熟的思维和沟通能力加上大胆的想象力，必须被培养、被激发。"

站在人工智能这台扶梯面前，是选择站在右侧等待扶梯将你缓慢地抬上楼，还是选择借助扶梯的动力从左侧大步流星地迈上楼，是每一个创意人都需要回答的问题。余子骁的答案是：好风凭借力，送我上青云。

学界与业界之间，需要一座桥梁

在如今技术发展瞬息万变的世界，人们对于广告行业的看法正在发生改变。以复旦大学广告系为例，越来越多的学生表现出对所学专业的困惑，甚至对投身于广告行业表现出抗拒和倦怠，这种趋势实际上揭示了学界与业界之间的断层。究竟是广告行业本身正在衰退，还是行业内的剧变让许多广告专业的学生感到困惑和迷茫？这一现状既令人失望，又为我们提供了思考和改进的契机。面对挑战，广告新人应当在何处找回热情？

"首先，广告行业的确存在问题。"余子骁如是说。这两年，余子骁频繁去校园中讲课和演讲，他也发现了同学们的困惑，学生们走上社会后发现广告业跟自己想象中的大相径庭，职场要求与自己所学的知识"脱钩"。周围人的重心好像不在创意，这让学了几年广告的学生们感到了心寒，对自己产生了怀疑，进而对整个行业产生了怀疑，结果不言而喻，他们想要转行。

"十个学生中有九个产生了这样的失落感，第十个只是还没碰到。"余子骁认为，这是广告行业的问题。新人们看不到希望，因为他们看不到创意的空间。为什么呢？行业有没有审视过作品能否吸引年轻人，又凭什么能吸引年轻人？行业有没有引导和挖掘学生的创造力和想象力的机制？年轻人能不能看到实现自我价值的通道？这些问题尚且没有得到有效解决。令人费解的是，一个以创新和创意为命脉的行业，为何做不到尽可能地挖掘和培养年轻人的创造力和想象力？是因为行业对于"有趣"的定义太过单一，还是因为行业变得过于功利，丧失了对真正创新的渴望？余子筠没有给出明确的答案，他更希望我们自己去思考。

余子筠同样也将审视的目光放在了学界上，当今广告学所教授的知识很大程度上集中在广告理论和法律政策层面，学的是什么东西不能做，这些是限制，是给学生们设的框架，学生们只能在已有框架内思考，难以拓展创意的边界。年轻人的"大胆"与"勇气"被无形中套上了枷锁，也在无形中不断消耗对广告的热情。

业界跟学界脱钩，这个问题早已存在，也一直在被多方提及，余子筠回忆道："从我二三十年前来到中国，就已经听到关于这个问题的讨论，业界在讨论，学界也一直在讨论，可是大家好像都找不到明确的答案。"现在，AI正在以肉眼可见的速度飞速发展，解决这个问题变得更加迫切了。因为AI一定会取代一部分人，譬如广告业一些修图的工作不需要人去做了，这对学校和学生的要求就更高了。如果

余子筠正在演讲

不求变，被淘汰只是时间问题。如何去拓展学生们的创意思维，培养区别于人工智能的优势，成了当务之急。"学生如果没有创意能力，学界是不是真的该重视这个问题，去做一些改变？"这是余子筠特别想问学界的问题。广告"没范儿"，新人的创意之路岌岌可危！

对学历的追求同样是个值得讨论的相关话题。余子筠以自己在工作坊遇到的一个学生为例，对方的创意思维还不错，他毕业的时候告诉余子筠，以后想去做导演。余老师问他打算怎么实现后，就出现了以下"有趣"的对话：

——我要去考研！

——那你考哪所大学的导演专业？

——不是，我要去新加坡南洋理工大学读新闻系。

——你不是要做导演吗？为什么你要去读新闻系？

——因为我现在的成绩只能够让我报考新加坡那边的新闻系……

这个同学打算通过读新闻系硕士来实现当导演的目标，他的逻辑是：只有读完新闻系硕士，他才能有资格要求更高的薪水来做导演。余老师听后笑了，这种逻辑就像"我要骑马去美国，因为美国有我喜欢的马"。为什么不跟着一个导演的制作团队去学习，两年后应该是在步向导演的路上，甚至已经当上助理导演，不是更好吗？"如果你两年后拿着硕士文凭回来去剧组，跟人家说因为你是硕士，所以薪水要高一点，重点是你还没有导演那方面的经验，人家会给你更好的待遇吗？你要是嫌待遇低又不去干了，这不就是给自己挖坑吗？"

广告专业的学生应该明白自己的目标和选择。如果你决定去读硕士，你需要理解你想要钻研的课题是否真的值得你去做，能否帮助你提升。在这个过程中，无论是社会的压力，还是父母的期待，都不应该成为你选择的唯一理由。

余老师的话幽默与深度并存，他用平易近人的话语，指出了当前社会环境对于年轻人的影响。来自社会的压力，来自父母的压力不可避免，但你的父母未必了解这个行业。"可你自己要懂，你自己要去理解这个行业，你是不是真的需要一个硕士学位，甚至一个博士学位？"这是余老师作为一个过来人的肺腑之言。

WICKED 牛鬼蛇神：新人入行前的第一次试炼

"我们笃信创意为王，我们嗜好年轻的头脑、大胆的想法。我们让新人不再因缺乏培养而埋没潜能，不再因无法掌握创意核心而被轻视，从此默默无闻。这里依然有几只牛鬼蛇神，愿意让新人在入行前，就有机会接受业界领袖的培养，通过感悟、激发、熏陶和磨炼，获得创意利器，从此披荆斩棘。我们是WICKED，我们是牛鬼蛇神。"

WICKED的logo

容许自己犯错的勇气，不可或缺

当我们以学生身份向余老师寻求经验时，他提出了以下建议：具体而言，要激发自己的好奇心，要激发自己多思考的能力，要勇敢发挥自己的创造力，要吸收更多知识，要接触各类创作，要提升自己的观察力和洞察力，要让自己爱上有创意地解决问题，最后，要学会笑看天下。

余老师自己在工作中一直实践着这些准则，他强调了"勇气"的重要性："你们有年轻人的朝气和本钱，不要小看它们，这是你们有而我没有的，你们要拿出自己这方面的本事，不要胆怯，大胆去做，让别人看到你们的独特想法，即使你们的想法可能看起来很怪。"在还没成功之前，不要担心被他人批评，不要给自己设限，即使你前十次都失败，你也要拼到第十一次，要有容许自己犯错的"勇气"。

对于新人而言，理论的学习只是第一步，实践的经验同样重要。余子筹劝同学们在寻找实习工作时，一定要慎重。不要被公司的名头所迷惑，而应该去那些能够真正激发自己的创新潜能的公司和岗位实习。你可以从真正优秀的创意导师那里学到宝贵的经验，从而更好地了解和进入广告行业。很多同学误入歧途，进了一些大公司后，发现大家都不是很追求创意，而是在做一些很沉闷的工作。"我可以想象到你们的失望和恐惧"，余子筹再次劝诫同学们，选择要慎重。能够持续保持对广告的热忱，这很关键。

不难发现，余子筹始终对广告业怀抱激情和希望。从广告人乃至广告行业的角度来看，广告需要深度反思当下。当瞬息万变的未来已经来临，时代对广告人又提出了更高的要求。须牢记，创意始终是广告的核心，是一种有趣且富有挑战性的解决问题的能力。创意的存在并不仅仅是为了创新，更是为了有效解决实际问题。广告人需要主动运用技术来锻炼和提升自身的创意思维。特别是在当今的数字时代，技术已成为一个重要的工具和平台，如何不断提高创新能力和应对挑战的能力，从而在日趋激烈的市场竞争中脱颖而出，成了迫在眉睫的考验。

余子筹对未来的广告人充满了期待。他相信，在科技和创新思维的双重推动下，年轻一代广告人将能够创造出更多的精彩作品。

（采访者：雷磊、陈一诺、陈雅琦、孟庆浩、庾泰洋）

Chapter 15

离艺术不远，离时代更近！广告界的"理想主义者"

——安瑞索思前首席创意官、金牌文案陶为民

陶为民，第一位在国际4A广告公司担当创意群总监的中国本土创意人，先后服务于上海广告公司（SAC）、智威汤逊（JWT）、达彼思广告（BATES）、安瑞索思（Energy Source），现为W公司事业合伙人。他是中国广告协会学术委员会委员，曾被评为中国十大创意总监，当选中国广告年度人物。在其近30年的广告职业生涯中，历经中国及国际品牌创意传播实战的锤炼，各类创意作品频现于影视平面等传统广告及网络互动广告领域，作品曾入围戛纳、One Show，并在亚太广告节、香港4A金帆奖、国际艾菲奖、龙

玺华文广告奖、中国4A金印奖、金投赏、台湾时报广告奖及国际国内各种广告奖项中掠奖无数。他更是将城市情怀与广告文案创意融合在一起的代表性人物，创作出许多经典的、有影响力的作品，代表作有《喜欢上海的理由》《世界很大，上海是家》等。

教职路上的华丽转身，广告事业的完美闭环

故事起始于1992年的夏天，在上海戏剧学院一间普通的办公室，陶为民正在为他的毕业生们出谋划策。很多同学毕业以后准备去电视台、话剧院或者一些艺术团，也有国家分配的艺术单位，其中一个想要去做广告的声音显得尤为特别。陶为民跟毕业生们年龄差距不大，经常玩在一起，又因为原来大学专业是中文，同学们纷纷赞同像陶老师这样一个艺术造诣全面、生活阅历丰富的人去做广告。巧的是，没过几天，上海广告公司（当时中国最大的广告公司）在《解放日报》上第一次面向全社会招聘。当时正值城市转型，改革开放带来很多发展机遇，有很多新的窗口被打开，当时的外贸单位有很多跟国外公司合作的机会，这对当时的年轻人来讲很有吸引力，而且工资待遇各方面都挺好，陶为民动了心，决定去试试看。

所有的命题，是陶为民之前没有碰到过的，包括策划一个电视广告的内容以及完整的一个品牌策划等。令他记忆犹新的是，在考试的现场还碰到了两个以前的学生，因此笔试还稍微用了点心。最终，他从几千名应聘者中脱颖而出，成为这场招聘会最终录取的五人之一。作为奥美进入中国后的合资公司，上海广告公司会跟奥美有一些资源上的交流，这对于刚从体制内离开并踏上广告行业的陶为民来讲是一个很好的起点。他想走出校园去看看这个国家开放的前沿阵地，商品广告方兴未艾的情况下，创意怎么做，会面临哪些挑战？他认为在学校里每个学期可能面对的学生不一样，但上课的内容大同小异，而不确定性和充满变化会让他觉得有一种兴奋感和满足感，所以他也没有很多的犹豫，就告别了大学老师的职业生涯。

陶为民发现教师更像是一个行业的观察者，他们关于创意领域的一些内容和方法论的东西可能会滞后。在行业内摸爬滚打数十年后，陶为民认为校外专业人士需要花精力将相关的一些信息和知识重新回馈给学校，这些年，他也几乎没有间断过与大学校园和高校师生的交流，包括参与一些国家级的大学生创意比赛，并担任大学的客座教授和校外导师。陶为民说，虽然主业离开了教育行业，但他认为传道授业这件事情是很有价值的，当一个人在一个行业有一定的积累之后，最有意义的事情就是把自己的经验变成可以分享的东西并影响年轻人，从大学中来再回到大学中去，陶为民的广告事业就这么形成了一个完美的闭环。

上海戏剧学院掠影

1990年代初的陶为民从这里出发。30年后，陶为民依然与大学校园和高校师生有着密切的交流。

机会偏爱有准备的人，广告圈自由而广袤

上海滩的广告圈如今正是一片繁荣景象，吸引了众多国际4A广告公司纷纷入驻。这些地方已成为无数有志青年争相涌入、施展才华的新天地。他们怀揣着成为中国版广告狂人的梦想，对这片饱含新奇与创造力的热土充满了热爱与期待。陶为民先供职于上海广告公司、国际4A广告公司，后加盟互动广告公司，现在又成为W事业合伙人。伴随着中国广告行业的发展，陶为民的角色也发生了多重变化。

他当时一人行就参与了上海广告公司跟奥美联合发起的广告培训，这一培训班培养了中国第一批广告人，产生了许多优秀的广告作品，但他也发现在培训班学到的很

1990年代夜幕降临后的上海滩，商业繁荣促进广告业的发展

多方法论的知识和实战技巧，与实际的广告运作之间存在一些错位。陶为民对于这个行业，对于创意本身也很好奇，他想既然有奥美、有国际4A广告公司，有这样一个国际广告公司的联盟，那么除了奥美，是不是有机会去向其他的国际4A广告公司学习？于是，他通过一些行业交流的机会，邀请国际4A广告公司的朋友们，比如智威汤逊的创意总监、盛世长城的客户总监等去上海广告公司探访和交流。中国第一张万事达信用卡的上市推广案例和电视广告就是在这样的背景下被陶为民的团队比稿拿下的，该广告片还在万事达卡亚太区的年会上拿到了最佳电视广告奖。作为一个营销类作品，拿到这个行业的最高大奖，客户也非常高兴。有趣的是，当时智威汤逊的创意总监在祝贺之余向陶为民抛出了橄榄枝，陶为民也想知道奥美之外的国际化广告公司是如何运作国际品牌、如何做创意的，就是在这样的机遇下，陶为民加入了智威汤逊。智威汤逊当时的客户大都是摩托罗拉、联合利华、耐克等国际品牌，陶为民在这里得到了宝贵的锻炼机会，慢慢在专业的道路上走出了比较坚实的一步。

2000年年初，陶为民应当时的达彼思中国区创意总监林桂枝和达彼思掌门人梁桂泉的邀请，又从智威汤逊转战到达彼思。这也是缘于在智威汤逊参加过的培训营，他在那里认识了包括林桂枝在内的许多优秀的创意人。20多年前，是众多国际品牌登陆中国市场的高峰期，也是中国广告业的黄金年代，汽车广告更是位于广告界金字塔顶

上海广告有限公司
Shanghai Advertising Co.,LTD

上海广告公司——陶为民加入广告行业的第一站

尖，每一个广告创意人都梦想着有一天可以在自己的履历里留下汽车广告的案例。当时正逢达彼思赢得了别克在中国的整合传播业务，陶为民顺势加入团队，为别克的中国传奇续写过辉煌。这十年，是他从充满激情、充满想法的青年人走向成熟与沉淀的重要阶段，他个人最重要的一些作品，也是集中在这一阶段。

随着传统广告越来越多地受到互联网广告的影响和挑战，很多品牌客户越来越重视互联网广告。陶为民敏锐地感受到了互联网广告和互动的重要性，于是他离开老东家，加入互动广告公司安瑞索思。陶为民欣慰地说，在这里，他带的创意团队培养了很多人才，包括后来兴

加入安瑞索思后的陶为民

起的创业热店、一些本土公司的创始人，现在看起来他的选择很值得。

机会总是眷顾那些有准备的人。陶为民从没有规划过哪一年要做到创意群总监，因为打从入行广告业，选择了做创意这条路，他对自己的要求就是在每个岗位上尽自己的努力做到最好，即使是一句话的文案，也要把它说得有趣，深入人心。

成长过程中，需要感谢的人很多

三十年广告生涯，谈及感谢的人，陶为民直言教授实战技能的老师、专业的引路人，还有一些优秀的客户都值得感谢。1995年，陶为民进入智威汤逊上海总部，师从国内广告界大咖劳双恩。劳双恩是个地地道道的香港人，之前从未来过内地，但他对内地的年轻人和内地市场充满了好奇。他到内地就职之后，陶为民基本上就是在他的指导下完成了很多不同的案例，服务了很多的品牌。而在达彼思，一开始接受林桂枝的直接领导，陶为民也获益匪浅。陶为民说，不管是文案创作上对于创意的理解，包括对于执行上一些高标准的要求，还是自己的眼界、国际视野的培养，多少都受到他们的影响。

提到品牌客户，陶为民认为，客户对他专业上的信任会促使一些优秀作品的诞生。2004年，上海要做第一部城市形象片，召集了各大国际4A广告公司比稿，陶为民当时提出的创意被市政府新闻办、上海文广新闻传媒集团同时认可，但所需费用高昂，政府电视台的投入远远不够，陶为民就提出品牌合作的方案。让陶为民惊喜的是，与通用汽车公关总监沟通后，他没有犹豫就明确答复可以参与，在创意方面，也表示如果相关政府领导已经都认可，那他们就不提什么意见，一起完成好就可以，他相信陶为民把控创意的能力。这无疑是对陶为民最大的肯定，同时也使他油然而生一种使命感：这不是在为一个品牌做一件事情，而是在为一个城市打造全新的里程碑式的片子，这个片子背负了很多人的期待。同样的肯定还来自《喜欢上海的理由》的客户力波啤酒，他们也表示相信陶为民对上海这座城市的情感，既然定了这个品牌是为上海而生，这首歌也是为上海而写，客户就相信他的能力。广告中的歌词经久不衰那么多年，几乎没改过一个字。

情怀？他二十年前就玩过了

大部分上海人民都能清晰地回忆起以下的歌词与旋律："上海是我长大成人的所在，带着我所有的情怀，第一次干杯，头一回恋爱，在永远的纯真年代……"

《喜欢上海的理由》视频广告

歌词中所写的"迷上过老外"指的就是上海人对外国品牌包括对于外来文化的好奇与接纳，也就是广告片中的少年摸肯德基老爷爷白胡子的镜头。而歌词里写的"追过港台同胞"，则表现为在上海长大成人、学着香港电视剧《上海滩》里许文强的造型去吸引自己心仪女孩的青年男主。再比如，那位捂住儿子眼睛、自己却兴奋地看着泳装秀表演的父亲，证券公司门前申购股票认购证的人头攒动，市中心旧里的拆迁改造打破了上海人生活的平静……[1]

1.《现象级广告作品〈喜欢上海的理由〉，为何能火20年？》，https://www.digitaling.com/articles/762551.html，2022年5月11日。

当时，洋品牌进军中国的势头强劲，给上海的商品市场带来了前所未有的颠覆性变革。在这样的背景下，力波啤酒积极应对挑战，其品牌定位和传播方案与上海这座城市的独特精神有机融合，塑造出为上海市场量身打造的产品形象，力求唤起更多上海本地人以及新上海人的共鸣和认同，于是，陶为民想到了"喜欢上海的理由"这一品牌主张和口号。无数上海人因为歌曲中描绘的都市意趣，在广告片中看到了自己的身影。这些精心设计的故事桥段，也折射出了一座城市在世纪之交时代背景下，文化的开放、城市的更新已经成为所有上海人每天生活的日常，充满了新兴的希望感与奋斗感。[1]

"我们能不能写一首歌曲，把对于上海的情感变成旋律？一方面，啤酒饮料产品用这种音乐的形式很独特；另一方面，当时的电视广告还没有用歌曲来演绎的形式。"不得不说，陶为民是懂情怀的。仅从演唱者的选定过程可见一斑。陶为民不建议邀请明星来演唱这首歌，他觉得一首写给城市的歌就应该由一个普通的上海人来唱。

平实但打动人心的歌词，让生活在上海的人们强烈地感同身受，以至于在之后近20年的时间里，这支广告不断被大家提及，20年后的今天，尽管广告的品牌主早已退出上海市场，但《喜欢上海的理由》这首歌却历久弥新。在那个商业电视广告动辄一分多钟的"黄金年代"，力波啤酒的这支《喜欢上海的理由》不仅成为上海市民共同的城市记忆，而且成为整个上海80后一代青春的旋律。这首歌早已超越了广告本身所表达的内容，它不仅是城市发展的缩影，而且是上海人民的时代记忆，每当旋律响起，人们仿佛能回到那个充满活力和激情的年代，与这座城市共同书写着属于他们的故事。

陶为民表示，广告片的创意内容不需要呈现跟广告主的关系。力波啤酒是个非常大众化、在街头小巷里售卖的啤酒，他要传递的是一种大众能够产生共鸣的情怀，而这种情怀，它不是对一座城市的讴歌，而是一个普通的上海年轻人身处日新月异的城市，发自内心的对于生活的热爱，对于未来的向往。不同的年代，都会有不同的共鸣感，因为与时俱进的情怀，广告不会因为时间的流逝而落伍或让你产生一种陌生感。

1.《现象级广告作品〈喜欢上海的理由〉，为何能火20年？》，https://www.digitaling.com/articles/762551.html，2022年5月11日。

创意表达心声，将城市宣传片写为经典

无人能阻挡上海这座独一无二的城市迈向世界的步伐，就如同鱼儿必定回归大海，鸟儿势必翱翔蓝天。这座城市中的居民们既聪明机敏又乐观纯朴，他们深信通过不懈的奋斗，定能开创出更加美好、富饶的新生活。如今，他们怀揣着这份梦想与期待，渴望向世界展示这座经过自身努力铸就的新世纪、新城市的风貌。为此，他们准备精心打造一部城市形象片，这不仅将是上海开埠以来的首部官方广告宣传片，还将会是上海向世界传递出的一张崭新名片。

2003年，中国的城市形象宣传尚处于起步阶段，鲜有城市拍摄真正意义上的城市形象片，多数仍聚焦于城市旅游片的制作。由于缺乏经验，如何拍摄、选取哪些内容成为摆在面前的一大难题。然而，这并未阻挡数家国际4A广告公司与本土创意公司的参与热情，他们纷纷摩拳擦掌，希望在比稿中一举拿下宣传片的拍摄项目。凭借自身的上海情结以及超高的专业素养，陶为民在众多国际4A广告公司的激烈角逐中，将《世界篇》与《姚明篇》包揽囊中。

上海城市宣传片《无数个姚明，好一个上海》

在陶为民看来，"要将这座城市的市民们有强烈共鸣的城市特质和人文精神提炼出来"，那么姚明的形象如何体现一座城市的精神？陶为民认为，姚明是NBA明星，但他也是个普通的上海人，请姚明一人扮演不同身份的普通人，各行各业，大街小巷，都有优秀的上海市民"姚明"。陶为民将自己的想法与心声化为片中的"无数个姚明"，拥抱上海的浓情蜜意，强烈地感染了社会大众。[1]

1.《上海疫情间，别克品牌用10天完成了一支公益片》，https://www.digitaling.com/articles/796270.html，2022年6月28日。

2003年正值姚明NBA生涯的第二年，风头正劲，作为上海的骄傲，姚明为家乡代言更是义不容辞，他不仅分文未取，还将自己回国探亲的宝贵假期几乎全部投入拍摄中；而将上海视为第二故乡的公益合作品牌别克也表示，不要带有任何商业目的，方案只要上海市政府和创意团队自己满意就没问题。前者做到了"除了收钱以外的一切支持"，后者做到了"除了露出以外的一切支持"，合作方的投入和客户的信任让陶为民和达彼思团队非常感动。

在多方互信支持的氛围下，大家怀揣着共同的公益之心，成功打造了这部具有里程碑意义的上海城市形象片。这一作品不仅获得了包括上海市民在内的各方的广泛认可与赞赏，还在上海的各类媒体上持续播放了多年，成为上海的一张亮丽名片。其中，"无数个姚明，好一个上海"这句宣传语更是深入人心，不仅树立了城市的口碑，也为别克品牌带来了美誉度。如果说《喜欢上海的理由》是民间传颂的首支上海城市片，那么2004年，由上海市人民政府新闻办指导、上海文广新闻传媒集团统筹推出的，上海通用汽车别克品牌公益支持的上海城市形象片，则是21世纪以来，对内对外真正意义上的首支上海城市形象片。[1]时至今日，许多上海人仍对2000年代初的本土广告怀有深厚的情感，认为它们承载了自己对这座"魔都"最为美好的记忆。这些广告不仅展现了上海的魅力与活力，更唱响了这座城市的共鸣之声，让人倍感亲切与温暖。

影响社会，从"描红"到"书写"

陶为民作为第一位做到GCD（创意群总监）的本土创意人，在长久的创作中形成了明显的个人特色，不仅与时代的脉搏同频共振，还通过与人共情，书写了独具地方人文特色的精神文化内核。2022年3月，陶为民联合别克再度创作了一支公益短片《世界很大，上海是家》，"希望让大家重新找回喜欢上海的理由"。这支短视频在发布后的几小时内，就获得了数千人次的点赞与分享。这些对上海充满热爱

1.《上海疫情间，别克品牌用10天完成了一支公益片》，https://www.digitaling.com/articles/796270.html，2022年6月28日。

与关注的人们，有的正在这座城市中奋力打拼，亲身体验着它的繁华与多彩；有的则是从小在这里扎根生长，对这片土地怀有深深的归属感和难以割舍的情怀。这座既熟悉又带有些许陌生的城市，以它朴实而撩人心弦的文案，在一个看似偶然的时刻，给予了许多人恰到好处的温暖。能够以自己的方式成功传达出别克品牌与上海之间深厚的情感共鸣，创意人陶为民深感欣慰。他衷心希望这部宣传片的能量能够触动更多人的心弦，激励他们积极投入，共同重振在上海的生活与事业，那将是他最为期待的美好结果。

《世界很大，上海是家》公益广告

"世界很大，上海是家"这句广告语一语双关，一方面它在表达别克从世界走来、扎根于上海、又走向世界的品牌心路历程，另一方面它也承载着每个城市人的情怀，无论是说在这里遇见了爱的人，还是收获了事业的一个阶段性目标，或者是生命中的全世界。品牌希望用真情实感，来打动生活在这个城市的人们。[1]

每个时代，甚至每一年，大家对好的广告创意或者有影响力的广告的判断标准都会发生变化，无论是"世界很大，上海是家"还是之前的公益广告，每个片子都有它相应的一个时代烙印，是对城市未来发展的书写。而一个品牌要想真正走进受众的内心，不仅需要融入时代的进程，还需要触达他们内心深处的文化精神内核，以真诚的价值观唤起彼此的认同，对内心情感共情进行书写。

回过头来看，城市营销或文旅营销，陶为民的广告作品多带有强烈的地域属性和地方文化底色，他将地域性视为重要的营销特征。中国国土面积广阔，差异都有其合理性和价值，以地域特征为参考就不可能生产出千篇一律的内容。陶为民戏称其为"地方菜"，各地均有一道"地方菜"，只要运作得好，其实会给城市旅游和文化推广带来很大的帮助。中国的很多城市"硬件"很相似，置身其中的

1.《上海疫情间，别克品牌用10天完成了一支公益片》，https://www.digitaling.com/articles/796270.html，2022年6月28日。

时候可能会觉得很相像，但只要与活生生的人联系在一起，传递出来的就是独具地方人文特色的东西。地方文化可以做成一桌丰富的宴席，在互联网上更容易引起人们的好奇心，有很强的分享价值。正如2023年的哈尔滨和2024年的菏泽，相信还会有更多。

越是简单，越能迅速走进受众心里

每个人心中都有一个理想，这也是自我衡量的标准，陶为民想做能够在情感上打动人、给受众以信念的好广告。他说自己是个理想主义者，希望创造出如白开水般朴实无华，却能触动人心的优秀广告作品。在他的眼中，即便是那一杯看似平淡无奇的白开水，也有可能被赋予绚丽多彩的意象，焕发出独特的魅力。他总说，越是简单，越能迅速走进受众的心里。当许多创意人还在追求"语不惊人死不休"的灵感时，陶为民已经用创意改变了许多品牌。从"喜欢上海的理

《世界很大，上海是家》视频广告中的"一道来"

《世界很大，上海是家》中的"一道来"是一句上海话，很多人感受到了生动实在的召唤，其实并没有刻意去抒发什么，此时此刻对这座城市的情感，是大家积攒在内心，每个人都感同身受的，那如何去面对当下的窘境？"一道来"吧，这句很日常的上海话，大家都很熟悉，就是"一起来"，不要往回看了，我们就劲儿往一处，一起往前走吧。[1]

1.《上海疫情间，别克品牌用10天完成了一支公益片》，https://www.digitaling.com/articles/796270.html，2022年6月28日。

由",到"无数个姚明,好一个上海""有健康,才有将来!""心静思远,志在千里!""条条大道雪佛兰""住得好,一切都好!""上海出发,梦想抵达"等,他认为广告口号作为品牌传播概念的高度提炼,最重要的是要激发这种共情,不需要咬文嚼字。

文案的创作不在于辞藻多么优美华丽,而在于用一种非常平实的语言让你怦然心动。这句话有一种返璞归真的魅力,越嚼越有味。Just do it 和 Impossible is nothing 就是这样,和品牌很贴合,又朗朗上口,那么直白的同时还拥有无限延展的生命力。喜欢上海的理由也是如此,因为每一年每一个人喜欢上海的理由都不一样,文案的内涵会随着时间的推移和受众心理的变化而变化,这个品牌就永远活在人们心里。简明又深刻,其中还包含很多对社会的思考和洞察,同时还要跟受众产生一些共鸣,这样可能更容易创作出一些好的广告语。

保持旺盛的好奇心,为新鲜事物疯狂

这几年,陶为民做了比较多的汽车广告,但实际上,他本人不是很希望大家把他圈定在一个汽车广告人的身份内。汽车行业尤其是新能源汽车近两年发展非常迅速且活跃,陶为民看到了这个行业的"卷",也看到了行业引爆的创意机会。因为行业发展的需要,客户愿意在营销路径、品牌传播以及产品创意打造上增加投入,对于创意的期待也会比较高,挑战相对也大。每天面临的挑战,让陶为民产生了一种兴奋感和满足感,比如在汽车行业,同一个品牌下面有不同的汽车,针对不同的产品,创意人创作出来的广告内容和整体的调性都有很大差别。陶为民认为,行业的高速发展和产品的更新换代给创意人员的机会也会更多,我们应该对新兴的、高速发展的行业有更多的关注,对发生的新的变化保持旺盛的好奇心。美团、小红书、京东等有很多的广告,因为它们都属于高频消费的领域,而汽车行业也是相对比较活跃的一个行业。

在如今信息爆炸的时代,创造一个令人记得住、留得下来的创意,在陶为民看来,需要独特性、创新性。在网络时代,评价文案好坏的标准不再是华丽的辞藻，而是语句中所触发的那些点是否容易引爆"病毒传播"效果。要经常打磨和梳理自己的信息库，把AIGC（人工智能生成内容）当成一个资源来为自己赋能，让自己每天有更新和创造的欲望，坚定"不一样""我一定要做出有趣的东西"的信念，保持对新鲜事物的敏锐度和对营销领域本身的好奇心同样很重要。正如陶为民在之前的访谈中所说的："我希望我们的文案培养更多元的个人修养和素质，比如，音乐、红酒、普洱茶，抑或是涂鸦……你不必是韩寒，但如果你可以让韩寒也会心一笑，你就成功了。"[1]过去的20年里，我们目睹了广告行业的风起云涌，从昔日的行业巨头到今日的新晋翘楚，无一不在时代的浪潮中留下了自己的印记。随着传播媒介和平台的不断革新，广告客户和创意公司拥有了更多追求内容爆款的机会。然而，在这个信息爆炸的时代，新作品层出不穷，往往让人目不暇接，但真正能够深入人心、让消费者念念不忘的作品却并不多。陶为民认为，要让品牌主津津乐道，消费者念念不忘，除了需要具备敏锐的洞察力，还需要能够将这种洞察力转化为犀利的创意和持久的传播力。优秀的创意作品往往能够直击人心，将话语说到消费者的心坎里，让人过目不忘、过耳不忘。尽管广告的形式和媒介在不断变化，但优秀的创意始终是直击人心的关键所在。只有那些能够引起共鸣、激发情感的作品，才能在时间的洗礼中历久弥新，成为永恒的经典。

高高跃起，深深潜下

创意概念的发想，远比形式的新颖来得重要，从策略角度去提炼属于产品的独特创意概念才是关键。陶为民将创意视为一个点子，一种深藏于脑海中的构想。而创新，则是将这个"点子"转化为"事实"的行动过程，无论这个过程是实验性的初步尝试，还是最终落地的实践成果。创意的更高层次和最终目标便是创新，即将

1.《Energy Source COO Ken Tao 陶为民——互动，是广告的传统》，https://www.digitaling.com/articles/10424.html，2012年2月23日。

脑海中的构想变为现实，创造出真正的价值。从一个闪亮的创意到将其深化并关注细节以实现最终结果，是一个高高跃起、深深潜下的过程。

首先，不要只关注那些看上去能做大创意的品牌，日常生活中对创意思维的磨炼、对行业最新动态的了解都很重要，毕竟创意空间大的品牌并不多。换个角度看，为一些常见的品牌做出有影响力的广告，不是创意能力的最好佐证吗？

在创意概念的构想上，优秀的创意人是与时代同频共振的，应该有一个趋势的先见性，在提炼创意概念上不断尝试新的切入口。陶为民还提到在公益广告中要尤为注意尽量不要去做假大空或者喊口号式的创意。以《喜欢上海的理由》为例，这首歌的歌名与上海二十年间的城市发展是深度绑定的。上海，令人喜爱的理由不胜枚举，从歌曲创作的角度来看，歌名和文案内容相互依存，共同构成了一个完整的艺术表达。人们在传唱这首歌时，将自己的真实感受和情感融入歌词，不断丰富和拓展其内涵，使得这首歌曲焕发出新的生命力。"喜欢上海的理由"这个口号朗朗上口，作为这首歌曲的创意概念，展现了其强大的包容性和无限的延展性。它不仅是对上海多元魅力的精炼概括，还是激发人们情感共鸣的催化剂。这个口号为这部作品注入了源源不断的生命活力，在时间的流逝中，依然能够保持鲜活的魅力，不断吸引着更多的人们去探索和感受上海的独特魅力。

提炼创意概念之后，就要将概念深化并进行细节的打磨。《喜欢上海的理由》这部作品，不仅聚焦于城市特色和时代特色，还巧妙地选取了诸如浦西最高楼、股票认购证抢购人潮等极具象征意义的意象与事件，展现了上海的独特魅力。同时，作品也深入洞察了市民的日常生活，通过描绘小男孩的成长、对外来品牌的好奇，以及模仿港澳台明星等趣味横生的场景，让观众在欢笑中感受到上海的变迁与活力。在TVC广告片的制作过程中，歌词文案与画面相互融合，巧妙地将远景、事件和细节融为一体，全方位地展现了上海的日新月异与多元包容。如果说创意概念的提出是成功的第一步，那么《喜欢上海的理由》在创意细节的呈现上同样达到了极高的水准，经受住了时间的考验。

对中国广告来说，文案是广告很重要的信息和内容，优秀文案产生的背后有很多对中国文化、语言文字、地域文化的提炼，需要相关的生活阅历、大量书籍和电影的知识补充、对音乐的理解感悟以及审美能力的培养，这些能力的培养不只是课堂上学到的，还需要在生活中多观察、多学习。

将整合贯穿执行始终

身为创意人，在这个社会化媒体迅猛发展的时代大潮中，必须以更加颠覆传统、锐意创新的思维和行动，推动综合性传播实践的不断发展。随着媒体形态日新月异，受众虽然置身于海量信息的包围之中，但也更容易被新颖独特的内容所吸引，客户对创意公司的期待日益增长。因此，不仅要深入剖析受众心理，还要全面掌握传统媒体、互联网及移动互联网等多元化媒体形态，从而充分发挥整合传播的优势，实现传播手段的精准运用。陶为民投身于广告行业，心中始终怀揣着一个梦想——通过富有创意的作品深刻影响每一位沟通对象。在当下这个互动机制日益丰富的传播环境中，创意所蕴含的力量正悄然发挥着作用。它是否能够触动消费者的内心，引发他们的共鸣，或是带给他们愉悦的互动体验，都是衡量创意成功与否的重要标准。而这一切努力的最终目的，都是为了激发消费者对品牌的喜爱之情，进而促成购买行为。另外，音乐在视频类内容的创意呈现中，始终占据着举足轻重的地位。它不仅能够加深大众对品牌信息的记忆，还能成为品牌情感表达的最佳媒介。通过音乐的渲染，品牌故事能够更加生动地呈现给受众，让他们产生强烈的情感共鸣，在进行广告创意和执行时可以考虑整合这一形式。

数字营销的时代浪潮下，品牌传播的方式发生了深刻的变化。新兴平台和交互路径不断涌现，自主内容日益丰富多样。互联网环境的普及也激发了人们的表达欲望，个性化内容层出不穷。数字营销作为数字媒体环境发展的必然产物，已经成为品牌传播不可或缺的一部分。如果不能积极拥抱数字营销，就有可能被主流内容边缘化。因此，创意人需要投入更多的时间和精力去深入了解互联网环境，掌握各类数字媒体的特性，并探索它们之间可能形成的有效连接。只有这样，才能紧跟时代步伐，为客户提供更加优质的服务和更大的价值。

新愿景：广告、技术与创意热店

回望广告发展的数十年岁月，老一辈的广告人见证了中国迈向现代化的伟大进程，也经历了广告作为信息传递的重要载体后整个行业的发展。从早期的路牌广告、报纸广告，到后来的电视广告、互联网广告，再到如今平台上多样的人机交互，如今的年轻人可以站在前人的肩膀上，拥抱更加广阔的互联网社会，这要比几十年前想象空间更大。广告的概念内涵也已有了很大的变化。在传统时代，广告主要是通过媒体以独特创意传播商品信息和内容，以赢得受众的青睐。然而，随着互联网的兴起，人们接触商品信息和公益内容的触点变得更为多样和频繁，广告营销的形式和策略也随之发生了翻天覆地的变化。作为从业人员，必须勇于面对这些变化，拥抱新时代，创造出与时俱进的内容。

与此同时，我们也看到一些传统国际4A广告公司逐渐衰落。许多本土广告人选择跳出这些公司，以新的身份和方式继续在营销领域驰骋。然而，正像陶为民所说，国际4A广告公司依然是广告营销行业的宗源，是培养优秀创意人才的摇篮。他不仅先后在安瑞索思、W公司中成为重要的创意人，而且坚持做着有中国特色的创意文案，二十年来从未动摇。行业的兴旺不仅为创意人提供了更多展现自身价值的机会，也对广告创意公司提出了更高的要求。疫情期间，许多公司都受到了冲击，一定程度上影响了公司的凝聚力和向心力以及人才管理。但对于职场新人来说，频繁跳槽并不是学习成长的路径。事实上，坚守一个岗位，深入钻研，同样能够获得宝贵的经验和知识。陶为民也感叹自己的四段广告公司经历，事实上在每一个岗位上他都耕耘了很多年，因此每一次都收获颇丰。此外，我们还需要认识到，国际4A广告公司的衰落和创意热店的崛起并不意味着一种取代关系。事实上，这只是一个行业发展的自然过程，国际4A广告公司在成立之初又何尝不是一家创意热店呢？小红书、抖音等新兴平台正在通过新内容改变人们对商品、品类和生活方式的认知，这也是广告在数字时代的一种新形式。

当然，随着AIGC的兴起，创意生产也面临着一定的冲击。然而，陶为民认为，国内在这方面还处于摸索阶段，在客户允许的范围内，我们可以与其进行共创，探索新的创作模式和可能性。虽然目前还处于尝试期，但AI已经为我们提供了很多创意能源和执行层面上的帮助。在未来一段时间内，好的创意仍然是稀缺资源，不可能被AI完全代替。相反，AIGC可能成为我们创意实现的好帮手，在执行层面上发挥重要作用。当然，要让AI从根本上进行原创广告创作，还需要我们进一步观察和探索。

（采访者：王佳玫、粟子骞）

Chapter 16

"一起创造被长久铭记的创意"
—— TOPic & Loong 创始人兼首席创意官龙杰琦

龙杰琦拥有长达 35 年丰富的广告创意工作经历，他常自称是一名资深创意长工。在中国台湾曾任职于联广广告、奥美 Ogilvy、JWT、D'arcy 等著名的 4A 广告公司。2002 年来到北京，曾先后任职于 Bates 达彼思、北京奥美、Cheil 杰尔广告。2019 年成立独立创意公司 Loong，致力于"创造被长久铭记的创意"，并于 2019 年 Spikes Asia、2020 年 ADFEST 连续荣获年度独立创意机构。2020 年与 TOPic 成立联合创意厂牌 TOPic & Loong。龙杰琦多次赢得国内和国际广告大奖，曾获得 1 座戛纳银狮奖、3 座戛纳铜狮奖、中国首座纽约国际广告节全场大奖、AD STARS 釜山国际广告节 2 座全场大奖。此外，他还将 D&AD、CLIO、One Show、伦敦国际创意奖等广告大奖收入囊中，于广告业界享有盛誉。

"请以作品认识我"是龙杰琦职业生涯的座右铭。为了一场说走就走的旅行来到北京，在北漂的 22 年里，他戏称自己为"台北京"创意人。值得一提的是，除了做商业创意，龙杰琦还是极具社会责任感的广告创意人，他要求自己每年都至少做一个公益创意广告，尝试用"创意改善社会，哪怕一年只做一件"。其中就包括央视网《取款机爸爸》、微笑行动《戴口罩的女孩》、腾讯公益《名人捐脸勇敢代言》《一个人的球队》《一个人的乐队》《没有尽头的朝圣》《这次带货非常垃圾》《一场特殊的器官"移植"》、百度《AI 画笔连接爱〈富春山居图〉》、快手《LIVE AGAIN 重生 ID》等。

龙杰琦的公益创意广告作品总是让人耳目一新。其中，《没有尽头的朝圣》号召更多人关注西藏环保；《一个人的球队》呼吁公众关注器官捐献；《取款机爸爸》则关注常年与父母异地分居的孩子，呼吁父母们工作之余常回家。可以说，龙杰琦的公益创意广告始终"以人为本"，饱含人情温度，因而总能引起公众对公益主题的广泛关注，具有较为积极的公益广告传播效果。目前，以"器官捐献"为主题的公益创意广告《一个人的球队》，在国际上斩获众多广告大奖，先后获得戛纳银狮奖、Spikes Asia 全场大奖、伦敦华文创意奖 3 金、4 座金瞳奖评审团大奖、金投赏全场大奖、艾菲奖 3 金等。至此，龙杰琦的公益创意广告也就此成为广告业界的标杆。

人生新契机，北漂广告生涯的收获与调适

北漂22年，对龙杰琦而言，是一件不可思议的事情，"我是2002年年底来到北京工作的，当时我在台北从事广告工作已经14年，从来没有想到要从台北来北京这边工作"。一个新的契机，彻底改变了龙杰琦的人生轨迹。"当时我的前老板Murphy要来北京Bates达彼思广告工作，问我要不要去，他给我一个晚上的时间考虑。我也没想到会有这样的机会，但我觉得机会来了，就一定要把握，大不了不成功再回来。"龙杰琦坦言："如果错过这次机会，我可能就这辈子不会来大陆工作了，所以我当时就毅然决定北漂，当时我以为我并不会待很久，在北京第一年的冬天，我甚至没有买羽绒服，没想到一待就是20多年。"当时的一个决定，转动了龙杰琦个人生活和广告生涯的齿轮，如今的他认为这个决定是明智的，他也因此接触到更多海内外知名的广告人，与他们合作创作广告，并获得更多的机会，眼界由此打开。

很快，龙杰琦便收获了他的第一个国际奖项：戛纳广告奖的入围奖。"我第一次入围，当时也不知道戛纳是什么，只觉得好像是很厉害的奖，虽然只是入围而已，但是我的前老板Murphy说汽车广告很难得奖，戛纳入围就已经非常不易，他对此特别开心。"也正是这第一次国际得奖的契机，促使龙杰琦毅然决定留在北京，"就觉得其实我还有很多国际奖项可以参加，而北京可以提供更好的平台"，而这也为日后龙杰琦斩获更多海内外奖项埋下伏笔。

随后，龙杰琦选择跳槽去北京奥美，在北京奥美的7年里，龙杰琦也深刻感受到大陆与台湾创作广告的差异。他说："大陆广告环境其实更国际化，除了打开眼界、有很多国际人才、有机会获得国际奖项之外，还有一个很不同的地方：以前做广告，就像一个石头丢到井里，会有咚声，全岛都会讨论你的广告；但在大陆，如果没有足够的预算，你的创意就像丢进大海一样，没有一点声音，这是两者做广告最大的不同之处，所以大陆广告一定要非常具有话题性、关注度，且预算要很足。"在龙杰琦北漂的时间里，他也逐渐适应大陆的广告创作环境，并开启自己丰富多彩的广告职业生涯。

离开 4A 广告公司，成立独立广告创意厂牌

2010年，龙杰琦离开北京奥美，其后，他进入Cheil杰尔广告，并担任中国区执行创意总监。于2018年离开Cheil杰尔广告后，他成立了自己独立的广告创意厂牌"Loong"。"当时很多4A广告公司受到大环境的影响，陆陆续续看到很多老广告人离开广告公司，我也是当时离开的，其实我还有很多的机会去不同的广告公司工作，但我觉得我不如先成立自己的一个品牌。"于是，龙杰琦离开4A广告公司，成立独立创意厂牌，其广告职业生涯也进入到全新的阶段。

在谈及自己的独立创意厂牌时，龙杰琦饶有兴致地开始介绍工作室厂牌名的由来。"2019年成立时，厂牌取名就更好玩了。当时，我想取的名字是Longer，因为很多人都叫我龙哥，我也觉得用'Longer'（龙哥）还挺有记忆点的，但朋友建议不要用Longer，他觉得国际广告人听到Longer会笑翻，我反而觉得创业不是哗众取宠，有记忆点更重要，但我最终还是听取了朋友的意见，改为'Dragon'（龙）。这时候朋友又和我说，Dragon在西方不是好的象征，他们看到这个名字，就会觉得这是个很坏的广告公司，会有不好的影响。我才发现原来国内有人想重新翻译'Loong'（龙），以此取代Dragon这个词，使其有别于西方的恶龙，中国的'龙'是吉祥的龙。最后，我就选择用'Loong'做创意厂牌名，我把中间的o不断地加长，Loong就可以不断地延长，相当于我们这个团队有多少志同道合的人和好作品。"在这段有趣的回忆中，龙杰琦将广告创意的理念同样贯彻到厂牌名的构思之中，一个人成为不了一家公司，也难有服务更多品牌、做更多好创意的机会，而这也促使他开始寻找新的广告创意合作伙伴。

寻求志同道合的广告创意人，与 TOPic 联合建立厂牌

一起"创造被长久铭记的创意"。对于龙杰琦而言，在做广告的道路上，同道中人是非常重要且特别的存在。他直言："正如Loong厂牌名的由来，只有一群志同道合的人在一起，创意才会做得长久，我希望我们团队不管几个人，都能够一起共

同创造被长久铭记的创意，这是我做厂牌的座右铭。"从2019年到2020年，两年时间内，龙杰琦和团队创作出《一个人的球队》，一时间声名鹊起，斩获无数国际大奖。至此，龙杰琦的独立厂牌Loong强势进入广告业界的视野，同行开始广泛关注Loong，并开始寻求与龙杰琦合作。"两年之后，陆续有不同的同行和4A广告公司找到我，寻求合作，当时也不止TOPic这个机会，也有一些很大的创业公司想要投资。"

然而，面对众多选择，龙杰琦开始犹豫和担心。"我开始不确定，也有点害怕，一方面，我是不是要回到4A广告公司，回到以前那种生活；另一方面，我跟谁合作才能够稳定地走下去，这些都是问题。"后来，龙杰琦的朋友建议其选择熟悉的人合作，如此方能长久。对于龙杰琦而言，彼时的TOPic是最佳选择。"10年前，我和TOPic的两个合伙人，在前公司是战友关系，我跟战友即使发生再多摩擦，吵完也会没事，我们都知道彼此的个性，知道对方需要什么。"在此契机下，龙杰琦找到TOPic，一拍即合，成立联合厂牌"TOPic & Loong"。对此，龙杰琦表示："到这个时候，我发现我终于可以专心做一个资深创意长工，事实上，我最擅长的是创意工作，并不擅长商务谈判，所以和TOPic合作的模式是最适合我的，一切都是互补的，从2020年一直到现在，我们走过了将近5年的时间。"至此，龙杰琦也全心全意地进入他所热爱的创意工作领域，优秀的广告创意作品也开始络绎不绝地出现。

除了创意什么都不会，"请以作品认识我"

从龙杰琦35年的职业生涯来看，创意始终是其不变的初心，是其从事广告行业的深层动力，也是其兴趣所在。龙杰琦对创意工作的兴趣始于他的大学专业美术，美术生出身的龙杰琦在视觉和创意方面具有天赋，这为他日后从事广告创意工作奠定基础。事实上，创意本身也是广告成功的关键，针对广告中的创意工作，龙杰琦也分享了自己的独特经历。

"在遇到一个不太熟悉的品牌的时候，我们想把它推广出去，主要有两个可以思考的点：是从功能点的层次出发，还是从用户的心理层面出发？关于功能层面，如果客户说这个品类的功能很独特，那么，我们的广告创意至少要让用户先知道'它的独特的卖点是什么'，即从功能点出发，我们用夸张的、独创的、特别的方式，来刺激用户产生记忆点。比如说，卫生巾的卖点有可能是'吸收力超强'，但如果所有的品类都讲吸收力超强，卖点就不再独特。那么，客户就会要求我们加入一些消费者的洞察，从用户心理层面，即从用户的共鸣点去切入。另一个卫生巾品牌功能点是柔软，当时用温柔和柔软做连接，策略概念是温柔的力量，柔软就像女性的温柔一样，但这种温柔是很有力量的，用超级柔软的产品功能点切入情感，最终销量非常好。"从龙杰琦的介绍中，不难发现，产品的功能点和用户的心理感知是广告创意的着力点。

龙杰琦认为，好的创意往往来自创意者的洞察力，并且创意需要长期的思维训练。"所有的创意需要经过特定的反思：产品的诉求变成什么？我们的概念是什么？我们执行的是什么？把创意拆成不同的部分，我们就更容易从一个概念洞察到创意，而不只是追求客户的思路跟我的画面思路一致，其实创意不是这样的。"事实上，洞察正是广告创意的核心，"如果没有深入洞察去寻找创意点，那么，一半以上的作品必然都是一样的，用户解读不到背后的差异化思考，但若是从用户洞察延展出来的，创意就会很独特"。

从商业广告到公益广告，将创意纳入社会责任之中

龙杰琦觉得从商业广告转到公益广告，与自己成立厂牌有关。龙杰琦表示："自从我成立独立创意厂牌，离开4A广告公司以后，我才有完整的时间专门做一件事，《一个人的球队》这个创意能做出来也是非常偶然的，我如果还在4A广告公司，就不可能做《一个人的球队》，这个作品就不会出来。"对于以商业广告为核心的传统4A广告公司而言，做公益广告是浪费时间、不符合公司经济效益的行为。"如果我在公司做公益广告，即使我获奖，公司也不会因此高兴，因此，对于公益广告而言，我一直不知道我到底要如何持续下去。直到我离开之后，终于有机会做自己想做的事情，于是，我花一年的时间，只创作《一个人的球队》，那是一个需要投入大量时间

的公益活动,你只有专注在这件事情上才有可能做好。"龙杰琦离开4A广告公司,成立独立厂牌后,才有完整的时间做真正想做的创意工作,这也得益于时空的配合。

对于龙杰琦而言,公益广告一直是他可以做并想做的事情,这是件极具社会责任感的事情。"因为我认为不光品牌要有社会责任感,创意人也需要社会责任感。现在我们团队就是主动通过公益广告,帮助品牌做有社会责任感的事情,比如帮腾讯公益做《一个人的球队》,也能够让我们创意者感受到更多的自我价值。所以,后来我慢慢地为这些品牌做很多公益广告。"《一个人的球队》的成功,也让龙杰琦更加坚定地创作公益广告。"《一个人的球队》之后,我们依旧做很多商业广告,但我们也慢慢地把自我定位转向公益广告,对此,我们厂牌有着非常明确的定位,更希望被认为是'专注品牌公益'的广告公司。虽然这一块业务并没有为我们带来很多利益,却给我们带来很多成就感。"从商业广告到公益广告,龙杰琦将自己的创意能力和天赋注入公益活动之中,使得创意工作和公益事业互相成就,我们被龙杰琦寻找自我热爱、坚守社会责任的精神深深感动。

2019年1月,中国女子篮球联赛全明星赛的比赛间隙,"一个人的球队"和女篮队员们进行了一场特殊的友谊赛,周海几乎包揽了本队的全部得分,每一次把球投进篮筐,他都兴奋得像个孩子一样。周海在2022年6月13日不幸离世,但他受到叶沙奉献精神的鼓舞,积极加入器官捐献的事业中。在去世后,他的两枚眼角膜成功移植给了一男一女两名眼疾患者。

独特生活经历，岁月沉淀中终现闪光

2016年，龙杰琦的团队依托央视网（cctv.com）这个平台制作了《取款机爸爸》公益广告。这支公益广告的立意是："希望不管因为工作或其他什么原因跟孩子分开生活，童年只有一次，要多多回家陪陪孩子。"这支广告的创意一部分源于龙杰琦的个人生活经历。2002年，在龙杰琦要从台北飞赴北京工作的前一晚，他问当时才5岁的儿子："爸爸要去北京工作，你们没有钱怎么办？"儿子给了他一个让他铭记终生的回答："没有钱去取款机取就有了。"孩子在非常有限的生活经验里面，对钱的认识仅仅是取款机里面有钱，并不能想到机器里面的钱是父母辛苦工作赚来的。几年之后，孩子来北京上小学，之后又回到台湾上初中，龙杰琦又变回了"取款机爸爸"。一直到孩子毕业工作，这件事一直放在龙杰琦的心中。

2016年，央视春晚征集公益广告故事，龙杰琦满怀信心地投稿了《取款机爸爸》这个故事，在最终的五进三阶段，这个故事却惨遭淘汰。当时评委的反馈意见是这个故事的情感底色有点过于灰暗，所以这个项目可能没有办法执行下去了。但这个故事从2002年开始就让龙杰琦耿耿于怀，十几年来他一直想找到合适的机会，把它真正地执行出来，把他心中构想的这个故事变成广告片。不服输的个性让龙杰琦始终不肯轻言放弃。这个时候，感谢央视的石老师给了龙杰琦建议，她建议龙杰琦可以去央视网投稿试试，央视网机会可能会多一些。在上海的一个媒介发布会后，石老师引荐他认识了央视网的汪董事长。龙杰琦在媒介发布会的门口给汪董事长讲了一遍这个故事，汪董事长考虑了半分钟之后便给出了积极的反馈，鼓励他放手去做。

后来，龙杰琦团队把《取款机爸爸》这个故事投稿到同年的戛纳创意节。按照以往的经验，在戛纳创意节的诸多赛道中，影片类的赛道，尤其是中国的视频类的作品是最难拿奖的。在创意节最后一天影片类奖项公布之前，龙杰琦团队投稿的其他作品都没有入围，大家都很沮丧。最后一天影片类的入围作品公布了，中国区只有一个作品入围，而这个唯一入围的作品正是《取款机爸爸》。其实当初在投稿戛纳创意节影片类奖项的时候，龙杰琦的英国老板并不看好，他认为这次投稿很可能会徒劳无功。老板认为中国和西方的家庭文化观念很不一样，西方家长们很少有跟孩子分开生活的经历。基于此，外国人很难对日常的家庭生活产生类似的洞察和审视。因此，在宣布这个作品入围之后，当时坐在出租车里的龙杰琦激动地哭了。此外，这个作品同时也收获了2017年中国广告长城奖影视类的金奖。

在中国，父母在外地工作不能陪孩子成长而只能按时寄钱回家，这种现象太过于普遍。有时难免在孩子眼中，取款机就成了父母的替代品。每一台取款机的背后，都有努力工作的爸爸们，但取款机不能取代爸爸。作为爸爸的你，几十年后，蓦然回首，你不会再在意自己银行账户中曾有多少钱，曾经开过什么车，住过什么样的房子，但你会记得，因为有你，一个孩子的世界因此改变。回家多陪陪孩子，因为孩子的童年只有一次。[1]

笃行公益，万丈阳光驱散人心阴霾

在拍摄《戴口罩的女孩》这个作品的时候，龙杰琦在Cheil杰尔广告工作。当时亚太区的韩国老板来中国区收集作品创意，在龙杰琦给他讲完了十多个故事之后，韩国老板认为其中的三个故事还不错，可以尝试去做。他还特别提到，如果有遇到执行困难的好故事，也可以告诉他。龙杰琦就讲了他构想中的《戴口罩的女孩》：有一个小女孩，她特别喜欢在雾霾天出去玩。大多数情况下，人们都不会喜欢雾霾天气。与众不同的是，这个小女孩却很开心。短片一开始，她就戴着口罩蹦蹦跳跳地从家里走出去了。街上的人都戴着口罩，脸上是不开心的表情，只有小女孩的口罩下有一个开心的笑脸。在一众人愁眉苦脸的时候，只有小女孩戴着口罩，表现出满心欢喜的样子，这形成了鲜明的对比。到了要回家的时候，她也不愿意回

1.《我的〈取款机爸爸〉》，https://www.digitaling.com/projects/25283.html，2016年2月。

家。最后短片结束，妈妈把小女孩的口罩摘下来的时候，观众才惊觉："哦，她原来是一个罹患唇腭裂的小孩。"在雾霾天，因为大家都戴着口罩，她看起来和其他的孩子一样，而一些罹患唇腭裂的小孩因为外貌上的缺陷，走在路上需要承受异样的眼光，甚至内心产生了阴霾。视频最后号召人们捐款，一个简单的唇腭裂修复手术，就可以改变孩子的一生。

在讲完这个故事之后，对比之下，韩国老板觉得前三个故事就乏味了，他只想要最后这个故事了。他牵头找到了一家法国的制作公司和一个英国的导演，在多方的共同努力之下最终拍出来了这个广告片。这个片子后来收获了当年釜山广告节的全场大奖等多个重量级的奖项。

在中国，每20分钟就有一个唇腭裂孩子出生。他们大都生活在偏远贫困地区，无法获得及时的治疗。唇腭裂阻碍孩子说话及语言能力的发展，他们遭受异样的眼光乃至被社会孤立，从而导致孩子的心理问题，他们是一群心里有阴霾而不敢外出的孩子。我们通过这个故事唤起社会对这个群体的关心，并最终帮助孩子们走出内心的阴霾。[1]

在《戴口罩的女孩》这一作品推出之后，龙杰琦的团队参加腾讯公益"我是创益人"大赛，又联合腾讯公益推出了微笑行动"一起捐脸，勇敢代言"。"捐脸"活动邀请了多位中国知名的公众人物，在社交媒体平台晒出自己的唇腭裂照片，并附上一句相同的话："如果我有唇腭裂，我还会是今天的我吗？"其中包括斯诺克世界

1.《微笑行动暖心公益广告〈戴口罩的女孩〉》，https://www.digitaling.com/projects/24383.html，2017年5月。

冠军丁俊晖、奥运会羽毛球冠军李雪芮、奥运会射击冠军易思玲、国足选手于海等，这些名人的"捐脸"行动很快受到了很多人的关注。龙杰琦团队在名人效应的助推下，利用大数据方法迅速传播话题，最终使得这次活动获得了成功。

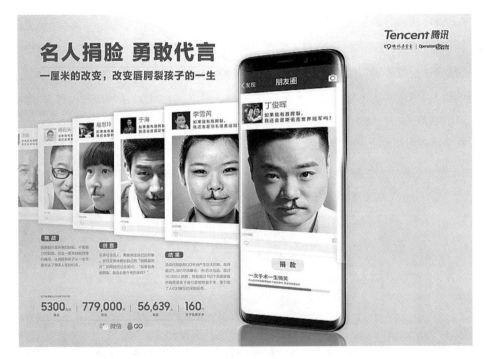

这次活动以非常规的代言方式，借助移动社交平台制造社会话题：唇腭裂，不仅仅是患儿或是一个家庭的事，忽视、冷漠甚至偏见，就来自我们身边，需要每个人一起面对。[1]

生态朝圣之路，直播带货解决藏区垃圾

2020年的腾讯公益"我是创益人"，TOPic & Loong和"美丽公约文明旅游"共同发起了一场"没有尽头的朝圣"之路。活动先导片的创意部分源于龙杰琦之前看过的一部电影《冈仁波齐》。在电影《冈仁波齐》中，张杨导演找到了11个西藏

1.《腾讯公益微笑行动：一起捐脸，勇敢代言》，https://www.digitaling.com/projects/44960.html，2017年11月。

当地人，花了一年时间走朝圣之路，他则用纪录片的方式来记录这11个人是如何走朝圣之路的。虽然说一年时间都是在不断地朝拜，但在影片中能够看到这11个人真实的生命体验。龙杰琦从环保志愿者捡起一个垃圾瓶的动作，联想到了朝圣时跪拜的动作，他觉得，"每走几步捡起一个垃圾瓶，也是一次对大自然的朝圣"。

时隔7年，找到了《冈仁波齐》电影中的人物，再一次走上朝圣之路。但在制作这支广告的时候，龙杰琦遇到了未曾想到的阻力：一是影片中小女孩学校的老师以学业紧张为由拒绝了拍摄，二是本来要拍朝圣者跟志愿者捡垃圾的动作对比，但当地的人不愿意被拍摄。第一个困难只要能够说服学校老师或许可以解决，第二个困难似乎是怎么都解决不了的难题。龙杰琦想到或许可以直接使用电影中的画面。于是，他去找了张杨导演。导演同意了，但电影的版权方有三家，需要龙杰琦一一

以往人们购买的都是品质好物或者性价比高的商品，一面实时互动的特产墙直播，为公益数字传播和营销创新注入新的内涵。现在鲁朗镇旁的"西藏G318公路特产墙"已成为游客打卡热门景点，垃圾瓶回收不仅从源头上让进藏游客达成自律和环保共识，减少新增垃圾的产生，而且解决了西藏原有堆积垃圾清零的难题。[1]

1.《腾讯公益：一场非常"垃圾"的带货直播》，https://www.digitaling.com/projects/146510.html，2020 年12月。

去拿到授权。这使得他差一点赶不上原定要参加的创业人大赛。幸好在最终截止日期的前两天，他终于取得所有电影版权方的授权。这个片子最终被选中了，得到了大范围的投放。

在环保志愿者处理收集起来的垃圾瓶这一环节上，龙杰琦的团队又想到了直播带货这一形式来售卖垃圾瓶。在龙杰琦团队不懈的努力之下，最终上线了"这次带货非常'垃圾'"这一活动，垃圾瓶就是游客留下来的"西藏特产"，活动采取了24小时全程直播形式，展示出"西藏G318公路特产墙"，为西藏"特产"带货，美丽公约志愿者把每次捡到的不同颜色的垃圾瓶的数量，记录在不同容器的记录板上。在这次直播活动中，只要0.5元，就可以带走一个西藏G318公路特产。

龙杰琦采用了在营销领域非常常见的一种售卖方式，即特定颜色和品牌的捆绑。龙杰琦团队采用了用颜色分类的方法，不仅让所有的用户能够买走不同颜色的垃圾瓶，也希望品牌能来共襄盛举。通过直播带货，大众不需要亲身前往西藏就能够买走这些"垃圾瓶"，解决了藏区垃圾的问题。

AI连接爱，广告人最珍贵的是对新事物的好奇心

龙杰琦认为，AI技术的出现意味着广告的制作门槛变低了，普通人也可以借助AI技术成为艺术家。当下，AI技术是一个最有创意的引领者，它作为工具的属性，能够进入你生活中的诸多场景，来解决不同种类的问题，比如烹饪的问题，比如穿搭衣服的问题。龙杰琦认为，作为广告人，不可能直接挪用AI技术，就当成广告创意。广告人需要做的是通过AI技术来讲故事，以及进一步解决当下存在的社会问题。

2022年，百度在推出它的AI技术时，找到龙杰琦的团队。龙杰琦认为《富春山居图》的故事能够契合百度技术的要求，又能符合当下的社会情绪。AI画笔连接爱《富春山居图》的故事背景是：该画最初由元代画家黄公望创作，后世的收藏家中有一位想要焚画殉葬。在这次风波中，画作虽然被及时抢救，但断为两段，中间的一部分永远消失了。后来几经辗转，这幅画的前后画卷，分别被浙江省博物馆

和台北故宫博物院收藏。《富春山居图》虽然在2011年曾经合体展出过，但这次，在每一个人手机上重新山水合璧，而这个合并的过程是通过百度AI的技术完成的。

如果仅仅说广告创意是把这幅画复原了，那么可能还是少了一点内涵。因为在这个广告创意中，这幅画还被比喻成了分隔多年的海峡两岸，这次它们在虚拟的线上、在每个人手机上重新合并，就像两岸人民的情感又重新相连。这个广告创意激起两岸民众的共鸣。龙杰琦的主创团队也希望把这个广告创意作品称为"一幅连接和平的画"。

在2022年7月21日百度世界大会活动现场，百度只用了1秒钟的时间就瞬间复原了《富春山居图》残卷，背后依托的正是人工智能技术中的AIGC（人工智能自主生成内容）。[1]

客观上来说，AI能够完成很多广告业中的任务，龙杰琦也观察到目前很多甲方在酝酿去乙方化。越来越多的甲方说他们可能不需要广告公司了，他们自己都能够使用AI来解决问题了，这确实是事实。但龙杰琦认为，事实上这个行业是需要创意的，创意人也许未来所在的行业不一定会是广告公司。甲方企业或许不再需要广告公司，但他们仍然需要创意，所以在很多甲方公司中也有创意人的存在。如果你是一个好的创意人，无论是在甲乙丙哪一方都可以去发挥创意。

1.《600年传世名画重生，李彦宏定义AIGC》，https://baijiahao.baidu.com/s?id=1738947073742656786&wfr=spider&for=pc，2022年7月21日。

龙杰琦认为，在广告这个行业，广告人是要活到老学到老的，因为永远有新的技术、新的媒体出来。过去的广告人需要了解什么是平面、电视、户外的广告，而与时俱进的广告人需要知道怎么运用各式各样的新媒体。在这个时代，AI就是广告人需要去学习了解的工具。广告人就是需要不断创新的，如果连尝试新鲜事物的勇气都没有的话，那身为广告人、创意人，就无法实现自我突破。

（采访者：童斯诺、经羽伦）